# 문화세계의 창조와 세계시민

*The Creation of Cultural World and Global Citizenship*

조영식 · 이케다 다이사쿠
연 구 회 총 서 │ 2

# 문화세계의 창조와 세계시민

*The Creation of Cultural World and Global Citizenship*

하영애 편저

# 추천사

조영식·이케다 다이사쿠 연구회의 두 번째 총서인 『문화세계의 창조와 세계시민』 출간을 진심으로 축하합니다.

평화, 문화, 교육분야의 세계 지성사와 사회적 실천 분야에 독보적인 족적을 남기신 조영식 박사님과 이케다 다이사쿠 선생님 두 분의 철학과 사상을 계승 발전시키기 위해 창립한 조영식·이케다 다이사쿠 연구회가 매년 학술심포지엄 개최와 간담회 등 아낌없는 헌신과 노고를 다해주신 데 대해 경희대학교 전체 구성원을 대신해 심심한 감사의 말씀을 드립니다. 특히 경희학원 이사회 이사이신 하영애 연구회장님, 김대환 한국SGI 학술부장님, 미우라 히로키 박사님과 관계자 여러분께 특별한 감사의 마음을 전합니다.

저는 조영식 박사님을 존경하고 그 분께서 매주 목요일 개최한 목요세미나에 참가하면서 그 분의 사상을 공부하고 영향을 받은 한 사람으로서 오늘 추천사를 쓰면서 개인적인 감회가 새롭습니다.

이번 추천사를 준비하면서 23년 전인 1997년 조영식 박사님과 이케다 다이사쿠 선생님의 첫 만남은 어떠셨을까 하는 궁금함이 있어 자료를 찾아봤습니다.

일본 소카대학교에서 조영식 박사님의 명예박사학위와 오정명 여사님의 최고 영예장 수여식 행사에서 조영식 박사님의 답례연설과 이케다 선생님의 축사를 읽으면서 우리 인류가 부딪힌 문제를 해결하기 위해 표현방식은 다르더라도 두 분께서는 평화롭고 인간중심의 인류사회 재건이라는 일관된 메시지를 전해주셨습니다. 20년이 지난 오늘에도 그 메시지를 접하면서 저 자신이 다시금 숙연해졌습니다.

행사 이후 차담회(茶談會)에서 조영식 박사님은 1997년 경희대와 소카대의 교류협정 체결을 기리기 위해 이케다 선생님이 쓰신 장편시 "새로운 천년의 여명: 경희대학교 창립자 조영식 박사께 드린다"를 언급하시면서, 한일 양국이 백년의 지기가 아니라 천년의 지기를 목표로 가자는 이케다 선생님의 시에 감격해 하셨습니다.

두 분의 대화 내용을 보면서 연구회가 진행하는 심포지엄과 책 출판에 함께 하셔서 지켜보고 계시면 얼마나 흐뭇해하실까 하는 생각도 들었습니다. 이러한 맥락에서 조영식 박사님과 이케다 선생님 두 분의 선지자적 혜안과 실천을 배우고 계승하기 위한 이번 『문화세계의 창조와 세계시민』 출판이 가지는 의미를 다시금 되새기게 되고, 향후 기대 또한 매우 큽니다.

조영식·이케다 다이사쿠 연구회가 해를 거듭하면서 점점 더 발전하기를 기원하면서, 끝으로 이케다 선생님이 조영식 박사님과의 대담에서 밝힌 본인의 모토를 인용하면서 추천사를 마무리하고자 합니다.

이케다 선생님은 "파도는 장해(障害)를 만날 때 마다 그 완고함의 도를 더한다"는 격언을 모토로 삼으시면서, 어떠한 장해가 있더라도 그것을 피하지 말고 전력으로 부딪혀서 이겨나가야 한다는 마음으로 살아왔다고 말씀하셨습니다. 코로나 사태 또한 우리가 부딪혀 이겨나갈 수 있는 문제라고 생각합니다. 다시 한 번 의미 있는 책 출판을 준비해 주신 관계자분들과 집필해 동참해 주신 모든 선생님들께 감사의 마음을 전하면서 추천사를 마치고자 합니다. 감사합니다.

2020년 11월 30일
경희대학교 대외부총장 손 혁 상

# 서문

올해는 전 세계가 유례없는 코로나19 상황으로 교육계는 비대면 수업으로 진행하고 각종 회의는 웨비나(webinar), 온라인 줌(zoom) 회의를 개최하는 등 새로운 국면으로 나아가고 있다. 이러한 영향으로 조영식·이케다 다이사쿠 연구회에서도 7월에 개최하려던 심포지엄을 9월에 온라인 줌으로 진행하였고 다행스럽게도 전국에서 많은 교수와 전문가 및 학생들이 동참하였다.

2016년 조영식과 이케다 다이사쿠 두 분에 대해 관심을 가진 학자들이 만든 연구회가 벌써 4년이 되었다. 그간 간담회, 세미나 개최, 국내외 논문발표, 소카대학교 및 평화연구소, 민주음악회, 도쿄후지미술관 견학과 답습을 비롯하여 2018년에 연구회 총서 제1권을 발행하였다.

그동안은 조영식과 이케다 다이사쿠 두 지도자의 평화사상에 중점을 두었다면, 2020년에 발간하는 논총2의 제목은 문화세계의 창조와 세계시민이다. 두 지도자가 공통으로 강조한 문화와 세계시민 분야를 다룸으로써 두 지도자의 사상과 실천이, 대학교육은 물론 궁극적으로 인류가 염원하는 아름답고 풍요롭고 보람 있는(Beautiful Society, Affluent Society, Rewarding Society) BAR Society를 추구하는 두 분의 발자취를 목도할 수 있을 것이며 또한 배우며 성찰할 수 있도록 기획했다.

이 책은 주제에 따라 다음과 같이 총 3부로 구성되어 있다. 제1부는 2019년 7월 3일 경희대학교에서 개최된 "제3회 조영식·이케다 다이사쿠 사상과 실천 학술 심포지엄"의 기조연설 2편과 발표문 1편을 담고 있다. 이 행사는 "세계시민과 인간중심 사상"을 구체적 주제로 본 연구회와 한국SGI 학술부가 공동주최하였으며, 이수성 전 총리님, 김인수 한국SGI 이사장님, 그리고 이영준 경희대학교 후마니타스 칼리지 학장님의 축사와 함께 약 300명의 참석자들로 성대하게 개최되었다. 특히 기조연설은 두 지도자의 세계시민 사상을 우리들에게 전달해주는 가장 적합한 연사로서, 조영식과 오랫동안 활동을 함께한 손재식 경희대학교 평화복지대학원 전 원장님(전 통일부 장관)과 이케다가 창립한 일본 소카대학교에서 이토 다카오 교수님을 직접 모셨다.

제2부는 2020년 9월 19일에 온라인으로 개최된 제4회 심포지엄의 기조연설과 발표문 총 5편을 담고 있다. 코로나19의 확산으로 인해 당초의 계획을 축소하면서 온라인으로 개최했으나 내용에 관해서는 상당히 의미 있는 성과가 있었다. 제1회에서 제3회까지의 심포지엄이 주로 평화라는 거시적 주제를 다루었다면, 제4회에서는 "문화세계의 창조"를 주제로, 두 지도자의 독창적이면서도 공통적인 문화 비전을 역사적, 이론적 관점에서 다각적으로 조명했다. 이 행사에서는 손혁상 경희대학교 부총장님이 축사를, 박상식 경희대학교 평화복지대학원 전 원장님(전 유네스코 대사)이 기조연설문을 보내주셨다. 연사뿐만 아니라 각 발표자도 물론 조영식·이케다 문화사상을 각 분야에서 심화시킬 수 있는 점에서 귀중하고, 최고 수준의 연구자들이다.

제3부는 두 지도자의 세계시민, 평화·문화 사상과 관련된 영어 논문 2편과 기조연설의 일본어 원문은 담았다. 조영식·이케다 사상의 실천과 이에 대한 연구는 국내뿐만 아니라 국제적으로 주목을 받고 있는 것은 주지한 바이다. 외국어로 된 연구결과와의 연계성을 강화하고, 국제적인 독자, 시민, 연구자들을 위해서 이 총서에서는, 어색할 수도 있지만, 국문과 외국어 논문을 함께 담는 방식을 채택하고 있다.

구체적으로 보면, 먼저 "아시아의 미래를 위한 시민교육: 한·중 유학생을 중심으로"에서는 대학이 길러내야 할 더 나은 인간으로 책임감을 지닌 시민을 강조한다. 책임감을 지닌 시민은 합리적 비판적 민주시민, 봉사정신을 가진 공동체의 구성원이며 동시에 미래사회를 생각하는 세계시민의 요건을 갖추어야 한다. 이러한 관점에서 경희대학교 후마니타스칼리지가 시행하고 있는 시민교육을 사례로 들고 있다. 학생 스스로 문제를 설정하고, 문제와 관련하여 현장에서 다양한 활동을 펼치면서 해결책을 찾도록 하고 있는데 매학기 2,500명의 시민교육 수강생들은 500여 개의 팀(주제)을 구성한다. 예컨대, 독거노인 돌보기, 외국인과의 소통, 사회적 소수자 배려 등의 주제와 관련된 활동이 여기에 해당되며, 독립연구(교수와 학생 1대1 강의) 교과목도 있다. 시민교육의 '실천'에서는 한·중 대학생들의 상호 문화체험을 통한 실천의 중요성에 주목하였다. 중국 유학생들의 단오제 체험 실습, 경주 신라 문화 탐방, 음식 문화 체험(김치담기 실습) 그리고 한국 대학생들의 중국 인민대학교 연수와 만리장성 탐방 등을 비교 고찰하고, 나아가 한·중 유학생들의 시민교육을 활성화하기 위한 방안을 모색하고 있다.

두 번째 글은 다시, 평화로운 세계 공동체를 위한 조영식의 '팩스 유엔(Pax UN)' 비전의 횃불로서 한 평생 평화의 비전가이자 활동가였던 조영식이 20세기 후반에 유엔의 강화된 지도력, 즉 팩스 유엔에 기초하여 평화로운 세계공동체 실현의 필요성을 주장했던 점을 다루었다. 오늘날 세계평화를 위한 유엔의 역할은 그 성공과 실패의 부침을 경험하고 있는 상황에서 조영식이 팩스 유엔이라는 이름 하에 논의하였던 보다 강한 유엔을 통한 세계평화의 비전을 재검토, 천착하는 것은 의미 있는 작업이라고 할 수 있다. 따라서 팩스 유엔 비전의 배경을 그의 개인적 성장과정 그리고 국제정치적 맥락에서 살펴보고 강화된 유엔을 위한 그의 구체적인 구상과 제안들에 대하여 분석하였다. 그렇게 함으로써 세계평화를 위한 조영식의 통찰력이 시리아 내전, 강대국 간 군비경쟁 그리고 미국과 러시아 간의 중거리핵전력(INF) 조약 폐기라는 후퇴를 겪고 있는 오늘날 인류에게 주는 의미를 논의한 것이다.

이와 같이 제1부에서 제3부에 걸쳐 총 11편의 연설문과 학술논문이 문화세계, 세계시민, 평화라는 조영식·이케다 사상 중에서도 중요하고, 상호 연결된 주제를 다루고 있다. 현대사회의 위기와 해법에 대해서 조영식과 이케다 다이사쿠는 놀랄 정도로 공통의 생각을 가지고 있다. 인간 소외, 인간 경시, 차별 등 인간의 마음에서 위기의 원인을 찾아내며, 이를 극복하기 위한 원동력 또한 인간의 의지와 정신적 잠재력에 기대하고 있는 점이다. 두 지도자는 인간성이란 무엇인가라는 근본적인 자각을 바탕으로 인간다운 마음을 서로 존중하며, 이러한 도덕적 기반 위에 정치, 경제, 사회를 재구축해 가는 비전을 문화세계의 창조, 제2의 르네상스로 불렀다. 이와 같이 두 지도자의 공통 메시지를 탐구하고 계승하며, 실천·확산해가는 것이 본 연구회의 목적이자 이 책의 의도이다.

2021년은 조영식 탄생 100주년과 이케다가 창립한 소카대학교 개교 50주년의 뜻 깊은 해이다. 두 지도자에 대한 학술연구와 실천적 계승도 이러한 시대적 흐름에 힘입어 크게 전진될 것을 기대하면서 조영식·이케다 다이사쿠 연구회 논총 제2권의 출간을 계기로 더 많은 옥고가 쏟아져 나와 독자들에게 다가가기를 염원하며 더욱 연구에 매진하고자 한다.

바쁘신 가운데서도 추천사를 써주신 손혁상 경희대 부총장님께 깊은 감사를 드리며, 끊임없이 조영식·이케다 다이사쿠 연구회를 사랑해주시는 모든 분들께 다시 한번 감사의 인사를 드린다.

2020. 12. 4.

저자 대표  하 영 애 씀

# 목차

## 제**1**부 세계시민과 인간중심 사상

# 제3부 외국어 논문: Peace Philosophy of Young Seek Choue and Daisaku Ikeda

제1부

# 세계시민과 인간중심 사상

# 제1장

# "미원 조영식 박사의 평화사상과 실천"

손재식(통일한국포럼 회장, 전 통일원 장관)

## I. 머리말

인류역사가 시작된 이래 한 번도 이룩된 적이 없는 인류의 절실하고도 크나큰 숙원이 있다. 넓은 의미의 보편적이고도 항구적인 세계평화가 바로 그것이다. 수천 년간 크고 작은 많은 전쟁의 비극을 겪고도 유혈분쟁이 끊이지 않고 있고 작금의 세계정세도 평화에 대한 낙관보다는 오히려 우려를 자아내게 하고 있는 것이 부인할 수 없는 현실이다. 약 30년 전에 시작된 동서 간 냉전종식과 화해, 동구 공산권국가의 민주화, 그리고 핵무기 감축 등으로 세계에 평화의 질서가 구축되는 듯하였으나 4반세기가 지나가기도 전에 다시 미국과 중국 간, 미국과 러시아 간, 그리고 유럽 국가들과 러시아 간의 갈등과 긴장으로 이른바 신 냉전 상황이 전개되고 있고 군비경쟁도 계속되고 있는 것이 그것을 말해 주고 있다. 이에 대하여 불량국가로 지목된 북한과 이란의 핵무장 또는 핵 비확산체제에 대한 도전으로 세계의 안전을 심각하게 위협하고 있고 시리아, 예멘, 리비아, 아프카니스탄 등지에서의 내전으로 많은 인명살상과 재산파괴를 초래하고 있다.

한편 인간의 생명과 신체에 위해를 가하고 있는 것은 이것뿐이 아니다. 지구 온난화, 오존층 파괴, 미세먼지를 포함한 대기오염과 수질오염 등 환경파괴를 비롯하여 어린이들을 포함한 수많은 사람들이 기아와 식수부족, 억압과 인권유린으로 평화 없는 비참한 생활을 하고 있다.

이와 같은 현상이 발생하는 것은 정치적, 경제적, 종교적 요인 등 여러 원인이 작용하고 있기 때문이므로 그 대책도 다면적·다각적·복합적이 되는 것이 아니면 아니 된다. 그러한 의미에서 세계평화를 이룩하자는 것은 정치적 과제일 뿐만 아니라 종교적 과제요 학문적 과제라고 말할 수 있다. 정치 지도자와 종교 지도자와 학자, 그리고 교육자들의 사명이 중요한 것은 이 때문이다. 지금까지 세계평화가 구현되지 못한 것은 요컨대 구체적인 아이디어가 부족하거나 부적절했거나 실천 가능한 좋은 아이디어가 있어도 국가·민족 간 이해관계의 상충 등으로 이를 실행에 옮길 정치적 의지가 부족했기 때문이다.

무엇보다도 효과적이고도 절대다수가 수용 가능한 아이디어를 개발하는데 힘써야 하고 개발한 아이디어를 각 국가들이 정책과 협상과 집행을 통하여 현실화하는 것이 필요하다. 평화연구, 평화교육, 평화운동의 충실화가 중요한 이유가 바로 여기에 있다. 세계 각국에 이와 같은 일을 했거나 하고 있는 사상가, 교육자, 운동가, 종교인, 정치가와 행정가 등이 적지 않으나 지극히 높고도 큰 비견을 지니고 평화교육과 평화운동에 선각자적, 선도적 역할을 해온 당대의 위대한 인물로서는 조영식 선생님과 세계적 종교지도자인 이케다 다이사쿠(池田大作) 선생님을 빼놓을 수 없다. 혜안과 탁견을 지닌 이 두 위인(偉人)은 여러 차례의 창조적 대화로 서로 의기투합(意氣投合)하였으며 다각적이고도 열성적인 평화노력을 기울여 왔다.

그러한 견지에서 조영식·이케다 다이사쿠 연구회(硏究會)의 발족과 활동은 앞으로 뛰어난 세계평화사상의 연구와 전파에 적지 않은 기여를 할 수 있을 것으로 생각한다. 이 활동의 일환으로 개최하는 오늘의 뜻깊은 발표회에서 본인이 보탬이 될 수 있는 일로서는 조영식 선생님의 평화사상과 평화운동에 대하여 제 나름대로 분석·평가·정리한 결과를 소개하는 것이다. 천학비재한 본인이 감히 이렇게 할 수 있는 것은 조영식 선생님이 만년에 전개한 평화활동에 부분적으로나마 여러 해 동안 참여 할 수 있는 기회가 주어 졌기 때문이다.

## II. 미원 평화사상의 특징

조영식 선생님의 평화사상은 몇 가지 특징을 지닌다.

### 1. 고차원성(高次元性)

조 선생님은 전쟁과 평화문제를 다룸에 있어서 우주적·지구적 관점에 입각하였으며 마치 대소·고소(大所·高所)에서 아래로 전모를 내려다보듯이 하면서 그 해결책을 모색하고 이를 설득하는 방법을 구사하였다. 선생님은 세계화 시대와 함께 우주 시대의 도래를 내다보면서 이에 대비할 것을 강조하였는데 이는 행성의 하나인 지구에서 사는 모든 사람들이 편협한 민족주의, 국가주의와 종파주의에서 벗어나 지구적 차원의 운명공동체의식과 연대감으로 모두가 평화롭게 공존하고 공영하도록 노력하여야 함을 일깨우기 위함이었다. 인류 가족주의 사상, 지구공동체 사상과 세계시민 사상은 여기에서 파생하였다. 인류가족 정신으로 내 조국을 사랑할 것을 강조했던 것도 이 때문이다. 선생님의 연설이나 글귀에 우주의 본질, 창조, 변화, 지구의 생성과 인류의 진화 등이 먼저 언급되는 경우가 적지 않았던 것도 지도자들이나 지성인들에게 큰 안목과 열린 마음으로 세계평화의 증진에 기여할 것을 설득하기 위함이었으리라 생각한다.

## 2. 종합성(綜合性)

동서고금의 평화 사상가들이 극소수를 제외하고는 평화문제를 부분적이거나 일면적이거나 국지적으로 다룬 경향이 없지 않았던 데 반하여 조 선생님은 전쟁의 부존재를 의미하는 소극적 평화와 구조적 폭력의 부존재를 의미하는 적극적 평화까지 아울러 고찰하는 동시에 인성, 이데올로기, 외교, 재정, 교역, 투자, 군사, 윤리 등의 여러 측면에서 세계평화의 모델을 제시하였다. 평화문제는 어느 한두 가지의 단일적·단편적 방안으로는 해결될 수 없으므로 종합적 접근법에 의하여 폭넓게, 그리고 체계적으로 그 사상을 펼친 것이다. 구체적으로는 국제법 또는 세계법의 바탕이 되는 인류의 공동목표, 공동과업 및 공동규범의 설정, 유엔을 비롯한 국제기구의 발전, 지역통합과 지구통합의 추진, 비정부기구의 역할 증대, 다국적 기업의 전쟁방지 기능 강화, 적대국가 간의 하향적 세력 균형과 군비 축소, 대량살상 무기의 제거, 평화운동, 평화교육, 제2적십자운동 등과 적극적 평화를 위한 빈곤퇴치, 환경보존, 인권보호, 인간성의 회복과 도덕적 발전에 이르기까지 그 사상의 폭은 실로 광범위하였다.

## 3. 유기성(有機性)

조 선생님의 평화사상에 포함된 여러 제안은 모두 유기적 일체를 이루고 있다. 예컨대 인간중심주의, 지구공동규범, 보편적민주주의, 지구공동사회와 팩스 유엔(Pax UN)은 이념적으로나 방법론에 있어서 서로 밀접 불가분리의 관계에 있으며 서로를 필요로 하고 서로를 촉진하는 상호 보완적 관계에 있다. 물질 만능주의와 과학·기술지상주의에 따르는 인간경시, 인간소외. 인간의 도구화와 비인간화의 폐해를 제거하고 역사와 문명의 주인으로서의 인간이 존중되는 인간중심사회를 건설하기 위해서는 약육강식, 우승열패의 밀림의 법칙이 아닌 문화사관에 입각한 문화적인 지구공동체 규범을 정립할 필요가 있고 보편적 민주주의를 통하여 모든 사람의 자유·평등과 대소국의 동권 및 공존이 보장될 필요가 있으며 이는 팩스 유엔, 즉 유엔이 주도하는 평화활동을 통해서 보다 충실하게 실현될 수 있다. 한편 팩스 유엔은 지구공동체 규범과 보편적 민주주의 이상에 입각하고 지구공동사회의 실현을 지향한다. 지구공동사회도 인간중심주의, 보편적민주주의, 문화적인 지구공동규범을 바탕으로 한다. 또한 지구공동사회에 공통적으로 적용될 지구공동규범은 보편적 민주주의를 기초로 하고 이 양자는 팩스 유엔을 실행한 후 또는 이를 실현하는 과정에서 현실화 할 수 있다. 한편 지구공동사회를 건설하는 팩스 유엔의 여건을 무르익게 할 수 있다.

## 4. 장기성(長期性)

조 선생님의 평화사상은 한 세기, 더 나아가서는 한 밀레니엄을 내다보는 초장기적인 안목과 비전에 입각하고 있다. 이 비전에 따라 장기적, 거시적인 구상과 설계가 이루어지고 장기적 과제와 방책(方策)이 수립되었다. 따라서 이를 추진하는 과정에는 숱한 난관들이 가로 놓여 있다. 선생님의 평화사상의 뿌리라고 할 수 있는 오토피아(Oughtopia)사상이 당위적 요청사회를 지향하고 당연히 있어야 할(Ought to be)사회, 그리고 당연히 해야 할(Ought to do) 일을 내포하고 있기 때문에 당위론적 성격이 강하다고 할 수 있다. 그러므로 선생님은 단계적·점진적인 접근을 시도하고 단기적으로는 보다 더 실현성이 큰 방안을 제시하였다. 예를 들면 지구공동사회 건설이라는 거창한 목표를 달성하기 위하여 먼저 지역협동사회를 이룩한 다음 이를 지역공동사회로 발전시키고 이와 병행하여, 또는 이에 뒤따라 지구협동사회를 이룩하며 최종적으로는 이를 지구공동사회로 승화시킨다는 구상이다. 선생님은 인류역사의 큰 흐름과 세계의 대기(大氣)를 정확히 파악하고 인류가 걸어가야 할 대도(大道)를 선각자적인 혜안(慧眼)으로 설득력 있게 제시한 것이다.

# III. 미원 평화사상의 타당성과 그 실행적 과제

조 선생님의 평화사상은 방대한 체계를 이루고 있어 여기에서 일일이 매거(枚擧)할 수 없으므로 본고에서는 주로 핵심적인 부분을 대상으로 그 타당성과 실행상의 과제를 논술하고자 한다.

팩스 유엔은 선생님에 의하여 만들어진 어휘이자 개념이다. 초강대국이나 일부 강대국에 의하여 이룩되거나 강제되는 세계평화가 아니라 세계적 기구인 유엔이 주도적으로 역할을 하는 평화를 의미한다. 팩스 유엔은 세계의 현 상태를 지칭하는 것이 아니라 앞으로 성취해야 할 미래의 목표를 나타낸 개념이다. 이와 같은 유엔 주도하의 세계평화가 이루어지기 위하여서는 무엇보다도 유엔 자체의 구조적, 기능적, 성격적 변화가 요구된다. 그것은 정당성과 효율성이 확보되지 않고서는 본래의 목적을 달성할 수 없기 때문이다. 유엔 주도는 소수자의 의사가 아닌 다수자의 의사가 그 기초가 되어야 한다. 또한 현재의 약체 유엔에 의해서가 아니라 강화된 유엔에 의해서 주도되는 것을 의미한다. 따라서 선생님은 유엔총회의결에 대한 구속력 부여, 유엔사무총장의 권능강화, 국제사법재판소에 대한 강제권 부여와 그 판결에 대한 구속력 부여, 그리고 유엔의 재원 확충 등을 제안한 바 있다.

팩스 유엔이 절실히 필요한 이유로는 첫째, 전쟁을 비롯한 세계적 차원의 심각한 문제들에 대한 개개 국가의 개별적 해결능력에 한계가 있는 점, 둘째, 지극히 낭비적이고 위험한 군비경쟁, 과잉군비와 핵무기 등 대량살상무기의 확산이 계속되고 있는 점, 셋째, 빈곤퇴치와 기아방지, 지구자원의 효율적 관리와 공정한 배분을 보장할 수 있는 새로운 세계질서가 필요한 점, 넷째, 인류의 안전을 위협하는 지구환경의 악화를 방지하고 파괴된 환경을 복원할 수 있는 지구적 차원의 대처태세의 확립이 긴요한 점, 다섯째, 빈곤의 심화와 환경 파괴의 원인이 되는 제3세계의 인구의 과잉증가를 방지하기 위한 세계적 차원의 효과적 규제가 절실히 필요한 점, 여섯째, 국익추구를 제일의적(第一義的) 목표로 삼는 개별국가들 중 일부국가에게 세계평화와 안보에 관한 권한과 책임을 위탁하기보다는 보편적인 회원 구성과 국제적 정통성, 그리고 상대적 중립성을 갖춘 유엔에 맡기는 것이 바람직한 점 등을 들 수 있다.

다만 유엔을 강화하기 위해서는 유엔의 민주적 개혁이 선행되어야 한다. 현재와 같이 유엔총회와 유엔안전보장이사회가 공히 세계 주민의 다수가 아니라 소수에 의해서 좌우될 수 있는 상태로서는 유엔강화의 명분이 약할 수밖에 없다. 따라서 민주주의의 원리의 하나인 인구비례원칙이 의사결정과정에 최대한 반영될 수 있도록 국가 간 투표권 배분이 재조정되어야 할 것이다. 이와 같은 견지에서 회원국 간의 타협의 산물인 유럽연합(EU)의 투표권 배분 사례는 참고할 만한 가치가 있다. 유엔강화는 회원국가들의 주권약화를 초래하므로 많은 국가들이 원치 않을 가능성이 있으나 세계적 문제가 자국민을 포함한 절대다수의 인류의 생존자체를 위협하는 수준까지 이르면 그들 자신의 안보를 위해서라도 팩스 유엔의 아이디어를 받아들이지 않을 수 없을 것이다. 유엔을 강화하는 경우 물론 전통적 주권개념이나 국가주권원리는 재구성되어야 할 것이다.

팩스 유엔이 실현될 경우, 그 다음단계로 본격적 추진을 할 것은 지구공동사회의 건설이다. 분열된 인류사회를 지구적 차원에서 하나로 재편성·통합하는 것은 인류가 추구해야 할 궁극적인 목표가 되어야 한다. 설혹 많은 완고한 사람들의 눈에는 비현실적인 꿈으로 보일지라도 이는 인류가 공통적으로 당면한 심각한 문제들에 대한 가장 효과적인 해결책이 된다. 인류생존을 위협하는 세계적 문제들은 세계에 대한 새로운 사고와 인류사회재구성의 필요성을 강하게 시사한다.

만일 인류가 통합된 지구공동사회에서 살 수 있게 된다면 처참한 전쟁, 생태계의 파괴, 위험하고도 낭비적인 군비경쟁, 아사자의 대량 발생, 집단적 인권유린 등 지구적 차원의 문제들은 대부분 해결할 수 있다. 물론 지구공동사회건설은 난중지난사(難中之難事)다. 이를 추진하는 도정(道程)에는 제거하기 어려운 수많은 장애물이 도사리고 있다. 국가중심주의, 민족지상주의, 국수주의, 문화적 차이, 국가 간 상충, 대국 또는 타민족에 의하여 지배될 가능성에 대한 두려움, 민족적·국가적 정체성과 국가주권의 상실에 대한 두려움 등이 그러한 것이다.

그러나 다른 한편으로는 기술혁신, 교통통신수단의 비약적 발전, 정보화 혁명, 무역자유화와 외국직접투자의 증가를 포함한 국가 간 사회·문화·경제 분야의 늘어나는 교류와 협력, 영어교육의 강화와 영어사용의 보편화 등 추세를 볼 때 증대되는 상호의존관계를 바탕으로 한 세계화와 세계의 경제적 통합추세는 앞으로 더욱 가속화될 것으로 전망된다. 더욱이 인류공동문제에 대한 세계 사람들의 지식과 인식이 생생한 국제 텔레비전 뉴스 등을 통하여 더욱 확대될 것도 예상된다. 이러한 현상들은 모두 지구공동사회 건설에 긍적적 요소로 작용하게 될 것이다. 무엇보다도 중요한 것은 지구공동체의식

또는 인류운명 공동체 의식을 함양할 것과 지구공동사회를 건설하는 것이 모두에게 닥칠 수 있는 대재앙을 방지하고 진정한 평화와 안전, 그리고 복지를 누릴 수 있는 길이 된다는 것을 깊이 깨닫게 하는 것이다. 이와 같은 의식 구조의 혁신은 장기적으로는 각급 학교에서의 교육을 통하여, 단기적으로는 국제 NGO들의 세계시민 운동과 매스컴을 통한 여론형성, 그리고 정치 지도자들의 설득을 통하여 추진될 수 있다.

## Ⅳ. 미원의 평화운동

조영식 선생님은 탁월한 평화사상가였을 뿐만 아니라 열성적인 평화운동가로 알려져 있다. 평화사상가, 평화교육자, 평화운동가로서 선생님은 20대부터 80대에 이르기까지 기나긴 세월에 걸쳐 다각적·복합적으로, 그리고 꾸준하고도 끈질기게 평화노력을 경주하였다. 1951년, 28세 나이로 저서『민주주의 자유론』을 통하여 국내평화 및 국제평화증진의 요체라고 할 수 있는 보편적 민주주의의 아이디어를 표명하는 한편으로 유엔의 마크를 본받아 경희대학교의 교시와 배지를 도안하였으며 교시(校是)를 인간주의, 민주주의, 평화주의를 토대로 하는『문화세계의 창조』로 정하였다. 1956년부터는 학생들을 동원하여 가난에 찌들었던 농촌의 자력갱생과 문맹퇴치를 위한 농촌계몽 및 봉사활동을 전개하였고 1963년에는 베스트셀러가 된『우리도 잘 살 수 있다』는 책의 저술을 통하여 뒤에 범국민 운동이 된 잘 살기 운동과 이에 이은 새마을 운동의 점화에 크게 이바지하였다. 정부의 강력한 주도와 대다수 국민의 적극적 참여로 대대적으로 추진된 새마을 운동의 농촌근대화와 도시생활개선, 그리고 공장의 생산성향상에 다대한 성과를 올렸고 그 뒤 많은 후진국 관계자들이 그 성공사례를 배우러 왔으며 새마을 운동 중앙기구와 새마을 지도자 연수원은 지금도 존속하고 있다.

인류의 생존과 안녕을 위협하는 요인이 전쟁이외에도 빈곤, 기아, 환경파괴, 인권유린, 인간의 도구화와 도덕적 타락에도 있다는 사실에 착안한 선생님은 1975년에 밝은사회운동을 발기하고 1978년에 세계 각국의 지도자 77인과 함께 GCS국제클럽을 조직하였다. GCS는 선의·합동·봉사-기여의 3대 강령과 건전사회운동, 잘살기운동, 인간복권운동, 자연애호운동과 세계평화운동 등 5대 운동을 망라하고 있는데 이 모두가 소극적 평화와 적극적 평화를 구현하기 위해 필요한 것이고 선생님의 평화사상을 그대로 반영하고 있다. GCS는 Good will, Cooperation, Service-Contribution의 약자로서 뿐만 아니라 Global Cooperation Society 또는 Global Common Society운동을 나타내는 약자로도 사용된다. 현재 선진국들을 포함한 43개국에 GCS가 조직되어 있고 국내에는 한국본부산하에 1지구, 19개 연합, 328개 클럽(청소년클럽 132개 포함)이 결성되어 약 6,000명의 회원들이 활동하고 있다. 그동안 평화캠페인을 비롯하여 연수계몽, 대외원조, 구호, 불우이웃돕기, 장학금 지급, 나무심기, 거리미화, 세미나, 효행 및 선행 장려와 포상, GCS글짓기 행사, 간행물 발간·배포 등 다양한 활동을 해왔다. 선생님은 국제본부총재로서 국내외에서 개최된 국제대회를 주관하였고 국내 대규모 행사에 거의 빠짐없이 참석하였으며 특히 서울중앙클럽 월례회의와 서울클럽 월례회의에는 매월 참석하여 회원들을 독려하였다. 현재 GCS는 유엔경제사회이사회의 특별자문기관의 지위를 갖고 있다.

1965년에는 대학 간 협력을 통하여 세계평화를 증진하고자 세계대학총회의 설립을 주도하고 그 회장직을 3기 연임한 후 영구명예회장과 평화협의회 의장으로서 활동하였으며 1981년에는 코스타리카의 산호세에서 개최된 제6차 세계대학총장회의(IAUP)에서 세계평화의 날과 해를 제정하기 위한 결의문을 발의하여 통과시켰다. 당시 한국이 유엔회원국이 아니었기 때문에 이를 코스타리카 정부에 간청하여 제36차 유엔총회에 의제로 상정케 하였는데 우여곡절 끝에 만장일치로 채택되기에 이르렀다. 그 뒤 매년 세계평화의 날 기념식과 국제평화회의를 개최해 왔으며 1986년 세계평화의 해에는 세계 각국에서 다양한 평화행사를 거행하였는데 특히 레이건 미국 대통령과 고르바쵸프 소련 대통령은 새해 첫날에 TV인터뷰를 통하여 세계평화의 해를 계기로 인류를 핵전쟁에 의한 파멸로부터 구하기 위하여 최선의 다짐을 하고 이를 담은 평화 메시지를 상대방 정부에게 전달한 바 있다.

1982년에는 이산가족의 슬픔과 고통을 덜고 남북한의 평화와 통일에 기여하고자 결성된 일천만 이산가족 재회추진위원회의 위원장으로 추대되어 18년간 연속 7선에 걸쳐 연임하면서 대규모 결의대회, 세미나, 호소문 채택·전달, 서명운동 등을 통하여 이산가족상봉에 기여하였으며 특히 1994년의 서명운동은 153개국에서 북한의 인구보다 많은 21,202,193명의 서명을 받아냄으로서 참가국 수와 참가인원 수에서 세계 신기록을 세웠다. 서명자 중에는 각국의 전·현직 수반, 33명의 노벨상 수상자와 각국의 적십자사 총재 등도 포함되어 있었다. 서명결과는 남북 간 이산가족재회를 기피하려는 북한

당국에 적지 않은 심리적 영향을 주었을 것으로 생각된다.

1984년에는 평화교육을 통하여 평화를 증진하고자 국내 최초로 평화교육전문기관인 평화복지대학원을 설립하고 선발된 각국의 인재들에게 전액장학금을 지급하면서 장차 평화지향적 지도자가 되는 데 필요한 강도 높은 교육과 훈련을 실시해 왔다. 평화복지대학원은 1993년 12월 교육기관으로서는 세계최초로 UNESCO평화교육상을 받은바 있다.

1986년에는 세계평화의 해를 계기로 인류역사상 처음으로 4권 1질의 영문판 『세계평화대백과사전』을 편집·발간하였고 이어서 1999년 선생님이 주도한 서울NGO대회 개최에 즈음하여 8권 1질로 된 증보 개정판을 편집·발간하였는데 논문 작성에는 36개국 320여명의 권위있는 학자와 전문가가 참여하였다. 서울NGO세계대회에는 107개국의 1,360개의 NGO들이 참가하여 대성황을 이루었다.

미원평화사상의 전파를 위한 활동으로서는 국제회의석상에서의 37개 결의문 또는 선언문의 제안·채택, 36권의 저술, 67편의 논문 발표, 47편의 작시와 작사, 그리고 각국지도층 인사들을 대상으로 한 수많은 연설 등을 들 수 있다. 이 밖에도 제한된 지면상 여기에 다 소개할 수 없을 정도로 많은, 그리고 다종다양한 평화활동을 펼쳤다. 그 결과 다수의 각계각층의 인사들의 공감과 호응을 이끌어 내는데 성공하였다.

# V. 맺는 말

사상가는 떠나도 그 사상은 남는다. 특히 탁월한 사상은 그 사상가의 사후에 더 밝은 빛을 발할 수 있다. 조영식 선생님이 심혈을 기울여 고안한 평화사상과 이의 실현을 위한 평화운동의 성과가 확산되기 위해서는 반드시 이를 계승하는 노력이 지속되어야 한다.

첫째로 미원 평화사상의 후속연구가 반드시 있어야 한다. 선생님의 평화사상은 고차원적·거시적·총체적인데 그 특징이 있으므로 미시적 또는 각론적인 연구가 뒤따라야 한다. 평화의 기본설계가 완벽하게 되어 있더라도 실시설계 또는 세부설계가 충분치 않으면 이를 시행하기가 어렵기 때문이다. 무엇보다도 바로 정책화 또는 제도화할 수 있는 구체적인 안을 연구할 필요가 있다. 예를 들면 인류 대다수가 받아들일 수 있는 인류공동규범의 세부적 요강에 관한 연구, 보편적 민주주의를 제도화 하는데 필요한 자유와 평등을 조화시킬 구체적 방안에 관한 연구와 대소국의 동권을 보장할 수 있는 국제기구의 구성 및 결정과정의 형평화에 관한 연구, 지역협동/공동사회와 지구협동/공동사회를 실현할 수 있는 지역 및 지구통합추진에 관한 세밀한 연구, 팩스 유엔에 필수적인 국가주권의 부분적 이양 및 제한에 관한 연구와 유엔의 민주적 결함을 시정하는 방안에 관한 세부적 연구 등 연구할 과제가 많이 있다.

둘째로 선생님의 평화사상에 관한 교육을 강화해야한다. 교육적 가치가 큰 미원 평화사상에 관한 교육은 지금까지 평화복지대학원의 일부 강의를 통하여 실시하여오고 있으나 이를 더욱 강화하는 동시에 일부대학원에서도 평화학 입문이라는 과목을 개설하거나 평화

문제에 관한 특강형식으로 되도록 많은 학생들에게 이를 전수하는 것이 바람직하다. 평화문제는 비단 정치학의 관심사일 뿐만 아니라 법학, 행정학, 철학, 심리학, 윤리학, 인류학, 경제학, 역사학, 사회학, 문학, 종교학, 생물학 등의 관심사이기도 하고 이 모든 학문이 결집(結集), 활용되어야 해결될 수 있는 것이기 때문이다.

셋째로 미원 평화사상을 널리 선양·보급하기 위하여 이에 관한 논문을 국내외의 학술지에 게재할 것을 권장할 필요가 있다. 이를 위하여 연구비 지급이나 시상 등 적절한 인센티브를 부여하는 것도 생각해 볼만 하다. 선생님이 생존할 당시에는 연례적으로 개최된 대규모 국제 평화학술회의에서의 기조연설, 세계각지에서 이루어진 초청연설, 1만8천 부에 달하는 지구공동사회 대헌장 결의문의 우송 등과 같은 방법으로 그 평화사상을 알리는데 힘쓴 바 있다. 선생님의 평화사상을 압축한 지구공동사회 대헌장 결의문에 대해서는 이를 받아본 세계 각국의 지도자, 노벨평화상 수상자와 평화학자 등이 아무도 이의를 제기하지 않으며 오히려 이에 동의한다는 편지들이 적지 않게 왔다.

상술한 바는 조영식 선생님의 평화사상과 평화운동의 주요 골자, 그리고 필자의 소견을 극히 요약해서 서술한 것이거니와 단기적으로는 어떻든 장기적으로는 선생님의 평화사상이 점진적으로나마 반드시 현실화 될 수 있을 것으로 생각한다. 그것은 그 사상에서 제안하는 내용대로 하는 것이 정의로울 뿐만 아니라 대다수 세계 사람들에게 매우 이롭기 때문이다.

# 참고문헌

Youngseek Choue. *Write Paper on World Peace*. Seoul: Kyung Hee University Press, 1991.

_____. *Peace Strategies for Global Common Society and Role of the United Nations in the 21 Century*. Seoul: The Institute of International Studies, 1996.

_____. *Magna Carta of Global Common Society: Grand Vision of Human Society toward New Millennium* (Seoul: The Institute of International Studies, 1998).

_____. *A Grand Design of Permanent Wold Peace for New Millenium* (Seoul: The Institute of International Peace Studies, 1998).

_____. *Toward The Global Common Society* (Seoul: Kyung Hee University Press, 2000).

_____. *Is it All Right for This New Millenium Without Preparation?* (Seoul: The Institute of International Peace Studies, 2001).

_____. *A Global Common Society Through Pax UN* (Seoul: The Institute of International Peace Studies, 2002).

조영식, 『아름답고 풍요하고 보람있는 사회』. 전5권. 경희대학교출판국, 2003.

Youngseek Choue ed. *Building a Global Common Society Through Neo-Renaissance*. Seoul: Kyung Hee University Press, 2003.

Jaeshik Sohn. *Peace and Unification of Korea*. Seoul: Seoul Press, 1991.

_____. "In search of Global Common Society of Coexistence and Co-prosperity." The Institute of International Peace Studies (ed). *Will World Peace be Achievable in the 21st Century?* Seoul: The Institute of International Peace Studies, 1999.

_____. "Global Security and Pax United Nation." The Institute of International Peace Studies (ed.). *Global Governance in the 21st Century*. Seoul: The Institute of International Peace Studies, 2000.

_____. "Regional Cooperation in Northeast Asia and its Relevance to the Building a Global Common Society." The Institute of International Peace Studies (ed.). *Toward a Global Common Society Through Dialogue Among*

*Civilizations*. Seoul: The Institute of International Peace Studies, 2001.

_____. "Building a Global Common Society and the Role of the UN." The Institute of International Peace Studies (ed.). *A Global Common Society Through Pax UN*. Seoul: The Institute of International Peace Studies, 2002.

_____. "Is Contemporary Democracy a True Democracy?: The Pursuit of Better, More Desirable Democracy for Realizing Universal Peace," The Institute of International Peace Studies (ed.). *Building a Global Common Society through Neo-Renaissance*. Seoul: Kyung Hee University Press, 2003.

_____. "The Necessity, Problems and Improvement of Cooperation Regimes." The Institute of International Peace Studies (ed.). *Urgent Task for Peace: Overcoming Terrorism*. Seoul: The Institute of International Peace Studies, 2004.

# 제2장

# "이케다 다이사쿠의 코즈머폴리터니즘과 그 역사적, 현대적 의의"

## 이토 다카오(소카대학교 문학부 교수)

제3회 학술 심포지엄 "세계시민과 인간중심 사상" 기조연설
(2018년 7월 3일 경희대학교)

오늘은 경희대학교 창립자 조영식 선생님과 소카대학교 창립자 이케다 다이사쿠 선생님을 기념하는 의의 깊은 심포지엄에 초대해 주셔서 진심으로 감사드립니다. 1998년 5월 15일, 이케다 선생님은 경희대학교 명예 철학박사 학위 수여식 답사에서 "바로 귀 대학이야 말로 저희 소카대학교가 '위대한 형님'으로 우러러야 할 존재입니다. 부디 앞으로도 어린 동생인 소카대학교를 아무쪼록 잘 부탁드립니다" 하고 말씀하셨습니다 ('세이쿄신문' 1998년 5월 17일자). 이번에 '동생인 소카대학교'에서 일하는 사람으로서 '위대한 형님'인 경희대학교 캠퍼스에 오게 되어 대단히 기쁘고 또 긍지로 생각합니다. '세계시민'을 테마로 실시하는 이번 심포지엄이 한반도 그리고 또

세계평화 구축에 기여하기를 염원하며, 저는 이케다 선생님의 세계시민주의와 그 역사적, 현재적 의의에 관해 고찰해보고자 합니다.

## I. 머리말

최근 정치학을 중심으로 코즈모폴리터니즘(세계시민주의)[1] 을 둘러싼 논의가 활발히 이루어지고 있다. 1994년에 미국의 '보스턴 리뷰'에서 특집으로 다룬 '애국심인가 코즈모폴리터니즘인가'라는 논쟁이 그 계기가 되었다.[2] 그로부터 4반세기가 흐른 오늘날, 급속히 진행되는 경제적 세계화에 대한 반동으로 세계 각지에서 민족주의로 되돌아가자는 움직임이 보이는 가운데 이 테마가 갖는 현실성은 점점 더 높아지고 있다고 할 수 있다.

이케다(池田) 연구에서도 요 몇 년간 코즈모폴리터니즘을 주제로 다루는 것이 늘고 있다. 그때 참조되는 중요한 자료 중 하나가 이케다가 1996년 컬럼비아대학교 교육대학원에서 강연한 '지구시민 교육을 향한 하나의 고찰'이다. 다양성을 중요하게 여기는 미국 교육계에서는 이전부터 '세계시민(코즈모폴리탄) 교육'에 관한 논의가 활발하게 이루어져 왔는데, 그 문맥 속에서 다시 이케다의 언설이

---

1) 일반적으로는 고대 그리스에 기원을 둔 사상으로 '코스모스(세계)'와 '폴리테스(시민)'의 합성어다. Thomas Pogge, "Cosmopolitanism", in: A Companion to Contemporary Political Philosophy, Second Edition, ed. by Robert E. Goodin, Philip Pettit and Thomas Pogge, Oxford: Wiley-Blackwell, 2012, p. 312. 코즈모폴리터니즘의 최초. 제창자로서 플루타르코스는 소크라테스를 들고(≪모라리아≫다나카 류젠 역, 교토대학 학술출판회, 2008년, 288쪽), 라에르티오스는 디오게네스를 들고 있다(≪그리스 철학자 열전≫중권, 가쿠 아키토시 역, 이와나미문고, 1989년, 162쪽). 그 밖에 아낙사고라스를 드는 것으로서 후루다치 기요지 ≪세계주의 사상의 연구≫고분도, 1972년, 9쪽, 및 이토 다카오 '코즈모폴리터니즘은 무엇인가 ≪휴머니티즈의 부흥을 향해≫야마오카 마사키, 이토 다카오, 조나바야시 료 편, 게이소쇼보, 2017년, 75-92쪽이 있다.

2) 마사・C・누스바움 외 편≪나라를 사랑한다는 것-애국주의(패트리어티즘)의 한계를 둘러싼 논쟁≫다쓰미 신지, 노가와 모토카즈 역, 진분쇼인, 2000년.

언급되고 있다.3)

그러나 여기서 주의하고 싶은 점이 있다. 이케다는 이 강연 시점보다 20년 이상 앞선 1975년경부터 '세계시민'이라는 말을 적극적으로 사용했으며, 그 아이디어의 원형이라고 할 수 있는 것은 그보다 4반세기 더 전인 1950년경부터 생각하고 있었다. 그리고 이케다는 그것을 창가교육의 선구자인 마키구치 쓰네사부로(牧口常三郎, 1871-1944), 도다 조세이(戸田城聖, 1900-1958)의 사상과 행동을 계승한 것이라고 규정해왔다. 이케다의 코즈모폴리터니즘을 이해하려면 그러한 사상적 계보를 포함해 종합적으로 인식하려는 노력이 필요하다.

한정된 시간 동안 이케다의 코즈모폴리터니즘 형성 과정의 전모나 그 시대적, 현대적 의의를 정리하기는 것은 힘들기에, 이번 발표는 매우 부분적인 고찰에 지나지 않겠지만, 향후 논의에 도움이 되는 약간의 화제나 관점을 제공할 수 있기를 바란다.

## II. 지구민족주의

제2차 세계대전이 끝나고 4년 뒤인 1949년 9월, 이케다는 도다 조세이가 발간한 소년잡지 ≪소년일본≫에 '위대한 교육자 페스탈로치'라는 에세이를 기고했다. 이것은 이케다가 공식적으로 발표한 첫 글이다. 이 에세이는 "평화로운 나라 스위스. (…) 지금으로부터 약 150년 전, 이 스위스가 그 유명하고 위대한 교육자 페스탈로치를 탄생시켰습니다"4) 라는 문장으로 시작해 "인류의 진보를 위해서는

---

3) Goulah, J. (Ed.). (2015). *Daisaku Ikeda, language and education.* NewYork, NY : Routledge [Winner, 2015 American Educational Studies Association Critics Choice Book Award].

4) ≪소년일본≫ 1949년 10월호, 85쪽.

교육이 가장 중요합니다. 훌륭한 교육 없이 어떻게 인류의 발전이 있겠습니까."5) 라는 문장으로 끝난다. 이케다가 저술활동을 시작한 초창기부터 '평화'와 '교육'이라는 말을 세트로 사용한 사실은 매우 흥미롭다. 이케다는 당시 이 잡지의 편집장을 맡고 있었는데, 편집 후기에 "앞으로 새로운 세계를 구축할 소년에게 힘차고 풍요로운 마음을 안겨 줄 수 있기를 희망합니다"6) 하고 썼다. 이 '새로운 세계'라는 말에 포함된 의미가 단지 일본이라는 한 국가만을 말하는 것이 아니라는 사실은 에세이 본문에서 이케다가 '인류의 진보' '인류의 발전'을 강조한 부분을 보아도 알 수 있다. '새로운 세계'란 국가주의라는 좁은 세계에 갇혀 있는 의식에서 벗어나 전 인류의 진보와 발전을 바라는 인간 앞에 펼쳐진 드넓은 공간을 말한다. 이러한 큰 뜻을 품고 배우는 아이들이 사는 모든 곳이 바로 '새로운 세계'다.

이 에세이를 쓴 이듬해인 1950년 6월 육이오전쟁이 일어난다. 전쟁이 진창에 빠진 1952년 2월 17일, 도다는 제자들이 마련한 연구 발표회 자리에서 "나의 사상을 말하자면 나는 공산주의나 미국주의가 절대 아닙니다. 동양민족주의 궁극적으로는 지구민족주의입니다"7) 하고 표명하고 자신의 목표는 '일본의 현재 상황과 한국, 중국을 구제'하는 데에 있다고 말한다.8) 도다의 발언에 관해 이케다는 훗날 이러한 소감을 썼다. "근대의 전쟁은 모두 국가와 국가간의 항쟁이라고 할 수 있다. 전쟁은 늘 자신이 속한 국가에 충성하기 위해 행해지는 것이다. '나라를 위해서'라는 윤리적 정의감을 국가의 최

---

5) 《소년일본》 1949년 10월호, 87쪽.

6) 《소년일본》 1949년 10월호, 130쪽.

7) 《도다 조세이 전집 제3권》(세이쿄신문사, 1983년), 460쪽.

8) 《도다 조세이 전집 제3권》(세이쿄신문사, 1983년), 4610쪽.

고 명령으로 받들어 국민은 전쟁터로 향했다. 다시 말해 국가는 인간 윤리의 최고 지주였다. 이 윤리관 때문에 제2차 세계대전에서는 지구상 일천만의 젊은이가 전쟁터에서 목숨을 잃지 않으면 안 되었다. (…) 게다가 핵무기로 인한 대량 살상은 파멸적인 대참사를 예고하고 있다. 그 핵무기를 소유한 곳은 극히 일부 국가에 지나지 않는다. (…) 도다 조세이의 지구민족주의는 이런 의미에서 매우 중대한 의의를 갖는다."[9] 지구민족주의를 표명한 5년 뒤인 1957년 9월 8일 도다는 '원수폭금지선언'을 발표하고, 이것은 훗날 이케다의 핵폐기 운동의 원점이 된다.

그 뒤 이케다는 기회가 있을 때마다 '지구민족주의'를 언급하는데, 특히 사회적으로 영향력을 발휘한 것은 중일 관계가 단절된 1968년 9월 8일에 발표한 '중일국교정상화제언'이다. "일본이 놓인 처지에서 보아도 중국 문제는 언젠가는 부딪혀야 할 절대로 피할 수 없는 문제입니다. 또 우리 지구민족주의 이념상에서도 어쨌든 다루지 않으면 안 되는 제일의 근본 이념입니다."[10] 당시 세계 정세와 아시아 정세를 바탕으로 지구민족주의를 다시 주창한 것이 이 제언이었다. 그 이듬해인 1969년 8월에 이케다는 '지구인의 자각'이라는 에세이를 발표한다. "모든 차이나 대립에 상관없이 같은 인간이라는 사실은 엄연히 존재한다. 지구상의 모든 국민이 이 공통 의식을 갖지 않는 한 진실된 평화와 안전 보장의 길은 열리지 않는다. 나는 이것을 '세계민족주의'라고 부른다. 하나의 국민, 민족 안에서는 늘 모든 이해의 대립이나 생각의 차이도 대화로 해결할 수 있는 질서가

---

9) 이케다 다이사쿠 ≪인간혁명≫제5권 (초판 1969년), 세이쿄문고, 245-248쪽.
10) 이케다 다이사쿠 '세계평화 실현의 열쇠' ≪중국의 인간혁명≫(마이니치신문사, 1974년), 211-212쪽.

확립되어 있다. 그것은 근저에 민족주의라는 운명공동체 의식이 있기 때문이다. 마찬가지로 전 인류를 포함하는 운명공동체 의식의 확립이야말로 이 세계를 대립항쟁의 아수라장에서 신뢰와 조화의 평화 세계로 바꾸는 대전제라고 외치는 바이다."11)

## III. 민간외교, 유엔지원, 핵폐기운동

중일국교정상화제언과도 관련되지만 이 시기에 이케다는 저작 ≪인간혁명≫에서 일본의 안전보장정책에 관해 '일본은 스스로 지구상 모든 나라와 평화우호조약을 맺을 것'이라고 제안하고 있다.12) "첫째로 중화인민공화국과 어떻게든 조약을 맺어야 한다. (…) 사람들은 미국의 강경한 견제를 두려워할 지도 모른다. 그러나 수천 년 동안 이웃인 나라와 친분을 맺는 데 무슨 망설임이 필요하단 말인가."13) "일본의 진정한 평화를 유지하려면 국제적 환경을 착실히 바꿔야 한다. 중국과도, 북한과도, 베트남 민주 공화국과도 지구상의 모든 나라와 평화우호조약을 맺어 보라. 주둔하고 있는 육해공군도 또 군사기지도 금세 무용장물이 되고 말 것이다. 그리고 영세중립을 선언해 각국이 그것을 승인하면 우리의 전쟁에 대한 악몽은 틀림없이 사라질 것이다. 세계평화에 이보다 더한 기여는 없을 것이다."14) 이러한 견해에 관해 지나치게 이상주의적인 것이 아니냐는 비판이 따를지도 모른다고 운을 떼면서 이케다는 말한다. "하지만 누군가가

---

11) 이케다 다이사쿠 '지구인의 자각' ≪우시오≫1969년 8월호
12) 이케다 다이사쿠 ≪인간혁명≫ 제5권(초판 1969년), 175쪽.
13) 이케다 다이사쿠 ≪인간혁명≫ 제5권(초판 1969년), 176쪽.
14) 이케다 다이사쿠 ≪인간혁명≫ 제5권(초판 1969년), 178쪽.

솔선해서 평화와 우호의 유대를 맺는 노력을 하지 않으면 이 아시아의 민중의 안태는 있을 수 없다."15) 실제로 이케다는 그 뒤, 소련과 중국이라는 이대(二大) 공산주의국 지도자와의 회담에 힘을 쏟고, 위의 제안을 스스로 민간외교라는 형태로 실현하려고 한다.

1974년 9월 17일, 이케다는 소련 총리 코시긴과 회담할 때 코시긴에게 "중국의 수뇌는 자신들이 먼저 다른 나라를 공격하는 일은 절대 없을 것이라고 단언했습니다. (...) 중국은 소련이 어떻게 나올지를 주시하고 있습니다. 솔직히 묻겠습니다. 소련은 중국을 공격할 의향이 있습니까" 하고 물어 코시긴에게서 "아닙니다. 소련은 중국을 공격할 생각이 없습니다"라는 대답을 이끌어 낸다. 그리고 이케다가 "중국의 수뇌부에 전해도 되겠습니까" 하고 묻자 코시긴은 "소련은 중국을 공격하지 않는다고 전해도 좋습니다" 하고 대답했다고 한다. 또 1974년 12월 5일에는 중국 총리인 저우언라이와 회견하는데, 이때 저우언라이가 "20세기의 마지막 25년간은 세계에 매우 중요한 시기입니다", "중일우호평화조약의 조기 체결을 희망합니다" 하고 말했다고 이케다는 회상한다. 더구나 이 회견과 같은 시기인 1974년 여름 이케다는 역사가 토인비와 대담집을 발간하는데, 거기에서도 코즈모폴리터니즘에 대한 지지를 표명하고 있다. "기존에 우리가 생각해온 애국심이라는 이념에 해당하는 것을 현대에서 추구하고자 한다면, 그것은 세계 전체를 '나의 조국'이라고 생각하는 인류애, 세계애가 되어야 한다고 생각합니다. 그러한 것이 실현될 때 국가적 규모의 국토애는 지금으로 말하는 향토애와 같은 것이 되지 않을까요."16)

---

15) 이케다 다이사쿠 《인간혁명》 제5권(초판 1969년), 179쪽.

16) 토인비와의 대담 자체는 1972년 4월, 1973년 5월에 진행했다. 이케다의 발언에 대한 토인비의 응답은 이렇다. "지금까지 인류의 거주지 중 한정된 영역 그리고 그 주민과 정부에만 바쳐진 정치적 헌신은 바야흐로 전 인류와 전 세계 아니 오히려 전 우주로 향하지 않으면 안 됩

위와 같은 이념적, 실천적 배경을 바탕으로 1975년부터 이케다는 자신의 사상을 표현하는 키워드로서 '세계시민'이라는 말을 쓰기 시작한다. 가장 처음 그 말을 쓴 때는 1975년 1월 10일 유엔사무총장 발트하임과 회담할 때다.[17] 회담은 핵폐기 문제로 시작하여 중동 정세, 키프로스 문제, 식량 문제, 인도차이나 정세, 유엔의 역할에 이르렀다. 그때 이케다는 발트하임에게 '유엔을 지키는 세계시민의 모임'을 만들 때가 온 것이 아니냐고 제안한다. "21세기를 젊어질 중요한 사명을 띤 유엔이 형해화 되는 일이 있으면 안 되고, 대국의 에고이즘으로 사물화(私物化)되는 일도 있어서는 안 된다. 미력하지만 나는 시민의 힘으로 유엔을 지킬 필요가 있다고 제창하는 바이다."[18] 또 '세계평화를 방해하는 암덩어리는 무엇인가'라는 질문에 발트하임은 '불신감'이라고 대답했다고 한다. 회담 마지막에 이케다는 '핵폐기 일천만명 서명'을 제출한다.[19] 이 회담은 이케다의 '세계시민'이라는 말에 유엔 지원 및 핵폐기운동까지 포함되어 있음을 시사한다. 3년 뒤인 1978년 7월, 이케다는 유엔군축총회를 앞두고 '핵군축 및 핵폐기를 향한 제창'을 발표하는데, 거기서는 '유엔을 지키는 세계시민의 모임'에 대해 유엔대학이 실효적 기능을 발휘하게 하기 위한 제안이었다고 말하고 있다.[20]

---

니다. … 그리스 철학인 스토아 학파에서는 인간은 우주의 한 시민이라고 주창했습니다."

17) '세이쿄신문' 1975년 1월 12일자, 1면. 회견은 유엔 측의 판단으로 실현되었다. 발트하임은 회견을 시작할 때 이케다에게 "이케다 회장이 지금까지 쓴 것을 잘 읽어 평화를 향한 그 노력을 알고 있다. 앞으로도 유엔에서 회장의 저서를 신중하게 읽고 그 구상, 사상을 통해 향후 유엔이 나아가야 할 방향을 생각하고 싶다." 하고 말했다.

18) '세이쿄신문' 1975년 1월 12일자, 1면. 발트하임은 이케다에게 이렇게 대답한다. "한 사람 한 사람 민중의 힘을 결집해 유엔을 지켜야 합니다. 우리가 심각하게 생각하고 있는 것은 최근의 현상으로서 유엔에서도 국가 에고이즘이 우선시 되고 인류 전체의 이익, 평화가 고려되지 않는 점입니다. 이케다 회장을 비롯해 시민의 기여에 기대하는 수밖에 없습니다."

19) '세이쿄신문' 1975년 1월 12일자, 1면.

20) 이케다 다이사쿠 '핵군축 및 핵폐기를 향한 제창' ≪우시오≫1978년 7월, 102쪽.

# IV. 평화제언

1975년은 이케다가 '세계시민'이라는 말을 교육, 문화 활동의 키워드로서도 사용하기 시작한 해이다. 5월 2일, 소카대학교에서 열린 학생 모임(2기생 대회)에서 이케다는 "여러분이 훌륭하게 성장해 사회로 나가 이 대학을 지키면서 몇십 년, 몇백 년, 몇천 년 앞을 지향하는 미래정신을 갖고 글로벌적인 시야에 선 세계시민으로서 세계평화를 위해 나아가기를 바랍니다. 그것밖에 일본이 나아가야 할 길은 없고 또 세계평화로 이어지는 정도(正道)도 없습니다", "메이지 이후 일본은 하나의 세계관으로서 무력을 내세워 세계에 대처했습니다. 전쟁 후에는 경제를 내세워 모든 것을 그 다음으로 삼는 형태를 취했습니다. 어떻게 해도 쇄국 근성, 섬나라 근성으로 세계인, 세계시민이 될 수 없었습니다"[21] 하고 말하고 있다. 5월 27일, 모스크바대학교에서 강연한 '동서 문화 교류의 새로운 길'에서는 "민족, 체제, 이데올로기의 벽을 넘어 민중이라는 저류에서부터 문화의 전 영역에 걸친 교제 다시 말해 인간과 인간의 마음을 잇는 '정신의 실크로드'가 지금처럼 요구되는 시대는 없었습니다"[22], "세계시민의 마음과 마음에 찬연히 빛나는 '정신의 실크로드'를 확립하기 위해 나는 소비에트연방의 미래를 짊어질 여러분에게 기대를 걸고 있습니다. (…) 나는 그 교류를 위해 평생 선두에 서서 성심성의를 다해 세계를 달릴 생각입니다"[23] 하고 말하고 있다.

---

21) ≪창립자와의 대화 I ≫소카대학교 학생자치회 편, 1995년, 121-122쪽.
22) ≪이케다 다이사쿠 전집1≫ 세이쿄신문사, 1988년, 310쪽.
23) ≪이케다 다이사쿠 전집1≫ 세이쿄신문사, 1988년, 316쪽.

1979년 소련이 아프가니스탄을 침공한 일을 계기로 다시 동서 진영간의 긴장이 고조된다. 이 '신냉전'이라고 불린 시기의 와중인 1983년 1월 26일, 이케다는 '미소 정상회담 조기 실현'을 외치는 제언을 발표한다. 거기서 회담의 구체적인 테마로 '핵무기 현상동결' 합의, '핵전쟁 방지센터' 설치, '군사비 동결 국제회의' 개최 등을 들었다.24) 그 이후 이케다는 매년 1월 26일에 세계정세에 관한 인식을 바탕으로 '평화제언'을 발표한다. 특히 1985년 이후 아시아 냉전의 상징이라고도 할 수 있는 한반도 정세에 관해 많은 제언을 하는데, 이는 매우 주목할만하다. 이케다는 "물론 한국과 북한 양국이 자체적으로 판단하여 추진해야 할 테마라고 생각하지만"이라고 운을 뗀 다음, 그래도 자신이 이 문제를 언급하는 이유는 "세계시민의 입장에서 세계의 항구평화를 희구하기 때문"25) 이라고 말한다. "한국과 북한의 분단문제는 항구평화를 실현하는 데 그만큼 중요하기 때문입니다. (…) 남북의 평화와 번영 없이 아시아, 태평양 지역의 평화는 있을 수 없고 나아가서는 세계평화조차 바랄 수 없다고 저는 생각합니다. 반대로 남북에 평화의 등불이 밝혀지면 세계를 드리우고 있는 암운을 뚫고 나아가는 돌파구가 되겠지요."26)

한반도의 평화에 관해 이케다는 1985년에 '남북정상회담' 개최,27) 1986년에 '상호불가침, 부전 서약'28)과 '비무장지대의 평화적 이

24) ≪이케다 다이사쿠 전집1≫ 세이쿄신문사, 1988년, 116-122쪽.

25) ≪이케다 다이사쿠 전집1≫ 세이쿄신문사, 1988년, 184쪽.

26) ≪이케다 다이사쿠 전집1≫ 세이쿄신문사, 1988년, 184쪽.

27) ≪이케다 다이사쿠 전집1≫ 세이쿄신문사, 1988년, 149쪽. "특히 내가 여기서 강조하고 싶은 점은 미소 정상의 경우와 마찬가지로 남북의 최고 지도자가 어쨌든 만나서 대화할 필요성이 있다는 점입니다. 남북정상회담이 긴장 완화에 가져오는 의의는 헤아릴 수 없고, 무엇보다도 양국 민중이 그것을 바란다고 생각하기 때문입니다."

28) ≪이케다 다이사쿠 전집1≫ 세이쿄신문사, 1988년, 187쪽 "북한도 '남진은 하지 않겠다'고 말

용'29)을 제안한다. 실제로 1989년에 냉전이 종결되자 1990년 9월에 첫 남북고위급회담이 실현되고, 1991년에 한국과 북한은 ① 유엔에 동시 가맹 ② '남북간 화해와 불가침 및 교류, 협력에 관한 합의서' 채택 ③ 남북의 '비핵화 공동선언'에 합의한다. 이 일련의 일에 관해 이케다는 "전쟁과 국가 항쟁으로 가장 큰 희생을 치른 이 지역의 숙명이라고도 할 수 있는 대립 구조가 크게 바뀔 때를 맞이했다고 통감한다."고 하며 "이 좋은 기회를 놓치지 않고 금세기의 대부분을 전화(戰火)와 외국의 침략, 지배, 민족의 분단으로 고통받은 양국의 민중이 진실된 평화를 향유하고, 번영 속에 상쾌하게 신세기를 맞이하는 일이야말로 21세기를 함께 살아온 우리의 진심 어린 바람"이라고 말한다.30) 이케다는 또 1994년에 한반도의 비핵화를 위한 '동북아시아 평화회의'31) 판문점 및 그 밖의 비무장지대에 '남북 이산가족 재회를 위한 센터' 개설32) '재일한국인(재일본 대한민국 거류

---

하고 한국도 북에 침공할 의도를 부정하고 있습니다. 최고책임자가 다시 그 의도를 명확하게 밝혀 안팎으로 선언하는 것이 일체의 출발점이라고 생각합니다."

29) ≪이케다 다이사쿠 전집1≫ 세이쿄신문사, 1988년, 189쪽 "남북의 최고책임자에 의해 '상호불가침, 부전' 서약이 행해지면 현재 비무장지대는 그 평화 유지 작용에 덧붙여 새로운 창조적인 작업 장소로 바뀔 수 있습니다. 남북의 군사력 충돌을 피하는, 이른바 소극적 휴전 유지기능의 측면과 달리 평화를 만들기 위해 적극적으로 활용하는 방향성입니다. (…) 그 돌파구, 발판으로서는 이미 국교 없는 한국과 중국, 소련 등의 사이에서도 실행되고 있는 학술, 스포츠 등 비정치적 분야에서부터 교류를 시작하는 일이 가장 현실적이라고 생각합니다."

30) ≪이케다 다이사쿠 전집2≫161쪽.

31) ≪이케다 다이사쿠 전집2≫220쪽. "시급한 과제는 핵 문제이고, 동시에 장기적 관점에서도 동북아시아의 평화 안정을 실현하기 위해 한국, 북한, 미국, 러시아, 중국, 일본에 의한 '동북아시아 평화회의' 개최가 필요하겠지요. 회의에서는 먼저 남북이 합의한 반도의 '비핵화 공동선언'에 담긴 합의 사항을, 실현하기 쉬운 환경 만들기를 위해 협의할 것을 목표로 하고 동시에 이 반도의 비핵화를 위해 '핵무기 불사용 협정' 등의 실현을 도모해야 합니다."

32) ≪이케다 다이사쿠 전집2≫221-222쪽. "이것은 남북의 대화, 합의를 바탕으로 한 인도적 견지에서 개설해야 합니다만, 유엔 또는 국제적십자 등의 국제기관 관할 아래 두는 것도 한가지 안이라고 생각합니다. 현재 상황에서 남한의 이산가족이 북한에 가고 북한의 이산가족이 남한에 오는 것에 장해가 있다면 과도적 수단으로서 먼저 남한도 북한도 아닌 비무장지대 안에 재회 및 교류의 장을 새로 여는 방안을 생각하는 것이 현실적인 선택이라고 생각하기 때문입니다."

민단과 재일본 조선인 총연합회)의 인권'을 위한 배려33) 그리고 1995년에 '철도와 도로 개설 등의 사업추진을 통한 신뢰관계 구축'34)을 제창한다.

## V. 세계시민교육

1987년 1월 26일, 이케다는 그 해 발표한 '평화제언'에서 유엔에 '세계시민교육 10년'을 제안한다. 핵무기 출현으로 인한 국권의 발동이 그대로 인류의 멸망으로 이어질 수밖에 없는 상황에 놓인 지금, 인류는 선택의 여지 없이 국가의 틀을 뛰어넘어 '국익'에서 '인류익'으로, '국가주권'에서 '인류주권'으로 발상의 전환을 해야 하는 상황이 되었다.35) 그러므로 "소크라테스에게 어느 나라 사람인지 묻자 '아테나이인'이라고 하지 않고 '세계시민'이라고 대답했듯이 국가, 민족, 지역이라는 기존의 좁은 사고의 틀을 뛰어넘어 지구 전체를 '나의 조국'이라고 생각하는 것과 같은 인류애가 바로 '세계시민' 교육의 근간을 이룬다"36)고 이케다는 말하며 그 구체적인 내용으로

---

33) ≪이케다 다이사쿠 전집2≫223쪽. "일본에는 많은 재일한국인이 살고 있습니다. 전쟁이 끝나고 나서 일본에 이주하여 살게 된 사람도 있지만, 대부분은 1910년 한일합방 뒤에 선조 대대로 내려온 토지를 빼앗겨 살기 위해 고향을 떠나온 사람, 전쟁 때문에 강제로 끌려온 사람과 그 자손들입니다. 정말 가슴 아픈 문제 중 하나는 기본적 인권의 골격인 '참정권'이 일본 영주권을 인정받은 이 사람들에게 부여되지 않았다는 사실입니다. 일본인과 똑같이 세금을 내면서 권리는 부여받지 못했습니다."

34) ≪이케다 다이사쿠 전집2≫267쪽. "한국 측에서는 학자, 업계간 교류 확대와 함께 비무장지대 생태조사, 황해 공동조사, 과학기술용어 표준화, 남북 대륙붕 공동개발, 정제석탄 활용기술 등 관련기술 공동개발 등의 구체적인 제안도 나오고 있습니다. 이러한 것은 남북 양측에 모두 이익을 가져다 줍니다. 이렇게 협력 가능한 분야에서 교류를 추진하고 동시에 남북 합의사항 중 시급한 남북이산가족 재회사업 또 철도, 도로, 해로, 항로 개설 등 장래적으로 반드시 필요한 사업부터 착수해야 새로운 전개도 열리겠지요. '민족 융화'를 위한 길은 신뢰관계, 협력관계를 착수 가능한 곳에서부터 착실히 구축하는 속에 있다고 나는 확신합니다."

35) ≪이케다 다이사쿠 전집2≫208쪽.

다음과 같은 것들을 든다. ① 전쟁의 잔혹함, 핵무기의 위협, 군축의 필요성을 배우는 '평화교육' ② 세계 약 3분의 1의 빈곤국, 약 5억 명의 영양실조와 같은 기아나 빈곤 문제에 눈을 돌려 인류의 경제 복지를 어떻게 확립할 것인가를 생각하는 '개발교육' ③ 핵폭발이 생태계에 얼마나 심각한 영향을 미치는지를 가르치는 '환경교육', 인격의 존중에 관해 배우는 '인권교육'37)이다. 또 1988년에 발표한 '평화제언'에서는 '세계시민헌장' 제정을 제안한다. 스스로 민족적, 문화적 정체성을 심화하면서 지구에 폭넓은 관심을 갖고 인류공동체를 지향하게 하는 일은 충분히 가능하다38)고 이케다는 말한다.

1990년대에 들어서자 냉전 종결의 안도감도 잠시, 구유고슬라비아와 구소련 각지에서 갑자기 민족분쟁이 일어난다. 이케다는 1991년에 발표한 '평화제언'에서 '민족의식'은 근대 민족국가가 형성되는 과정에서 국민을 하나로 통합하기 위한 수단이며, 정신적 유대로서 의식적이고 의도적으로 만들어진 것이라고 지적한다. "일본에서도 민족의식이 높아진 시기는 메이지의 근대국가가 성립되고 나서 한동안 시간이 흐른 다음이지 그 전에는 '번(藩)' 의식밖에 없었습니다. 더 나아가 고대까지 시선을 돌려 보면 대륙 특히 한반도와 인적 교류가 활발했음은 주지의 사실입니다."39) 일본민족이라는 실체보다 먼저 '일본민족'이라는 말이 선행되는 것은 아닌지 주의해야 한다. "실체를 정확히 알아보지 않고 말을 믿어버리는 일은 '경신(輕信)'이고, '경신'은 광신으로 변하기 쉽기 때문입니다."40) 여기서도

---

36) ≪이케다 다이사쿠 전집2≫216쪽.
37) ≪이케다 다이사쿠 전집2≫216쪽.
38) ≪이케다 다이사쿠 전집2≫270-273쪽.
39) ≪이케다 다이사쿠 전집2≫172쪽.

이케다는 고대 그리스의 세계시민인 소크라테스를 언급하며 대립 타개의 관점을 찾고 있다.[41] 또 '국제관용의 날'이 제정된 1995년에는 관용을 내실화하려면 소크라테스와 같은 세계시민을 배출하는 방법밖에 없고, 그때 반드시 필요한 것이 자신을 올바르게 세우는 '자립된 인격'과 타인을 소중히 여기는 '열린 대화'라고 말하고 있다.[42]

1996년 6월 13일, 이케다는 컬럼비아대학교 교육대학원에서 '지구시민 교육을 향한 하나의 고찰'이라는 주제로 강연한다. 젊은 날, 자신이 겪은 전쟁 경험을 이야기하며 배타적, 파괴적인 민족중심주의나 국가중심주의를 뛰어넘는 '지구시민' 육성과 '지구시민'이라는 개념과 논리 확립에 모든 사람이 연계하여 책임을 지지 않으면 안 된다고 외치고 있다. 여기서 '지구시민'은 '지구 규모로 가치창조를 할 수 있는 인간'을 말하며 '가치창조'란 '어떠한 환경에서도 거기에서 의미를 찾아내어 자기자신을 강하게 만들고 타자의 행복을 위해 공헌하는 힘'을 말한다고 설명하고 있다.[43] 그리고 '지구시민의 요건은 무엇인가' 하는 물음을 던진 다음 그것은 결코 외국어 능력이나 해외 경험만으로 결정되는 것이 아니라, 예를 들어 '생명의 상관성을 깊이 인식하는 지혜로운 사람' '인종이나 민족의 문화 차이를

40) ≪이케다 다이사쿠 전집2≫172쪽.

41) ≪이케다 다이사쿠 전집2≫212-218쪽. 몽테뉴는 이렇게 말하고 있습니다. "소크라테스는 '당신은 어느 나라 사람인가'라는 질문에 '아테나이인'이라고 하지 않고 '세계인'이라고 대답했습니다. 그는 보통 사람보다 훨씬 폭넓은 사상의 소유자였기에 전 세계를 자기 동네로 생각하며 자신의 지인이나 교제, 애정을 전 인류로 넓혔던 것입니다."(≪수상록≫ 하라 지로 역, ≪세계문학전집≫11권 수록, 지쿠마쇼보) SGI운동이 지향하는 것도 다름아닌 그러한 세계시민의 에토스(도덕적 기풍)입니다. 소크라테스에게 있어서 그러했듯이 이 세계시민의 에토스에서는 용기나 극기, 헌신, 정의, 사랑, 우정 등의 덕목도 현대의 퇴색한 모습을 새롭게 바꾸어 사람들 가슴에 생생하게 맥동해가겠지요.

42) ≪이케다 다이사쿠 전집2≫250쪽.

43) 이케다 다이사쿠의 '지구시민 교육을 향한 하나의 고찰 ≪이케다 다이사쿠 전집101≫, 세이쿄신문사, 2011년, 420쪽.

두려워하거나 거부하지 않고 존중하고 이해하며 성장의 발판으로 삼아가는 용기 있는 사람' '가까운 곳뿐만 아니라 먼 곳에서 고통받는 사람들에게도 동고하고 연대해가는 자비로운 사람'이라고 생각한다고 말한다.44) 또 그 9년 전인 1987년에 발표한 '평화제언'을 바탕으로 지구적 과제를 배우는 ① 평화교육 ② 환경교육 ③ 개발교육 ④ 인권교육의 네 항목이 유엔과 연계를 취하면서 각 교육기관의 커리큘럼에 도입되기를 염원하고 있다.45)

## VI. 맺는 말

이상 이케다의 코즈모폴리터니즘의 형성 과정을 간략하게 논술했다. 제2차 세계대전이 종결되고 얼마 지나지 않은 1950년경 이케다는 평화교육의 이상을 품고 도다의 '지구민족주의'에 공명한다. 그것이 1960년대 이후 중소간의 민간외교나 유엔지원, 핵폐기운동의 원점이 된다. 또 그러한 다방면에 걸친 활동 경험이 1970년대 이후의 '세계시민교육'이나 1980년대 이후의 '평화제언'으로 열매를 맺고 있다. 따라서 이케다의 코즈모폴리터니즘은 전후 세계정세에 대한 다각적, 중층적인 민간운동의 사상으로서 귀중한 기록임과 동시에 핵폐기 문제부터 지역분쟁, 경제격차에 이르는 냉전의 '부의 유산'을 극복하기 위한 이념으로서 앞으로도 귀중한 지표라고 할 수 있다.46) 1988년에 발표한 '평화제언'에서 이케다는 "국제정치에 휘

---

44) ≪이케다 다이사쿠 전집2≫420-421쪽 및 425쪽.

45) ≪이케다 다이사쿠 전집2≫428-429쪽.

46) 안와룰 K 초두리 '발간에 즈음하여', 이케다 다이사쿠 ≪새로운 인류사회와 유엔의 사명(상)≫ 도다기념국제평화연구소 편, 우시오출판사, 2013년, 10-13쪽. 초두리는 이케다와 그 평화제언에 관해 다음과 같이 말하고 있다. "이토록 오랫동안 시종일관 유엔에 기대를 걸고 그 역할과

둘려 결국에는 전쟁터가 되어 피로 물든 한반도가 두 번 다시 무너지지 않는 평화의 땅이 되기를 바랍니다. 전화에 울고, 분단으로 고통받은 민중이야말로 최고로 행복해질 권리가 있다는 것이 나의 변함없는 생각입니다"47) 하고 말하고 있다. 한반도의 분단 상황이 계속 되는 한 냉전은 끝났다고 할 수 없다. 동북아시아의 비핵화나 재일한국인의 인권에 관한 제안 등 오늘 문맥에서 다시 한번 재고해야 할 테마가 이케다의 '평화제언' 속에서 많이 나왔다고 할 수 있다.

1997년 11월 1일, 이케다는 소카대학교에서 경희대학교 창립자 조영식 박사에게 명예박사학위를 수여하는 자리에서 "21세기의 한일우호 및 일한우호 그리고 또 신세기의 젊은 세계시민의 연대에 역사적인 첫걸음이 본격적으로 내디뎌졌다"48)고 말하고 있다. 오늘 심포지엄이 한반도와 아시아의 평화구축을 향해 그 두 걸음, 세 걸음을 확실히 내딛는 기회가 되기를 바라며 끝맺고자 한다.

---

책임에 초점을 맞춘 인물은 없습니다. 물론 그러한 문제의식을 가진 유엔 직원이나 연구자도 있습니다만, 이렇게 오랜 기간에 걸쳐 지속적으로 노력해온 인물은 드뭅니다. 게다가 이케다 회장은 다국간주의를 핵심으로 삼는 유엔 시스템의 이념을 계속 외치고 지지해 오셨습니다." "세계가 지금 불확실하고 불안정한 상태에 직면한 가운데 핵무기 폐기라는 과제에 다시 주목하게 되었습니다. 그러한 속에서 오랜 기간에 걸친 이케다 회장의 군축에 대한 노력, 특히 핵폐기에 대한 외침은 걸출한 빛을 발하고 있습니다." "나는 또 유엔의 활동에 시민사회의 참여를 외치는 이케다 회장의 제안을 매우 가치 있는 것이라고 생각합니다. '인류의 의회'라는 비전이나 '지구민중평의회' 창설과 같은 구상은 국제사회에서 적극적으로 고려되어야 할 제안입니다."

47) 《이케다 다이사쿠 전집2》 241쪽.

48) 《창립자와의 대화Ⅵ》 소카대학교 학생자치회 편, 1995년. 이때 스피치에는 '세계시민'을 생각하는 데 있어 시사적이라고 생각되는 구절이 있다. "젊은 마키구치 (쓰네사부로) 회장의 대저 《인생지리학》에서도 고대 일본 문명은 거의 한반도에서 배운 것이라는 것을 강조하고 있습니다. 한가지 예를 들면 옛날 '무사시노'의 대지에 존귀한 개척의 땀을 흘린 사람도 귀국(한국)에서 온 선인이었습니다. 소카대학교와 소카학원(중고등학교)이 있는 이곳입니다. '무사시'라는 말 그 자체가 한국어에서 유래한다고 합니다. 오만하게 우쭐대는 축생도(畜生道)인 일본은 그 문화의 대은인인 '조용한 아침의 나라'에 너무나도 배은망덕한 너무나도 수치스러운 만행을 거듭했습니다." 이 발언에는 이케다가 컬럼비아대학교 교육대학원에서 한 강연 '지구시민 교육을 향한 하나의 고찰'에서 제시한 "'생명의 상관성을 깊이 인식하는 지혜로운 사람' '인종이나 민족의 문화 차이를 두려워하거나 거부하지 않고 존중하고 이해하고 성장의 발판으로 삼아가는 용기 있는 사람' '가까운 곳뿐 아니라 먼 곳에서 고통받는 사람에게도 동고하고 연대해가는 자비로운 사람'"이라는 세가지 이념이 반영되어 있다고 할 수 있다.

|

# 제3장

# "이케다 다이사쿠의
# 세계시민성 함양연구"1)

김용환(충북대학교 윤리교육과 교수)

## I. 머리말

최근 한국과 일본의 인물비교에 의한 평화와 교육 그리고 문화의 상관관계를 파악하는 저술과 논문이 꾸준히 나타나는 추세이다. 이를테면 한국의 조영식을 일본의 이케다 다이사쿠와 비교하면서 교육사상과 실천을 중심으로 거론2)하거나 교류협력과 문명융합을 논의3)할뿐만 아니라 관련 논문이 다수 발견되는 실정이다.4) 특히 '복덕혜전(福德慧田)'과 세계시민성을 연결하는 논의가 새롭게 대두되

---

1) 『동아시아불교문화』(통권 38호, 2019, pp.203-228)에 게재된 논문임.

2) 하영애(2016), 17-21.

3) 하영애(2017), 15-18.

4) Guha(2003), 神立孝一(2004), Radhakrishnan(2006), 西浦昭雄(2007), 박성길(2007), 池田大作(2007), 高村忠成(2007), 中山雅司(2008), 中山雅司(2012), 조성윤(2013), Urban, Olive(2014), 홍문숙(2014), 이성훈(2014), 하영애(2015). 임정근 & 미우라히로키(2016).

고 있다. 전통적으로도 좋은 일을 하면 복을 짓고, 복을 지으면 그 결과 덕이 쌓인다. 복은 덕이라는 그릇에 쌓이지만, 덕을 쌓는 데는 지혜를 중시하였다.

복을 짓되 덕이라는 그릇에 쌓이지 못하는 경우도 있다. 이는 곧 전통불교에서 말하는 '탐진치(貪瞋痴)' 삼독이다. 탐욕으로 복 지을 생각조차 일으키지 않는다. 어리석음으로 복 짓는 도리가 무엇인지 알지 못한다. 성냄으로 복을 지으면서 덕으로 쌓이지 않고 증발하고 만다. '탐진치(貪瞋痴)'에 빠지지 않고, 복을 덕으로 매개하는 선교방 편은 '위없는 올바른 깨달음'의 반야지혜의 몫이 된다. 복덕과 더불 어 반야지혜로 이루어진 마음의 밭을 일컬어 '복덕혜전(福德慧田)'이 다. 현대불교에서도 복지를 중시하지만, 이 문제를 제대로 조망하지 않는다면, 서양 복지제도의 기준과 범주에서 크게 벗어나지 못하는 한계점이 드러난다고 한다.[5] 그런데 현대불교의 공공복지는 일상생 활의 충족과 반야지혜가 함께 통합되는 특징으로 드러난다.[6]

본 연구는 SGI(Soka Gakkai International, 國際創價學會) 회장, 이케다 다이사쿠(いけだだいさく, 池田大作: 1928- )의 '복덕혜전(福德慧田)'에 근거한 세계시민성 함양연구를 목적으로 한다. 21세기는 개별종교의 전통에서 벗어나 생명의 보편 영성을 중시하는 추세이 다. 붓다가 발하는 반야지혜의 대광(大光)'은 '생명의 보탑을 빛내는 빛'이다. 인류가 20세기 까지 물질토대의 진보주의 가치를 추구한 결과 인간생명의 존엄가치를 상실하거나 경시하고 말았다. 붓다 가 르침의 정수, 『법화경』은 인간 내면 깊은 곳의 우주생명을 표상하여

---

5) Christopher(2015), 97.

6) Christopher(2015), 118.

중생 생명에 성불종자를 뿌리는 '하종익(下種益)'을 중시한다.[7] 붓다는 '지금 이 순간'의 '생명보탑'을 빛내면서 동시에 인류미래를 비추는 '진실한 보배'를 개척하기 위해서 '하종익(下種益)'을 서원(誓願)함으로 개체생명과 우주생명을 이어주고 매개하는 발판을 구축하였다고 할 것이다.

SGI 회장, 이케다 다이사쿠는 붓다의 반야지혜 발상을 21세기를 향한 세 발상으로 전환하여 '진실한 진보'를 꾸준히 모색하였다. 이는 지식에서 지혜로 나아감이며, 획일성에서 다양성으로 전환함이며, 국가주권에서 인간주권을 강화함이다. 이 가운데 세 번째의 인간주권 강화는 세계시민성 함양에 의한 '인류유익(人類有益)'을 그 목적으로 삼는다. 이는 폭넓은 통찰력의 시야를 가진 세계시민을 육성하고 그 연대의식을 넓힐 목적으로 민중교육을 널리 펼침을 의미한다. 세계시민성 함양은 개체를 살려 전체와 조화를 이루는 '활사개공(活私開公)'의 사회적 공공성에 그 기반을 두고 있다. 이를 통해 연대문화 가치창조를 매개하고 살린다. '인류유익'은 생명의 내면변화, 복덕과 함께 반야지혜를 구현하는 영성혁명이라고 할 것이다.

특히 SGI 회장, 이케다 다이사쿠는 영성혁명은 인간 각각의 생명에 우주법리를 구비하기에 우주법리(宇宙法理)의 현실화용이 가능하다는 관점을 취하였다. 미래지향의 극락왕생에서 벗어나서 '지금 여기'의 행복을 추구하면서 '창조은위(創造恩威)'를 새 밝힘 할 수 있다. 이는 가치창조에 근거한 창조은위로써 우주만물과 화합하고 상생하는 다양(多樣)·다중(多重)·다층(多層)의 색심불이(色心不二) 이치를 탐색한다. 색법(色法)으로 생명존재 외형과 심법(心法)으로 마음

---

7) 창가학회교학부편(2011), 54.

은 '일체불이(一體不二)'라고 말할 수 있다. 무엇보다도 이케다 다이사쿠의 세계시민성 함양은 민중에서 출발하여 민중 사이를 메타진리로 이어주고 회통시키는 가치창조를 중시하게 된다.

가장 큰 주체로서 민중의 굴하지 않는 의지에 공명하면서 세계시민과 더불어 나아가는 세계시민성 함양 실상을 제대로 규명할 필요가 있을 것이다. SGI 회장, 이케다 다이사쿠는 루마니아 부쿠레슈티대학교 강연을 통해 동서 문명의 십자로에 서서 새로운 휴머니즘을 제창하였다. 루마니아의 세계적 종교학자, 미르체아 엘리아데(M. Eliade)를 상기하면서, "문예부흥이나 종교개혁은 기독교 사상의 내적인 변혁이고 기독교 신앙을 뒤흔들어 놓은 사건은 아니다"[8]라고 규정하였다. 세계시민성을 함양하기 위해 민중의 대지에 귀를 기울이며 마음의 문을 두들기면, 그 깊고 느리게 흐르는 소리를 마침내 경청할 수 있다고 한다.

본 연구는 문헌연구와 해석학의 방법을 병행하여 내용을 구성한다. SGI는 세계시민성 함양의 보살운동을 전개한다. 이러한 보살운동은 생명존중과 인권운동의 이념에 바탕을 둔다. 생명에 대한 경외심(敬畏心)으로 세계시민성을 함양한다. 세계화가 물질문명에 의한 획일화를 강요한다면, 다양한 여러 문명과의 대화를 통해 가치를 창조하고 회복하는 실천운동을 요청한다. 이에 생명혁명, 가치혁명, 생활혁명의 삼차연동이 요구된다. 개체생명이 우주생명은 아니지만, 자각적 변용으로 우주생명과 둘이 아님을 실천운동으로 전개한다. 그 실천운동이 생명차원의 변화를 통해 다양한 기화지평, 다중의 이화지평, 다층의 실화지평으로 전개된다.[9] 결국 우주생명과 융합한

---

8) 사토 마사루(2014), 155.

개체생명은 일념삼천 당체가 되어 생명의 용기와 지혜 그리고 자비를 실천함으로써 현대문화와 접목하는 현대불교로서의 실천운동을 전개하고 있다고 할 것이다.

일념삼천의 장대한 생명의식에 근거하여 민족과 종교 그리고 문화의 차이를 인정하면서도 동시에 '인류는 하나', '지구도 하나'라는 세계시민성을 함양한다. 이것이 바로 일원화의 세계화에 대한 다원화의 세계주의 관점의 개신(開新) 차원의 대안이다. 니치렌 대성인의 『어서』에서 '복덕혜전(福德慧田)'에 드러난 세계시민성 함양은 주덕(主德)과 사덕(師德) 그리고 친덕(親德)의 삼덕을 일상생활에서 구현함에 목적을 둔다. 먼저 주덕(主德)은 사람들을 지키는 힘으로 악도에 떨어지지 않고 복을 추구하도록 책임의식을 갖추도록 한다. 또한 사덕(師德)은 사람들을 행복으로 이끌기 위해 중도실상의 반야지혜를 갖추도록 한다. 그리고 친덕(親德)은 사람들의 공덕을 문화의 꽃으로 육성하고 사랑하는 자비실천의 덕을 갖추도록 한다.[10]

이러한 삼덕을 통해 '복덕혜전(福德慧田)'의 마음의 밭을 갈고 다듬으면서 심간(心肝)을 물들이고 실천행동으로 나아가 가치창조에 합류한다. 내세지향의 극락이 아니라, '지금 여기'의 행복가치 창조는 '복덕혜전(福德慧田)'에 근거하여 평화, 교육, 문화가 아우러진 세계시민성 함양의 실천양식과 상관 연동되어 있다. 이에 근거하여 다음과 같이 그 내용을 구성한다.

① '주덕'의 책임의식으로 세계시민성을 함양하며, '세계지속평화' 가치를 창조한다.

---

9) 김용환(2017b), 551.
10) 니치렌(2007), 1410.

② '사덕'의 반야지혜로서 세계시민성을 함양하며, '세계시민교육' 가치를 창조한다.

③ '친덕'의 자비실천으로 세계시민성을 함양하며, '세계연대문화' 가치를 창조한다.

이와 같이 SGI의 세계시민성 함양을 해석학 방법으로 분석하여 '복덕혜전(福德慧田)'의 마음의 밭에 세계시민과 더불어 행복한 공공행복(公共幸福)의 담론을 전개하고자 한다.[11] 창가(創價)는 가치창조(價値創造)로서 현대문화와 접목하여 어떠한 방향으로 가치창조가 이루어지는가를 이해하면, 일본현대불교의 형태의 SGI이해를 보다 새롭게 할 수 있는 계기를 마련할 수 있을 것이다. 먼저 세계시민성 함양의 실천토대를 다루고자 한다.

## II. 세계시민성 함양의 실천토대

### 1. 주덕(主德)의 책임의식

붓다에 대해 중생은 종자(從者)요, 아들이요, 제자(弟子)이다.[12] 붓다와 중생관계는 주종(主從), 부자(父子), 사제(師弟)의 관계이다. 주종관계는 주인과 고용인 관계 뿐 아니라 윗사람과 아랫사람, 명령하는 사람과 명령을 받는 사람관계다. 부자관계는 기르는 사람과 길러지는 사람관계이고, 사제관계는 가르치는 사람과 가르침을 받는

---

11) 김용환(2017a), 56.

12) Burton Watson trans.(1993), 55-56. 『法華經』「譬喩品」 "今此三界 皆是我有(지금 이 삼계는 다 내가 둔 바이니)"는 주덕(主德), "其中衆生 悉是吾子(그 가운데 중생이 다 나의 아들이라)"는 친덕(親德), "唯我一人 能爲救護(오직 나 한사람만이 능히 구호하느니라)"는 사덕(師德)을 표상한다.

사람관계이다. 남의 위에 선다는 것은 지도하고, 기르고, 가르치는 것이며, 남의 아래에 선다는 것은 명령을 받들고, 길러지고, 가르침을 수용함이다. 삼덕은 붓다가 갖춘 바로서 중생의 본사(本師) 위상이라고 할 것이다. 그런데 극락왕생의 교주, 아미타부처는 주(主)와 친(親)의 덕은 갖추었을지는 모르지만 스승으로서의 사(師)는 갖추었다고 단언하기는 어려울 것이다. 붓다는 인천(人天)의 주(主)이고, 일체중생의 부모이며, 또한 개도(開導)의 스승이다. 부모라도 천한 부모는 주군(主君)으로서의 의(義)를 겸하지 못하고, 주군이라도 부모가 아니므로 두려운 면도 있으며 부모이며 주군이라도 사장(師匠)이 될 수 없는 경우도 있다.13) 붓다의 덕은 주군의 덕과 부모의 덕 그리고 스승의 덕의 삼덕(三德)을 갖춘 총체적 덕이다. 주군의 덕은 권속(眷屬)을 수호함이고, 부모의 덕은 권속에게 자비를 베풀고 사랑함이며, 스승의 덕은 권속을 바르게 지도함이다.

실제적으로 범부의 몸으로 이 삼덕을 모두 갖추기는 실제로 어렵다고 할 것이다. 삼덕을 갖추게 될 때, 완성된 인격이 되어 전미개오(轉迷開悟)한다. 인간다운 인간에서 출발하여 신앙을 근본으로 인격을 연마하고 학업을 쌓아 힘을 양성함으로 삼덕을 구비한 붓다경애를 지향한 교육이 이루어진다. 미래지향의 행복공창에서 생명을 지키는 평화수호의 용기는 '주덕(主德)'으로 가르침에 공헌하고, 청년을 인도하는 지혜는 '사덕(師德)'으로 교육에 기여하고, 세계시민과의 더불어 다층의 공덕회향을 이루어 공복과 사복을 서로 충돌하지 않게 하고 일상으로 살려나가 행복공창(幸福共創)의 문화융성을 구현한다. 자애(慈愛)는 '친덕(親德)'으로 문화를 교류시켜 인류사회에

---

13) 니치렌(2007), 1350.

세계시민 정신을 심화시키는 자행화타 공덕회향의 세계시민성을 표준화한다.

SGI는 자행화타 공덕실천에 역점을 둠으로 내면통찰을 가능하게 하고, 법성(法性)에서 활사(活私)로 이어지면서 타자지향 공덕을 반야지혜로 매개하여 자타상호 간의 호혜(互惠)의 덕을 살리면서 타자에 응답하고 책임지는 연기(緣起)를 이어주고 매개한다. 이에 SGI는 자리이타의 공공성의 법성보주(法性寶珠)를 중시한다.[14]

법성보주는 자행화타의 공덕을 쌓아감으로 개체적 이기성에서 벗어나 이타정신을 사회적으로 실천하며 '공공성(公共性)'으로 나아가는 교두보이다. 자타호혜 정신의 세계시민성 함양의 토대는 공덕을 여타의 다른 생명에게 회향(回向)함으로써 자타가 함께 책임의식을 분담한다. 주덕의 책임의식은 일상생활에서 법성보주 진여에 의한 생명 활성화 지평을 열어 생명활동을 진작시킴에 그 토대를 두고 있다고 할 것이다. 아울러 자행화타 공덕에 의한 상호관계의 정상화로 증오와 갈등에서 벗어나 화해와 상생의 새로운 지평을 열어간다. 아울러 세계시민성 함양을 위한 평화토대 구축으로 지속적 '창제행(唱題行)'에 구비된 신심으로 무명을 타파하면서, 묘법연화(妙法蓮華)의 생명을 구현하며 꽃피운다.[15] 이를 통해 '무작삼신(無作三身: 法身, 報身, 應身)'을 구족함으로써 세계지속평화 비전을 현실화한다. 이제 이를 구체적으로 살펴본다.

---

14) 김용환(2017b), 527.

15) 이케다 다이사쿠(2008), 115.

## 2. 세계지속평화의 가치창조

주덕의 책임의식은 '활사개공(活私開公)'의 가치창조로 드러나며, 타자의 고발의식에 대해 어떻게 대처하는가의 방식이 그 요체이다. 이러한 문제의식은 레비나스(I. Levinas)의 타자윤리와 공유한다. 동일성의 철학이 아니기에 하나의 틀 안에 가두는 폭력성이 있음을 고발한다.16) 인식에서 존재에로 전환을 통해 자아 정체성을 재발견하는 데 그 관건이 있다. 레비나스에게 타자는 이방인이고 나그네이며 과부이고 고아이다.17) 일상에서 받는 타자에 의한 비난은 주체의 자아 정체성을 내면성으로 향하게 한다. 이에 자아를 초월하여 욕망 조건과 근거에 대한 성찰로 이어진다. 자유를 주장하기보다 책임의식을 수반하고, 책임의식에서 우러나오는 내면평화를 추구한다.18) 자아 초월의 타자발견으로 내면에 작동하는 또 다른 힘을 감지한다.

인식의 '정신적 외상(trauma)'이 존재 심연으로 닻을 내리면, 책임이라는 윤리 선택의 결단으로 연결된다. 이러한 책임의식은 인식 주체를 정신적 외상에서 벗어나게 하는 계기로 작용함으로 모든 것의 구속으로부터 벗어나는 자유로 지향하게 된다. 따라서 책임의식은 타자에 대한 반야지혜로 나아가 윤리적 자유를 성취하는 근간이 된다. 자유는 타자와의 만남에 따른 윤리 결단으로 새로운 관계성을 정립함으로 윤리적 자유로 이어지는 원천이 된다.

이러한 전환은 부끄러움이나 수치심의 체험에서 발단하여 타자를 향한 존재론적 전환으로 이어지고. 책임의식 통감에 따른 자유를 향

---

16) Levinas(1985), 76.

17) Levinas(1991), 49.

18) Drew M. Dalton(2009), 130.

한 탈출구를 마련하는 계기가 된다. 타자에 대한 책임의식은 더 이상 움츠러들게 하거나 위축되게 만드는 것이 아니라, 타자의 얼굴과 정면으로 마주보며 이웃일반에 대한 책임의식으로 발전하여 타자 목소리를 경청하는 계기가 된다. 이를 통해 자아 욕망에 귀를 기울이던 과거족쇄에서 벗어나 타자 얼굴에 직면하여 존재론적 경청으로 전환함으로 자유에 대한 동경은 의식을 고양(高揚)시키고 내면 평화를 수반한다.

여기서 우리는 잘못에 대한 수치심과 대비되는 자유를 향한 동경심에 주목한다. 현상차원의 수치심은 형이상학적 욕망 자유에 대한 동경심을 지향함으로 유한에서 벗어나 무한의 눈을 뜨게 만든다.[19] 인격과 인격, 혼과 혼으로 맺는 상호유대는 그 어떤 거센 바람에도 흔들리지 않는다. 어떠한 시련의 봉우리와 고난의 비탈길을 만나도 서로 굳게 의지하고 서로 지탱하면서 시간이 지날수록 더욱 굳건해진다.[20] 이에 따라 SGI는 이에 수반되는 다양한 차원의 행복공창(幸福共創)을 지향한 평화 프로그램을 창조적으로 설계하고 실천에 옮기고 있다.

주체의 타자지향에 의한 책임의식이 현상왜곡에서 벗어나 존재의 무한성에 대한 동경을 낳기에 자유를 향한 해탈지향은 본성을 회복하게 한다. 주덕에 의한 존재 지향은 주덕 호출에 응답함이며, 자아의 틀을 깨고 존재론적으로 타자의 품에 안착함이다. 이러한 안착은 평화의식을 수반한다. 무한을 향한 동경의 존재론적 심연은 자아욕망 너머의 형이상학적 욕망으로 작동함으로 자유를 향한 동경은 윤

---

19) Drew M. Dalton(2009), 153.
20) 이케다 다이사쿠(2018), 138.

리적 주체로서의 결단을 행동으로 지속하게 한다. 자유를 향한 동경이 욕망의 한계를 대체함으로써 갈등 질곡에서 벗어나 평화지속으로 이어진다.

이와 같은 맥락에서 이케다 다이사쿠는 유엔역할을 강조하였고, 그 다음으로 국가역할, 시민사회와 NGO활동, 개인노력 순서로 세계지속평화의 위계를 언급하면서, 국가역할 중에서도 정상회담을 통한 난민보호를 강조하였다.[21] 이케다 다이사쿠의 세계시민성은 세계주의, 세계경영, 국제협력, 선린관계 구축 등의 공공지표로 구체화된다. 한국 SGI 김인수 이사장도 세계평화화해를 위한 노력의 일환으로 원폭뿐만 아니라 수폭금지 선언과 실천운동을 지지하였다.

"핵으로부터 생존위협을 가장 많이 받고 있는 지금의 한반도 상황을 생각해볼 때, 지금이야말로 '원자수폭금지 선언'과 '화광'에 선명히 새겨진 사제 평화사상을 우리 자신의 혼으로 새기며, 매일매일 한국평화와 안녕을 기원한다"[22]고 말하면서 세계지속평화의 진로를 제시했다. 이 과정에서 이루어지는 타인과 대화는 상대에게 '동의'를 구하기보다 '응답'을 통해 책임지는 결단으로 이어진다. 불교의 '연기적 세계관'은 이케다 다이사쿠에게 세계시민성 함양의 관계망을 형성하게 함으로 수평적이고 자비로운 네트워크를 구축하는데 기여하였다. 그는 세계지속평화사례로서 '내재한 힘의 개화(empowerment)'로서 만델라의 반차별 투쟁을 손꼽았다.[23]

이케다 다이사쿠의 세계지속평화 실천으로 대학교육에서 세계지

---

21) 박상필(2017), 83.

22) 화광신문 제1226호(2017년 9월 15일자) 5면, 이케다 다이사쿠는 세계시민성 함양정신을 300회 이상 언급하면서 환경보호를 우선시하고 약자지원을 강조하는 입장을 피력하였다(박상필 2017, 86).

23) 이케다 다이사쿠(2015), 106.

속평화 실천. NGO 조직을 통한 세계지속평화 진행. 종교를 통한 세계지속평화 전개. 유엔을 통한 세계지속평화 구현으로 집약된다. 이케다 다이사쿠는 '소카(Soka)'대학을 설립하고 교육과정에 평화과목을 설강하였다. SGI는 유엔경제사회 이사회와 유네스코에서 NGO로 활약하며, 제2르네상스 시대를 열어 정신적으로나 물질적으로 행복한 인류복지 사회를 만들고자 노력하였다. 또한 세계적으로 다양한 연합체를 만들며 '니치렌 불법'을 192개 국가로 확산시켜 세계평화를 전개하며 다양한 평화전시회를 개최했다. 또한 이케다 다이사쿠는 많은 국가를 방문하고 주은래, 토인비, 고르바초프, 요한 갈퉁(Johan Galtung, 1930~) 등을 만나 대담하며, 세계평화를 전파하였다.

## Ⅲ. 세계시민성 함양의 실천방편

### 1. 사덕(師德)의 반야지혜

SGI 회장, 이케다 다이사쿠는 반야지혜로써 세계시민성 함양을 구체화하고자 세계시민교육을 역설하였다. 나르시시즘의 주체성 모순을 극복하는 길은 인격적 타자와의 만남이다. 홀로주체가 너와의 '만남'을 통해 서로주체가 되는 시민교육과의 만남은 자아 주체성과 세계존재의 근원지평으로 사유함을 의미한다.24) 반야지혜로 매개하기 이전에 지성적 접근의 아피아의 지성적 관점을 고찰한다.

아피아(Kwame Anthony Appiah)는 세계화시대의 복잡한 문제들을 세계시민주의의 미덕을 활용하여 해소하고 그 실천방안을 지성

---

24) 김상봉(2014), 168.

적으로 응답하였다. 세계시민 공동체는 '차이의 공동체'가 상생하도록 집단정체성에서 소규모 공동체를 선호한다는 것이다.25) 사람들의 증가하는 상호작용에 의해 '지구촌' 공동체를 상정하게 만들었다. "지구촌의 사람과 만나지 않고 과제를 성취할 수 없을 것이다. 이제 이방인과 친밀한 공동체 사이 경계는 사라지는 중이다."26)

국가로부터 부여받은 법률적인 시민의 지위를 누리고 있더라도 세계규모의 비정부 조직에 가입함으로 국가수준 너머의 세계시민성의 정체성을 가진다. 이러한 경우, 세계시민의 지위는 다중정체성을 나타낸다. 다중정체성을 지닌 이방인으로서 세계시민을 기억하는 이유는 가슴 속에 자리 잡은 이성, 원칙, 양심들에 반응을 나타내기 때문이다. 다중정체성을 지닌 세계시민은 이방인에 대한 의무를 실천하며, 이 세상에 기본적 권리를 누리지 못하는 사람들이 주변에 존재한다면, 세계시민교육을 통해 이 의무를 자각하는 계기를 마련한다고 할 것이다.

아피아의 '뿌리내린 세계시민주의(rooted cosmopolitanism)'를 살펴볼 때, 세계시민주의에 포함된 두 개념에 주목한다. "하나는 우리에게 타인에 대한 의무, 즉 혈족의 유대나 심지어 더 형식적인 시민적 유대조차 넘어서는 더욱 확장된 의무가 있다는 생각이다. 또 다른 하나는 우리가 보편적 인간의 삶뿐만 아니라 특수한 삶의 가치까지도 진지하게 고려해야 한다는 것이다."27) 아피아의 세계시민주의는 인류 공동체 차원에서 공존하는 습성을 기르고, 개성을 구현하는 다양한 경험, 공통의 삶의 이야기, 지역관심을 중시하고 있다. "낯선

---

25) 아피아(2009), 194.

26) Appiah(2005), 216.

27) Appiah(2009), 11.

타자와 이어주고 매개하려면 타자의 이야기를 듣고 이해하는 능력을 함양한다. 대화하는 능력은 아피아의 '뿌리내린 세계시민주의'의 요체이다. 최종합의를 상정하지 말고 이웃이든 이방인이든 상대와 대화하는 것이 세계시민주의로 나아가는 통로이다."28)

아피아의 '뿌리내린 세계시민주의'는 보편이성을 앞세워 제국주의로 치닫는 세계화의 병폐를 바로잡을 수 있다. 이는 보편가치에 기반을 두면서 동시에 지역에 헌신하는 지성적 접근의 세계시민주의이다. 이는 창가학회 초대회장, 마키구치 쓰네사브로(牧口常三郎: 1871~1944)의 향토주의와 상통하지만, 반야지혜에 근거한 내재주의라는 관점에서 평가하면, 아피아의 관점은 반야지혜가 결여된 외재주의 관점이라고 할 것이다. 아피아는 자유주의 공동체제에 향토애를 가미한 시각이었다. 반면에 이케다 다이사쿠의 사덕(師德)의 반야지혜는 마키구치 쓰네사브로의 향토주의를 계승하기에 아피아의 외재주의와 구별된다. 니치렌 불법에 나타난 반야지혜를 세계시민교육 방편으로 삼아 가치창조를 모색함에 그 의의가 있다. 이제 이를 살펴본다.

## 2. 세계시민교육의 가치창조

세계시민교육(Global Citizenship Education, GCE)은 인류의 보편가치인 세계평화, 인권, 문화다양성 등에 대해 폭넓게 이해하고 실천하는 책임 있는 시민을 양성하는 교육을 말한다. 이케다 다이사쿠는 세계시민교육에 관해 다중정체성 확보를 위한 공사공매 가치창

---

28) Appiah(2009), 44.

조를 강조하고, 설립 120여년 전통의 미국 시카고에 있는 드폴(DePaul) 대학교 교육학부 석사과정에 '세계시민을 육성하기 위한 가치창조교육' 코스를 개설하였다. 이는 세계시민을 육성하기 위한 창가교육 가치를 탐구하고 응용하는 교육과정이라고 할 것이다. 이처럼 현대사회에서 차이를 뛰어넘어 연대를 맺고 인류를 위해 공헌하는 '세계시민'을 육성하는 일을 중시하였다.

아울러 드폴대학교는 2010년에 마키구치와 이케다의 교육실천을 함양하는 코스를 개설했다. 2014년에는 대학 부속기관으로 '이케다 다이사쿠 교육연구소'를 설립하는 등 창가교육을 계속 탐구하고 있다. 박사과정에서도 창가교육을 연구한다. '세계시민육성의 가치창조교육' 코스가 개설했다. '가치창조교육의 이론기초' '세계시민성교육' '대화와 교육' '가치를 창조하는 교육의 실천응용' 등이 설강되어 있다.[29] 교육은 인간생명의 목적 그 자체이고, 인격의 완성 요컨대 사람이 사람답기 위한 가장 중요한 요인이어야 한다.

그러한 인격형성이 교육의 목적이 되어야 하며, 우선순위 중에서 으뜸이 된다.[30] 사람을 육성한다는 의미에서 교육은 본래 학교 현장뿐 아니라 사회전체가 짊어져야 하는 사명이다.[31] 이 사명은 공적 차원과 사적 차원을 다중으로 이어주고 매개하고 살리는 공사공매(公私共媒) 공공가치를 다중정체성 함양교육에 반영한다. 다중정체성 교육으로 말미암아 타인을 위해 자신이 존재한다는 '이타성'을 지향하고 생명존엄에 대한 반야지혜를 체화하는 가교를 만든다.

반야지혜에 근거한 인격체화는 세계시민교육으로 이어진다. 이케

---

29) 화광신문(2017), 제 1234호.
30) 이케다 다이사쿠(2018), 153.
31) 이케다 다이사쿠(2018), 169.

다 다이사쿠는 다층교육을 위한 노력이 지속적으로 이루어져야 된다고 한다. 가치창조를 통해 행동이 얼마만큼 탐욕성이나 침략성에 지배되지 않고, 얼마만큼 자비와 사랑을 기초로 하는가를 중시한다. 인간생명이 오로지 하나뿐이라는 의미에서 존엄하다. 생명존엄은 자신이 책임져야 한다.32) 흉중에 희망의 빛을 비추고 불타오르게 만드는 것은 '격려'이다. 격려'의 '려(勵)'는 '만(萬)의 힘(力)'이라고 풀이할 수 있다. 생명존엄은 인간을 어떠한 경우라고 수단으로 삼지 않음을 의미한다.33)

이에 따라 사람들에게 '만'의 힘을 보내는 일이 진심에서 나오는 '격려'라고 말할 수 있다.34) 생활세계는 자주·자립적이 되어야 된다. '공(公)의 철학'은 이를 소홀히 여기고, '사(私)의 철학'은 이기주의를 심화시킨다. 공공영역은 상호대화를 통해 공사(公私)를 이어주고 매개함으로 공사공매(公私共媒)를 살린다.35) 멸사봉공(滅私奉公)과 멸공봉사(滅公奉私)의 이원 대립의 갈등에서 벗어나 반야지혜 방편으로 다중정체성을 자각시킨다. 멸사(滅私: 개인감정 무시)가 아니라 활사(活私: 개성을 살림)가 세계시민성 함양의 요체이다.36) 행복공창을 위해 공사(公私)를 함께 매개할 필요가 있다. 공사공매의 다중정체성을 인식하기 위한 세계시민교육은 공복(公福)과 사복(私福)을 함께 살려 더불어 행복한 공공의 삶을 일상으로 살릴 수 있다.

---

32) 사토 마사루(2014), 279.

33) 이케다 다이사쿠(2011), 107.

34) 이케다 다이사쿠(2018), 135.

35) 김용환(2015), 182.

36) 이케다 다이사쿠(2004a), 217.

# Ⅳ. 세계시민함양의 실천과제

## 1. 친덕(親德)의 자비실천

SGI 회장, 이케다 다이사쿠의 세계시민성 함양의 세계연대문화의 가치창조는 『법화경』을 소의경전으로 삼아 독창적으로 이루어졌다. 여기서는 제불출세의 일대사로 간주하기에 만인성불(萬人成佛)의 계기로 삼아 '남묘호렌게쿄(南無妙法蓮華經)'를 봉창(奉唱)함으로 '자행화타'를 구현하는 세계시민성 함양방법을 취한다. 사바세계는 본불이 주하는 상적광토이다.

아미타여래의 서방극락정토, 약사여래의 동방정유리세계 등과 같이 사바세계를 정토와 상관 연동시킨다. 아울러 십계호구에서 악념을 착한 생각으로 대체하는 가치창조에 역점을 둔다. 이체동심(異體同心)의 생활실천으로 개체를 살려 우주생명과 활연관통함으로 자비실천으로 인도하는 영성전망을 나타낸다. '사제불이(師弟不二)'와 '이체동심(異體同心)'은 '자행화타(自行化他: 불도를 닦고 얻은 바에 따라 중생을 교화하는 일)'로 드러나서 세계연대문화를 창출한다.

또한 SGI 교학에 따라 본문의 본존(本尊)·계단(戒壇)·제목(題目)의 삼대비법으로 일생성불의 혈맥을 만인에게 개방하는 민중불교(民衆佛敎: 사회구조 모순에서 비롯된 민중고통을 치유하는 불교)를 구현한다. SGI 신념체계에서는 세계시민성 함양방법으로 '자비서원'의 개체서약을 '세계연대문화'로 살리는 공공실천을 중시한다. SGI 회장, 이케다 다이사쿠의 세계를 순회하며 강연한 자료에서 세계시민성 함양을 위한 공공실천 목록을 마련하고, 자기성찰을 통해 가치창조로 이어지면서 세계불교 공동체로 거듭나는 방안에 그 초점을 두었다.

이에 따라 SGI 교학에 근거하면서 해석학의 기제를 적극적으로 활용하여 팔난처(八難處)를 치유하고 세계시민성 함양의 미래전망을 체계적으로 분석할 필요가 있을 것이다. 실제적으로 팔난처(八難處)는 수행하기 어려운 곳의 여덟 곳을 표상한다.37) '주사친(主師親)'의 삼덕(三德)은 일체중생을 구제하는 본존(本尊)이 구비한 덕이다. 권속을 지키는 힘이 있는 주덕(主德)과 권속을 지도하는 .사덕(師德), 그리고 권속을 자비로 사랑하는 친덕(親德)이 요체이다. 『묘법연화경』의 「비유품」에 따르면, 지금 이 삼계는 모두 나의 소유라고 하였다. 석가여래는 중생에게는 친(親)이며, 사(師)이며, 주(主)이다. 「비유품」에 따르면, 삼계화택을 어서 벗어나라. 지금 이곳에 모든 환난이 많음이나, 오직 나 한사람만이 능히 구호하느니라."38) 하였기 때문이다.

이 게(偈)를 통하여 우주생명은 불(佛)과 연동됨을 확인할 수 있다. 이에 중생은 불(佛)의 자녀이다. 중생을 구제할 수 있는 것은 불(佛)이라고 했으니, 여기서 불(佛)의 대자대비를 확인할 수가 있을 것이다. 믿음(信)은 불도 근원이며 공덕을 낳는 어머니다. 보살수행,

---

37) 지옥(地獄)은 고통이 가득한 세계, 아귀(餓鬼)는 음식을 얻을 수 없어서 고통을 참을 수 없는 생존 세계, 축생(畜生)은 고통이 심하므로 수행이 어렵고, 장수천(長壽天)은 장수를 즐기므로 구도심이 안 일어난다. 변지(邊地)도 향락이 많으므로 구도심이 일어나지 아니하고, 아미타불의 본원에 의혹을 품은 자를 위해 만들어진 방편 정토이기에 즐거움이 많은 편이다. 맹롱음아(盲聾瘖瘂)는 소경과 귀머거리 그리고 벙어리 감각기관에 결함이 있기에 수행자체가 어렵다. 세지변총(世智辯聰)은 세속의 지혜에 뛰어났으므로 구도심을 일으키지 않고 설사 일으켜도 수행이 제대로 안 된다. 불전불후(佛前佛後)는 부처님 이전이나 이후에 태어났으므로 구도심을 일으키지 않고 설사 일으켜도 수행이 잘 안 된다.

38) Burton Watson trans. (1993), 123. "今此三界 皆是我有 其中衆生 悉是吾子 而今此處 多諸患難 唯我一人 能爲救護."

'오십이위(五十二位)'에서는 십신(十信)을 근본으로 하고, 십신 위에 신심(信心)을 기초로 삼는다. 모든 악업이나 번뇌는 '불신(不信)'이 그 원인이라고 할 것이다. 불도수행의 요체(要諦)는 신(信).행(行).학(學)이다. 이들 관계는 병렬관계가 아니라 행위와 배움의 근저에 믿음이 자리 잡는다.

믿음이 있다면, 불도수행으로 이어진다. 붓다께서는 여래는 이미 삼계화택(三界火宅)을 여의고 고요하고 한가로이 임야에 편안히 계심이라고 하셨듯이 세상을 떠나 있는 것이 편하시겠지만, 그대로 내버려 둘 수 없어 스스로 나서서 구원하려고 나섰다. "부처님의 이 국토는 안온하여 항상 법을 설하여 교화하며 부처님은 세상의 아버지가 되어 모든 고뇌하고 아픈 자를 구호 하신다"39) 이에 이케다 다이사쿠의 세계연대문화의 관점을 피터 싱어 관점과 비교한다. 피터 싱어는 공동체 의식과 윤리행위 적용의 차등성에 대한 입장을 밝혔다. 피터 싱어의 '물에 빠진 아이 구하기'에서, 기아로 허덕허덕하는 아이를 구함에 있어 하나의 '선'으로 구획하기보다 '면적'으로 생각하여 그 사이의 중첩되는 공간을 형성하는 것이 중요하다고 생각하였다.

연대의식을 위한 바람직한 태도는 국가와 국가, 사회와 사회, 인종과 인종 사이의 간격을 좁히는 데 그치지 않고, 세계화 속에서 그러한 경계구분이 잘못되었음을 함께 성찰하는 것이 중요하다고 할 것이다. 중복 대상의 경계가 점차로 허물어짐에 따라서 피터 싱어는 세계시민성 차원에서 어떠한 윤리관점이 온당한지에 대해 고민하고 세계화의 큰 틀에서 대안을 제시하였다. "서구전통은 인간이익의 관점에 서서 생태환경 가치를 축소시켰다. 사람들은 편견을 내세워 다

---

39) 니치렌(2007), 1351 "我此土安隱士德 常說法敎化師德 我亦爲世父親德."

른 생물종이 겪게 되는 고통에 아랑곳하지 않는다. 인간 이외의 생명체의 죽음에 대해서도 인간의 죽음 못지않게 고통의 감수상태를 지각할 필요가 있다."40) '쾌고(快苦)' 감수존재의 고통을 극소화하고 그 행복을 최대화하는 타협입장에서 인간중심 관점에서 벗어나 보편화 가능성을 추구할 필요가 있다는 것이다. 싱어는 세계화 시대에 대안의 윤리를 제시하면서, 이익을 동등하게 고려하는 이익평등 원칙을 바탕으로 '지구윤리(Global Ethics)'를 제안하였다.

복덕혜전에 대해 "남에게 물품을 베풀면 자신에게 도움이 되는 법인데, 남을 위해 불을 밝히면 내 앞이 밝아지는 것과 같다"41)고 한다. 다쓰노구치 법난(龍口法難)으로 발적현본(發迹顯本)으로 붓다 뜻을 드러낸 행동에 우주생명 불계(佛界)가 맥동하였다.42) 세계윤리는 민족이나 국적에 따라 윤리의무를 제한하지 않고 고통을 직접적으로 주는 것과 그대로 방치하는 것 사이의 결과적 차이를 고려하지 아니한다. 또한 싱어는 "효율적 이타주의는 동일하게 대답하는 것이 아니라 고통을 감소하고 행복을 증진시키고자 가치배분을 적절히 하는 데 있다"43)고 말한다. 이처럼 인류의 대부분과 공통으로 공감과 자비심에 호소하는 전망을 제시하였다.

피터 싱어에게 있어 구호 기금에 기부하는 행위는 성취나 행복, 또는 우정으로 개인들의 목적을 성취하는 수단이 된다. 싱어의 기술 방식에서 세계화 확립 단계에서 공감에 토대를 두는 공동체는 서로를 존중하는 사람들 사이의 우정과 연대의식으로 나타난다고 한다.

---

40) Singer(2000), 97.

41) 니치렌(2007), 1598.

42) 이케다 다이사쿠(2005), 150.

43) Singer(2015), 5.

이를 통하여 보편적으로 적용될 수 있는 세계시민성 함양의 윤리관을 제안하였다. 이에 따라 피터싱어는 세계화 과정에 대해 단계적으로 거론하였다. 세계화는 고도로 발달된 기술문명을 전제로 삼는다. 통신과 교통산업 발달로 문화상품 매력이 국가 간의 거리를 해소하는 데 작동한다는 것이다. 이때 간과한 생태환경 문제는 날이 갈수록 심각해지기에 메타윤리 대안을 모색한다.

이제는 환경문제가 '우리'의 문제라는 새로운 자각이 요청되는 시기에 접어들었다. 이에 대해 국제대응방식을 취해야 한다고 한다. 경제문제에서도 세계시민성 차원의 논의가 시급하다. WTO가 지니는 맹점을 비판적으로 검토한 피터싱어는 국가 사이 부(富)의 불평등과 협약 자체가 지니고 있는 한계를 지적하면서 WTO의 한계를 극복할 수 있는 국제적 경제협의체가 하루 속히 결성되어 WTO의 권한을 제한함과 동시에 경제세계화를 이룩해야 한다고 강조하였다.

세계시민성 함양을 위해 공동체의식이 요청된다. '물에 빠진 아이 구하기'에서 가족과 친구같이 '더 친한' 사람들에게 차등으로 대우할 수밖에 없음에 직면한다. 부모가 자식을 사랑하는 것은 자식에게 많은 관심을 쏟을 충분한 이유가 있다. 자식에게 교육비를 '옆집 자식' 혹은 '소년소녀가장'보다 많이 투자하는 것은 어쩔 수 없다고 하더라도 자식과 부모의 특수 관계의 직접연결고리가 형성되어 있지 않다는 이유를 들어 차등대우가 이루어지면 외려 곤란해진다는 주장이다. "일반적으로, 효율적 이타주의는 죄 없는 사람에 대해 심각하게 위해를 가하거나 살인자를 처벌할 수 있음은 도덕규칙을 결과보다 규칙 자체 가치를 우선시하기 때문이다."44)

---

44) Singer(2015), 9.

인지과학이 인간 이성의 구조와 도덕적 판단 사이의 필수적 연관을 확립할 가능성을 열어두었지만, 인간이 도덕적 관점을 취하게 되는 취지는 공리주의 입장의 우월성을 신뢰하기 때문이라는 것이다. 이와 대비가 되는 이케다 다이사쿠의 세계연대문화의 가치창조를 살펴본다.

## 2. 세계연대문화의 가치창조

이케다 다이사쿠는 세계연대문화(世界連帶文化: 세계문화 다양성의 가치를 보존하기 위한 연대)의 가치창조는 공공행복에 기여할 것으로 수차례 언급하였다. 그는 1951년 창가학회 회장에 취임한 도다 조세이(戸田城聖, 1900~1958)를 도와 75만 세대의 회원확대에 중추역할을 하였으며, 1960년에 창가학회 제3대 회장에 취임하여 일본에서 수백만 명의 회원조직을 결성하고, 미국방문을 계기로 해외순방을 통해 세계 각국에 그 조직을 확대하였다. 1975년, 51개국 회원대표가 참여한 국제창가학회(SGI) 회장이 되었다. 그는 1996년 제3의 천년을 향한 세계시민 도전을 말하면서 2003년, 시대정신의 물결로서 세계연대문화를 강조하고 정상회담을 통한 난민보호를 부각시켰다.[45] 핵심가치의 도전이 집단적이거나 개별적이거나 관계없이 우리들이 그 가치를 수긍하면 현재의 행동선택과 결정에 결정적인 영향을 미친다는 것이다.[46]

세계시민성을 함양하기 위한 타인과의 대화는 상대에게 '동의'하

---

45) 박상필(2017), 83.

46) Aleksandar Fatic(2016), 135.

는 것이 아니라 '응답'을 통해 책임지는 형식을 취한다. SGI '연기적 세계관'에 근거한 세계연대문화의 형성은 '관계망'의 상호작용 방식이기에 수평적이고 자비로운 관계망 형성을 촉구한다. 생활세계는 자주·자립적이어야 된다. '공(公)의 철학'은 개체의 존엄성을 방치하고, '사(私)의 철학'은 개인의 이기주의를 심화시킨다. 공공영역은 상호대화를 통해 공사(公私)를 이어주고 매개하는 가운데 이루어지는 행복공창(幸福共創)를 강조하였다.47) 멸사(滅私: 개인감정 무시)에서 벗어나 활사(活私: 개성을 살림)가 세계문화의 연대를 강화시키는 계기가 되기 때문이다.48)

세계연대문화에 의한 행복공창은 사회나 국가만을 위하는 복이 아니라 개인의 복을 함께 보장하기 위해 공과 사를 매개한다. 활자문화는 사회의 빛으로, 프랑스 문호 빅토르 위고는 난폭한 권력에 압박받으면서 불멸의 걸작, '레미제라블(Les Miserables)'을 집필했다. 유럽 지식층에게 축하받은 출판기념회에서 위고는 활자문화를 지지하는 사람들에게 감사하다고 말했다. 그는 정의와 진실을 말하고, 쓰고, 나누고, 출판하였다. 그의 투쟁에서 우리는 인간의 주체성이 있고, 행동하는 지성의 증표가 있음을 발견하였다. 빅토르 위고의 긍지 높은 선언은 활자문화를 통한 세계연대이며, 일상에서 인간 존엄으로 활사(活私)를 촉진시킨 사례가 된다.

이케다 다이사쿠 SGI 회장은 2016년 1월 26일, 제43회 'SGI의 날'을 맞아 '인권의 세기를 향한 민중의 대하' 제언을 발표하였다. 또한 '세계인권선언' 채택 70주년을 맞아 차별 없는 사회를 만들고

---

47) 김용환(2015), 182.
48) 이케다 다이사쿠(2004a), 217.

'인권문화'를 건설하기 위한 세계연대문화를 제창하였다. 아울러 세계청년이 인류 행복에 이바지하도록 격려를 보내며 연대문화를 활성화하고자 노력하였다. 미래를 개척할 청년을 육성하려면 그에 걸맞은 엄한 훈도(薰陶)가 필요하다는 것이다. 청년은 응석을 받아 주면 성장하지 않기 때문이다.[49] 세계연대문화와 접촉함으로 전적으로 신비롭고 낯선 타자와 직면하게 된다.[50] 좁은 개체생명의 국면을 벗어나 우주생명으로의 일대 전환도 가능해진다. 죽음으로 단절되지 않고 여전히 존재 주체를 유지함으로 세계연대문화에 눈 뜰 수 있음이다.

## V. 맺음말

『법화경』의 지용보살은 법성보주로 육대주를 비추며, 사홍서원으로 세계시민을 구원(久遠)으로 구원(救援)한다고 전한다. 법화경에 나타난 '주사친(主師親)'의 삼덕(三德)은 일체중생을 구제하는 본존(本尊)의 덕이다. 권속을 지키는 힘의 주덕(主德)과 권속을 지도 하는 사덕(師德), 그리고 권속을 자애하는 친덕(親德)이 그것이다. 이 삼덕이 이케다 다이사쿠 세계시민성 함양의 토대를 이루어 평화와 교육 그리고 문화를 아우르는 현대일본불교의 토대를 이루었다.

오늘날 핵무기 확산과 핵전쟁의 위협으로 세계의 존립자체가 위협을 받고 있고, 산업화로 인해 생태계가 파괴되면서 초미세먼지가 생명을 위협하고 있다. 또한 인류 생존을 위협하는 질병, 빈곤과 기

---

49) 이케다 다이사쿠(2018), 76.
50) Roger Burggraeve(2008), 37.

아 빈부갈등이 심각한 추세에 비추어 볼 때, 세계시민으로 살기 위한 새로운 지혜등불을 요청하기에 이르렀다. 이케다 다이사쿠는 불법(佛法)을 전개함에 있어 세계시민성 운동을 근간으로 삼았다. 이는 '인류의 무너지지 않는 평화'를 향하는 대하(大河)의 흐름이 되고 있다.51) 이케다 다이사쿠의 세계시민주의는 피터 싱어의 세계화 전략과 차이가 난다.

피터 싱어는 세계화 전략으로 세계시민주의를 표방하였다. 이는 이케다 다이사쿠의 반야지혜와 달리 평등한 무역교역, 세계차원의 법률, UN 강령의 허점, 안보리와 같은 국제기구의 개입, 부당한 정부조치에 대해 국제기구의 합리적 간섭을 요청한다. 자식에게 많은 양의 장난감을 사주는 것보다 먼 곳의 어려운 아이에게 식비를 지원하는 편이 세계시민윤리에 합당하다고 했다. 그러나 '하나(One)'의 공동체를 결성하여 국가 경계를 허물고 박애주의 관점에 도달할 수 있다는 견해는 일방적 세계화의 세력에 의존한 것으로서 한계가 있음도 언급하였다.

반면에 이케다 다이사쿠의 세계시민성 함양토대는 세계지속평화와 관련하여 인류공동의 생존가치를 중히 여긴다. 인류가 함께 지속가능하게 생존하려면, 자신도 행복하고 타자도 행복하게 배려하며 지속가능 세계를 유지하도록 공덕을 쌓는 것이 중요하다는 견해를 피력했다. 세계시민성을 함양하고자 만인의 마음에 불계를 용현하여 기심세계를 관하는 본존을 부르고 요청함으로써 그 해결방안이 드러난다.52) 세계시민성 함양방편은 공사공매의 다중정체성 추구의

---

51) 이케다 다이사쿠(2004a), 139.
52) 이케다 다이사쿠(2005a), 174.

세계시민교육 실천이다. 세계시민은 향토주민, 국가국민을 이어주어 매개하는 다중정체성 교육으로 반야지혜를 매개함이 관건이다. 이를 통해 용기(主德)와 지혜(師德) 그리고 자애(親德)의 삼덕을 갖춘 세계시민 등장이 미혹의 바다에 표류하는 인류정신을 각성시킨다.[53]

바야흐로 세계화 시대는 세계연대문화를 결성하여 세계시민성 함양을 그 실천과제로 삼는다. 세계 다른 쪽의 문제라도 범세계적으로 바라보고, 행복공창으로 그 해결책을 강구하며, 마음의 스승이 될지언정 마음을 스승으로 삼아 교조적으로 섬기지는 아니한다. 또한 세계시민성은 전체의 공복(公福)과 개체의 사복(私福)을 함께 이어주고 매개하면서 일상생활에서 인간존엄으로 '활사(活私)'에 그 초점을 두고 있다고 할 것이다. 또한 연대의식은 자행화타(自行化他)의 공덕에 근간을 두고 있다고 말할 수 있다. 이는 곧 이기심에서 벗어나 '세계시민(世界市民)'을 이어주고 살림으로 세계시민성 함양을 보다 구체화한다. 이처럼 이케다 다이사쿠는 내세극락을 추구하는 것이 아니라, '지금 여기'의 행복창조를 위해 '복덕혜전(福德慧田)'에 평화, 교육, 문화의 삼위일체를 이루면서 세계시민성 함양의 실천양식을 다양하게 모색하고 있다.

---

53) 이케다 다이사쿠(2011), 330.

# 참고문헌

김상봉(2014). 『서로주체성의 이념-철학의 혁신을 위한 서론』. 서울: 길.

김용환(2010). 『세계윤리교육』. 청주: 충북대 출판부.

_____(2017a). 「한국 SGI의 공공윤리 교육연구」·『종교교육학연구』 53. 한국종교교육학회.

_____(2017b). 「한국 SGI 타자윤리의 공공지평 연구」·『동아시아불교문화』 32. 동아시아불교문화학회.

니치렌(2007). 『니치렌 대성인 어서전집 상·하』. 서울: 화광신문사.

박상필(2017). 「이케다 다이사쿠의 평화사상의 배경과 평화실현 방법」『일본연구논총』 45.

사토 마사루(2014), 『21세기를 여는 대화를 읽고 해석하다』. 마포: 에이케이.

이케다 다이사쿠(1999). 『인간혁명의 세기로』. 서울: 화광신문사.

_____(2004a). 『어서의 세계 1』. 서울: 화광신문사.

_____(2004b). 『희망의 세기를 향한 도전』. 서울: 연합뉴스.

_____(2007). 『이케다 다이사쿠 행동과 궤적』. 서울: 화광신문사.

_____(2008). 『일생성불초 강의』. 서울: 화광신문사.

_____(2010). 『새로운 가치창조의 시대로』. 서울: 화광신문사.

_____(2011). 『이케다 다이사쿠 명언 100선』. 서울: 화광신문사.

_____(2015). 『법련』 4월, 「인도주의 세기를 향한 굳은 연대」.

_____(2016). 『동양철학을 말한다.』 서울: 화광신문사.

_____(2018). 『인생좌표』. 서울: 화광신문사.

임정근 & 미우라 히로키(2016). 「이케다 다이사쿠의 평화이론 고찰」·『인문사회』 21.

제점숙(2018). 「일본 신종교의 문화사업과 콘텐츠-일본 창가학회의 활동을 중심으로」·『신종교연구』. Vol 39, 49-72.

창가학회교학부편(2011). 『교학의 기초』. 서울: 화광신문사.

하영애(2016). 『조영식과 이케다 다이사쿠의 교육사상과 실천』. 서울: 한국학술정보.

_____(2017). 『조영식과 이케다 다이사쿠의 교류협력과 문명융합』. 서울: 한국학술정보.

Aleksandar Fatic(2016). *Virtue as Identity*. London: Rowman & Littlefield.

Appiah K. A.,(2005). *The Ethics of Identity*. New Jersey: Princeton University Press.

_____. [2006]2009. *Cosmopolitanism: Ethics in a World Strangers*. 『세계시민주의: 이방인들의 세계를 위한 윤리학』. 실천철학연구회 역. 서울: 바이북스.

Burton Watson trans.(1993). *The Lotus Sutra*. New York: Columbia University Press.

Christopher W. Gowans(2015). *Buddhist Moral Philosophy*. New York: Routledge.

Drew M. Dalton(2009). *Longing for the Other*. Pittsburgh: Duquesne University. Press.

Guha, Amalendu(2003). *Daikaku Ikeda's Peace Cosmology and Renaissance of Humanism*. Oslo: Gandhi Foundation for Non-Violent Peace.

Hans Küng(1996). *Global Responsibility*. NY: SCM Press, The Continuum.

Hans Küng and Helmut Schmidt(eds)(1998). *A Global Ethic and Global Responsibilities: Two Declarations*. London: SCM Press.

Levinas, E. [1961]1991. *Totality and Infinity*. Alphonso Lingis Trans. Netherlands: Kluwer Academic Publishers.

_____. [1982]1985. *Ethics and Infinity*. Richard A. Cohen Trans. Pittsburgh: Duquesne University Press.

Noddings, N.(1992). *The Challenge to Care in Schools: An Alternative Approach to Education*. New York: Columbia University.

Peter Singer(2000). *Writing on an Ethical Life*. New York: The ECCO Press.

_____(2015). *The Most Good You Can Do*. New Haven: Yale University Press.

Panikkar, Raimond(1993). *The Cosmotheandric Experience: Emerging Religious Consciousness*. New York: Orbis Books.

_____(2006). *The Experience of God: Icons of Mystery*. Minneapolis: Augsburg Fortress.

Roger Burggraeve(ed.)(2008). *The Awakening to the Other*. Dudley: Peeters.

White, P.(1996). *Civic Virtues and Public Schooling: Educating Citizens for a Democratic Society*. New York: Teachers College Press.

神立孝一(2004). "池田研究の新たな地平." 『創價教育研究』3. 東京: 創價教育研究所.

高村忠成(2007). "池田先生の平和思想の形成と構造." 『創立者池田大作先生の思想と哲學』(第1卷). 東京: 第3文明史.

中山雅司(2012). "池田大作の平和觀と世界秩序構想に対する一考察: 人間 非暴力 民衆について." 『創價教育』5. 東京: 創價大學.

池田大作(2007). 『人間主義の旗を: 寬容, 慈悲, 對話』 東京: 東洋哲學研究所.

제2부

# 문화세계의 창조

# 제4장

# "조영식 박사의 사상:
# 문화세계와 인류사회의 재건"

**박상식(전 평화복지대학원 원장, 전 유네스코 대사)**

## I. 서언

이 논문의 목적은 조영식 박사의 국제정치에 관한 주요이론과 사상을 개괄(概括)하고, 앞으로의 연구과제, 연구 방향 및 연구방법을 제시하는데 있다. 이를 위해서 조박사의 주요저서와 연설문에 나타난 사상과 이론을 이에 상응하는 주요 서구학자의 이론 및 사상과 대비하여 분석하였다.

조박사의 주요사상은 주로 『문화세계의 창조』,『오토피아』그리고『지구공동사회 대헌장』에서 공통적으로 강조된 인간중심주의, 문화규범, 보편적 민주주의, 지구공동사회, 그리고 Pax UN이다. 따라서 이 개념들을 주로 분석하고, 『오토피아』에서 논의 하고 있는 다른 주요 이론들, 특히 전승화 이론과 주리 생성론은 별도의 연구가 필요하겠기에 이 논문에서는 논의하지 않기로 한다.

## II. 전쟁의 원인

조영식 박사는 전쟁의 원인을 최고결정자의 성격, 국가의 속성, 국가 간의 관계 및 국제정치체제의 네 차원에서 찾고 있다.

개인적 차원에서 인간이 본래 사악하기 때문에 권력욕이 생기고 침략적이 되는 것이 아니고, 국내외적 환경과 제도가 인간을 사악하게 만들고 침략적이 되게 한다. 소수지배층이 명예욕, 권력욕 때문에 침략적이 되는 것도 이 때문이다.[1]

국가적 차원에서는 경제적 불평등, 권위주의, 배타적 민족구의, 종교적 근본주의, 패권주의 등이 그리고 국가 간의 관계차원에서는 국가 간의 경제적 격차, 민주주의 결핍 등이 전쟁의 원인이 된다. 국제정치체제의 차원에서는 무정부 상태가 그 원인이 된다.[2]

무정부상태에 있는 국제사회에서 국가는 신이 규정한 자연법(natural law)에 기초한 자연규범에 대조되는, 자연주의적 법칙(naturalist law)에 기반을 둔 인위적 규범을 창조하고 자구의 이익만 추구 한다.[3]

조박사의 이론이 국제체제의 무정부 상태를 전쟁의 근본원인으로 보는 점에서 현실주의, 실현주의 및 자유주의 이론과 고리를 같이하고 있으나, 인성은 바꿀 수 없다고 보는 그들의 이론과 다르다. 또 문화의 중요성과 사회 환경에 대한 인식과 이해의 중요성을 강조하는 점에서 구성주의적 요소도 포함하고 있다.[4]

---

1) 조영식, 인류사회의 재건(서울: 경희대학교 출판국, 1975), pp.227-230: pp.235-236.

2) 조영식, 문화세계의 창조(대구: 문성사, 1951), pp.286-288.

3) Young Seek Choue, "Is it Really Impossible to Realize Lasting Peace?" Young Seek Choue, *Toward Global Common Society*, vol.1(Seoul: Kyung Hee University Press, 2001) pp.142-143.

4) 조박사의 이론은 구성주의 이론이 본격적으로 주장되기 시작한 1990년대보다 앞선 1970년대에 제창되었다. See Alexander Wendt, "Anarch Is What States Make of It," *International Organization,*

조박사가 또한 민주주의 결여와 종교적 근본주의를 전쟁의 원인에 포함시킨 것은 주목할 만하다. 최근 이 두 요인을 전쟁의 원인이라 주장하는 민주주의 평화론과 문명충돌론이 활발히 논의되고 있기 때문이다.[5]

개인적, 국가적, 국가 간, 국제체제의 차원에서 수많은 전쟁 원인론이 개진되고 있으나, 종합적 차원의 이론은 드물다. 따라서 조 박사의 이론은 종합적 이론이라 하겠다.

전쟁과 관련하여 앞으로 다음의 연구가 계속되어야 한다고 생각한다.

첫째, 국가 간의 전쟁 외에 내란, 테러리스트 그룹과 국가 간의 전쟁에 대한 이론 개발, 국가 간의 전쟁과 내란간의 관계.

둘째, 인간의 본성이 침략적이고 파괴적이기 때문에 어느 제도 하에서도 인간 집단 간의 폭력적 갈등은 없어질 수 없다는 이론이 과학적으로 사실인가 하는 문제. 조 박사는 인간은 동물성과 이성 및 인격을 동시에 갖고 있기 때문에 이성과 인격으로 동물성을 극복할 수 있다고 주장한다.

셋째, 항구적 평화 연구와 단기적 분쟁 해결 방안 연구의 장단점과 상호관계, 미래학은 과학이 아니라고 믿는 경향이 강하기 때문에 정치학자들은 미래학적인 연구대상인 항구적 평화문제에 대하여 큰 관심이 없다. 그러나 위대한 동서 사상가들은 고래로 영구평화론을 논의해 왔다. 조박사의 평화론은 항구적 평화론에 속한다. 항구적 평화론의 공통점은 경험주의적 연구방식보다 규범론적 연구방식에

---

p.46, no.2 (spring 1992), pp.391-425.

5) Bruce Russet, *Grasping the Democratic Peace* (Princeton, N. J: Princeton University Press,1993) Samuel Huntington, *The Clash of Civilizations and the Remarking of the World Order* (New York: Simon and Schuster, 1996)이 전형적인 예이다.

의존하고 있다는 사실이다.6)

넷째, 조박사의 전쟁원인론은 체계적으로 구성된 것이 아니고, 또 전쟁을 결정하는 각 변수는 경험론적으로 규정되고 검증되지 않았다. 따라서 조박사의 전쟁원인론의 체계적 구성과 더불어 경험론적 연구가 필요하다.

## III. 인류사회재건을 통한 영구평화

조박사는 무정부상태에 놓여 있는 국제정치체제를 근본적으로 바꾸지 않고는 영구평화를 이룩할 수 없다고 믿고, 이 국제정치의 틀을 바꿀 수 있는 새로운 패러다임을 제시한다. 이 가치관(axiology)은 3단계를 통해 발전 하였는바, 제 1단계는 『문화세계』, 제2단계는 『오토피아』, 그리고 제3단계는 지구공동사회(GCS)이다.

문화세계는 1951년 한국전쟁의 와중에 제창된 후, 30년의 세월이 지난 1979년 『오토피아』로 심화 발전하였다. 그 후 다시 20년이 지난 1998년 지구공동사회로 구체화 되었다. 지구공동사회는 『오토피아』의 제도화이다. 이 세 사상의 특징을 검토해 보기로 한다.

---

6) Kant, Einstein, Jacques Maritain, Bertrand Russell 등의 이론이 대표적이다.

## 1. 문화세계

문화세계는 5대 문화규범과 8대 문화복지주의의 원칙에 바탕을 두고 있다. 이 두 사상과 관련하여 세 가지 문제를 검토해야 한다.

첫째 문제는 문화의 정의이고, 둘째 문제는 문화가 인간 사회에 미치는 영향이며, 셋째 문제는 문화의 변화 가능성이다.

첫째 문제는 문화규범과 직접 관련이 있고, 둘째 문제와 셋째 문제는 세계문화 형성 가능성과 관련이 있다.

문화의 정의와 관련해, 두 가지 측면에서 접근할 필요가 있다. 하나는 문화와 문명과의 관계의 측면에서 문화를 정의하는 것이다. 19세기 독일에서는 문화는 한 사회의 가치, 이상 및 고도의 지적, 예술적, 도덕적 특징을 의미하고, 문명은 한 사회의 물질적, 기술적 특성을 의미 했으나, 지금은 그렇게 구별하는 학자는 드물다. 사뮤엘 헌팅톤(Samuel Huntington)은 문화와 문명은 같은 현상이나, 문명은 문화의 최대 개념으로 규정한다.[7]

규범적 정의는 인간이 추구하는 이상을 기준으로 정의하고, 사실적 정의는 인간이 처해 있는 상황을 기준으로 정의하고 있다. 18세기 낭만주의 영문학자들은 규범적 정의를, 20세기 사회 과학자들은 대부분 사실적 정의를 하고 있다. 규범적 정의는 인간의 비이성적·야만적 행동양식으로부터의 탈피 혹은 개인과 집단 간의 공존공영이라 정의하고 사실적 정의는 신념체계, 관습, 제도, 정체성 등을 강조한다.[8]

---

7) 문화 세계의 창조, pp.233-234: Huntington, 잎의 책, p.41, p.43.

8) S. T. Coleridge, *The Constitution of Church and State* (1837); Thomas Carlyle, *Sign of the Times* (1829); Mathew Arnold, *Culture and Anarchy* (1869); Talcott Parsons, *The Social System* (1951); Karl Marx,

둘째 문제는 사실상 문화가 인간사회에 미치는 영향에 따라 문화 결정론과 문화종속론, 그리고 절충설로 구별할 수 있을 것이다. 다시 말하면, 문화가 정치·경제 발전을 결정하는가 아니면 후자가 전자를 결정하는가의 문제이다. 자유민주주의를 믿는 미국 학자들은 문화 결정론을, 마르크스주의자 및 종속 이론가는 문화종속론을 믿는 경향이 있다. 물론 문화를 독립변수나 종속변수보다 매개변수로 보는 학자도 있다.9)

셋째 문제는 문화를 변화시킬 수 있는가의 문제이다. 하나의 문화권을 형성하는데 가장 중요한 역할을 하는 것이 정체성(identity)인데, 이 정체성은 문화의 다른 요소인 가치관, 관습, 이념, 행동양식 등을 하나로 단합시키는 역할을 한다. 현대 국제정치에 있어서 민족주의가 강한 이유는 민족을 단결시키는 정체성이 강하기 때문이다. 정체성이 강한 이유는 혈연과 언어가 같은 조상에서 왔다는 상상된 믿음이 민족적 정체성을 뒷받침하고 있기 때문이다. 세계화 시대에 논쟁의 초점이 되고 있는 것은 민족적 정체성이 전 인류적 정체성으로 변할 수 있는가의 문제, 즉 정체성 전이(identity shift) 가능성에 관한 것이다. 이에 대하여는 민족적 정체성이 지구적(전 인류적) 정체성으로 변하기 어렵다는 견해와 그것이 가능하다

---

German Ideology; Edward Burnett Tyler, *Primitive Culture;* B. Malinowski, *A Scientific Theory of Culture* (1944). 위 학자들의 정의는 Chris Jenks, *Culture* (Lodon: Routledge, 1993), pp.16-24, p.28, p.33, pp.40-43, pp.59-61, pp.66-77에서 요약한 것이다. Samuel Huntington, *The Clash of Civilization and the Remaking of World Order,* p.43; Immanuel Wallerstein, *Geopolitics and Geoculture* (Cambridge. UK: Cambridge University Press, 1991), pp.158-160; Alexander Wendt, *A Social Theory of International Politics* (Cambridge, UK: Cambridge University Press, 1999), pp.111-112, p.250; Alfred North Whitehead, *Adventures of Ideas* (New York: Macmillan: Mentor Books. 1993), p.273, p.283.

9) Jenks, ibid., p.28; Wendt, ibid., p.142; Marx, *The German Ideology* (London: Lawrence and Wishart, 1970), p.47; David Harrison, "Introduction: Why Culture Matters," Harrison and Samuel Huntington, eds., *Culture Matters* (New York: Basic Books, 2000), xxviii.

는 견해가 있다.[10]

이 문화에 관한 분석의 틀을 통해 조 박사의 문화와 문화규범 및 문화적 복리주의를 규명해 보기로 한다. 이 두 가치관은 인간의 정의로부터 출발한다. 동물의 원동력은 감각이고, 인간의 원동력은 정신(감성과 이성)이며, 신은 완전한 이성을 상징한다. 그러나 인간은 정신과 육체 외에 인간적 성격(인격)을 가지고 있다. 따라서 인간은 신도, 동물도 아니다. 양자를 통정한 존재이다.[11] 조박사의 인간성의 본질에 관한 이론은 이를 동물성이나 신성으로 보는 일원론이나 동물성과 인간적인 것을 동시에 가진 존재로 보는 이론과 다르다. 정신·육체·인격 3자를 포함시키는 전인론(全人論)이다.[12]

서구학자들이 인간은 정신을 가지고 있기 때문에 인간적이고, 육체를 가지고 있기 때문에 동물적이라고 보는데 대하여, 조박사는 인격을 가지고 있기 때문에 인간적이 될 수 있다고 보는 점에서 특이하다. 이 인격은 정신과 육체의 양성을 통정한 성격으로 문화 창조의 원동력이 된다.

인간만이 문화를 창조할 수 있는 이유는 인간만이 감성과 이성을 동시에 가지고 있기 때문이다. 감성만 가지고 있다면 문화를 창조 할 수 없고, 이성만 가지고 있다면 문화가 필요 없다. 신은 완벽함으로 문화가 필요 없다.

---

10) Anthony Smith. "Toward a Global Culture," David Held and Anthony Smith eds., *Global Transformations: Reader* (Cambridge, UK: Polity Press, 2000), pp.239-247; Immanuel Wallerstein, *Geopolitics and Geoculture* (New York: Cambridge, University Press, 1991) pp.196-99; Ali Mazrui, "World Culture and the Search for Human Consensus," Saul Mendlovitz ed., *On the Creation of a Just World Order* (New York: Free Press 1975), pp.1-37. 월러스틴은 세계문화 창조가 불가능하다고 보고, 마즈루이는 가능하다고 본다.

11) 조영식, 『문화세계의 창조』 p.308; 같은 저자, 『오토피아』, p.232; 같은 저자, 『인류사회 제건』, p.198.

12) 조영식, 『오토피아』, pp.66-67, p.78.

첫 번째 문제, 즉 문화의 정의와 관련해, 그는 문화를 '주어진 자연을 이용하여 특정한 목적(가치)을 창조하는 과정'이라 규정한다.13) 정신적 의미의 문화와 물질적 의미의 문명을 포괄하는 개념이다.14) 이는 문화는 인간이 어떤 가치를 실현하기 위하여 창출하는 것임을 의미한다. 이 가치는 문화규범으로 요약될 수 있다. 문화규범은 유심론에 입각한 '자연' 규범, 유물론에 입각한 인위규범과 구별되는 규범이다. 자연규범은 사실상 '초자연' 규범으로 신본주의의 아래 신의 절대적 섭리를 실현하기 위한 규범이며, 인위 규범은 무정부상태에 있는 국제 정치체제하에서 국가와 같은 인간집단이 자신의 목적달성을 위해 수립하는 행동규범이다. 따라서 전자는 절대불변이나 후자는 국가나 다른 집단의 성격에 따라 변할 수 있다. 이에 대하여는 제 1항에서 언급한 바 있다.

문화규범은 인류 전체의 행복을 위해 문화를 향상 시키는데 필요한 규범으로 영구불변하는 것이 아니라, 수시로 변 할 수 있는 것이다. 인류의 행복의 내용은 불변하는 것이 아니다. 다만 일정한 역사적 시점에서 인류는 하나의 규범을 가질 수밖에 없다. 그것은 인류는 하나이기 때문이다.15)

이 인간사회의 규범은 모든 인간을 위한 것이어야 하며, 어느 때 어느 곳에서나 유효해야 한다. 이 규범은 5개 원칙으로 구성되어 있다.

① 인류에 도움이 되는 것은 다 선이다.
② 문화(문명)를 보존하고 발전시키는 데 공헌하는 것은 다 선이다.
③ 보편적 민주주의에 부합하는 것은 다 선이다.

---

13) 조영식, 『문화세계의 창조』, pp.233-250.

14) Huntington, *Clash of Civilizations*, p.41, p.43; 조영식, 『문화세계의 창조』, pp.233-234; *Webster's Third New International Dictionary*.

15) 조영식, 『문화세계의 창조』, pp.287-289.

④ 인간의 상호협력(협동)에 기여하는 것은 다 선이다.
⑤ 이상 네 규범을 발전시키는 것은 정의이고, 그렇지 아닌 것은 불의이다.16)

첫째 규범은 인간중심주의, 둘째 규범은 문화규범, 셋째 규범은 보편적 민주주의, 넷째 규범은 GCS(Goodwill, Cooperation and Service 혹은 Global Common Society) 기본 정신이 된다. 여기서 조박사의 문화에 관한 정의는 사실적이 아니고 규범적이라는 것을 알 수 있다. 다시 말하면 문화란 인류가 공동으로 추구하여야 할 가치를 의미한다. 이 문화규범에 따라 인류는 문화복리주의를 이 지상에서 실현해야 한다고 주장한다. 문화복리주의는 8개 원칙에 입각하고 있다.17)

① 통정된 민족주의(열린 민주주의): 각 민족의 공존공영을 추구하여, 타민족을 배격하지 않는다. 그리고 만민평등을 믿으며, 사람은 한 민족의 구성원 일 뿐만 아니라 국제사회의 일원이라고 생각한다.
② 경제적 평등: 부의 균등한 분배가 아니고 부의 공정한 분배를 주장한다. 경제적 불평등은 국민 및 국가 간의 갈등을 유발한다.
③ 호혜주의: 인간은 공동생활을 하고 있으므로 상호협력 없이 살 수 없다. 국제관계에 있어서도 상호평등과 협력을 강조한다. 따라서 침략주의와 제국주의를 반대한다.
④ 인권주의(인권사상): 인간이 인간으로서의 역할을 하려면 자유, 평등, 공영 등의 기본권이 보장되어야 한다. 이것이 민주주의의 기본이념이다. 인권주의는 종래의 인권주의, 인도주의, 인문주의와 다르다.18) 이 인권주의는 후에 인간중심주의라 불렸다.

---

16) Young Seek Choue, "Magna Carta," Young Seek Choue, *Toward Global Common Society*, vol.1. pp.107-108; "Oughtopia Peace Model," *ibid.*, pp.153-60. 그는 『문화세계의 창조』에서 '문화 규범'을 '인류사회의 안녕복지와 문화(광의)발전을 위해 도움이 되는 것은 모두 선이요, 이와 반하여 해가 되는 것은 모두가 악 이라고 개괄적으로 규정하고 있다. pp.289-290.

17) 조영식, 『문화세계의 창조』, pp.181-276.

18) 조영식, 『오토피아』, pp.76-77.

⑤ 문화주의: 여기서 '문화'란 사전에 나오는 개념과 다르며, 야만
적 상태를 극복하는 가치창출로 정의하고 있다. 침략주의, 영
리주의, 관념주의적 미신은 야만적 가치관(반동문화)이며, 이와
대비되는 반침략주의(평화주의) 및 비폭력주의, 복지주의, 과학
주의는 문화적 가치관이다. 따라서 문화주의는 민주주의를 가
장 충실히 실현할 수 있는 내용이고 방법이다.[19]

⑥ 반전평화주의: 인류사회에서는 인간이 최고 가치이기 때문에
인명을 살상하는 전쟁은 '문화규범'에 정면으로 어긋난다.

⑦ 과학주의: 정신적·물질적 문명을 풍요하게 하여 인간사회를
풍요하고 평화 애호적이 되도록 한다.

⑧ 보편적 민주주의: 인간 개개인과 국가의 자유와 평등 및 공영
을 보장하는 민주주의 정치체제를 취해야 한다.[20]

8개 문화복리주의 원칙은 '문화규범'을 실천하는 원칙과 방향을
제시하고 있음을 알 수 있다. 또한 문화복리주의의 원칙은 제 1항
전쟁의 원인에서 열거한 여러 원인을 제거하는데 필요한 원칙임을
알 수 있다.

여기서 지구공동사회 구축을 위해 핵심원칙인 인간중심주의(인권
주의)와 보편적 민주주의의 사상이 포함되어 있음에 주목할 필요가
있다. 보편적 민주주의는 문화규범에도 포함되어 있다. 이에 대하여
는 후에 구체적으로 논하기로 한다.

두 번째 문제, 즉 문화가 인류사회에 미치는 영향과 관련해, 조박
사는 문화는 인간이 동물성에서 벗어나 신성을 지향하는 이념으로
서 인간역사의 원동력이라고 규정한다는 점에서 문화를 독립변수로
보는 것 같다.[21] 그가 규정하는 인간의 3대 요소인 육체, 정신, 인격
중 가장 중요한 요소로 생각하는 인격은 육체와 정신을 통정하여 인

---

19) 조영식, 『문화세계의 창조』, pp.233-250.

20) 조영식, 『인류사회의 재건』, pp.243-253; 같은 저자. 『문화세계의 창조』, pp.169-339.

21) 인간을 신격화하는 신인동격론과는 다르다.

간으로 하여금 객관적 여건에 따라 사는 것이 아니라 자주적 정신에 따라 행동하도록 하는 것이라고 정의한 점에서도 알 수 있다. 그는 또한 인격자는 인간 대 자연, 개인과 사회, 인간 대 인간 관계에서 항상 보다 나은 것, 보다 새로운 것을 추구한다고 함으로써, 인간의 창조적, 진취성을 강조한다. 결론적으로 문화규범은 인간 중심주의를 실현하기 위한 행동강령인 것이다.[22]

세 번째 문제, 즉 문화의 변화가능성과 관련해, 조박사는 문화의 변화를 믿는다. 이상에서 본 바와 같이 인간은 문화의 창조자이기 때문에, 그리고 자유의지를 가지고 있기 때문에 민족문화를 창조했던 것 같이 세계문화도 창조 할 수 있다고 본다. 그는 신도 동물도 아닌, 그렇다고 그 중간적 존재도 아닌 인간은 그 자유의지에 따라 지상에 천국을 창설할 수 있고 지옥을 창설 할 수도 있다고 믿기 때문이다. 그에게는 지상천국은 문화왕국이고, 문화왕국은 오토피아이다.[23] 더구나 조박사의 문화는 일반적으로 이해하고 있는 문화가 아니고 전 인류가 준수해야 할 규범(문화규범)의 결과물을 의미하기 때문에, 인류가 이 문화를 공통으로 준수하기로 결정하면 세계문화의 창출이 가능할 것이다. 따라서 서구 학자들 간에 벌어지고 있는 논쟁, 즉 세계화는 문화적 정체성의 기반인 인종, 계급, 민족 등을 파괴시킨다는 주장이나, 새로운 정체성을 창조할 것이라는 주장과는 직접적인 관련이 없다고 보겠다.[24]

---

22) 조영식, 『인류사회의 재건』, p.202.

23) 조영식, 『문화세계의 창조』, pp.305-310.

24) John Tomlinson, "Globalization and Cultural Identity," David Held and others, eds., *Global Transformations: Reader,* pp.238-240.

## 2. 오토피아

오토피아에서는 우주와 인간의 본질 및 상호관계를 구명하는 주리생성론과 전승화 이론을 논한 후, 문화적 복리주의에 바탕을 둔 오토피아를 건설할 것을 제창한다. 이를 위해서는 여섯 가지를 실현해야 한다고 말한다.

① 인간복권: 이는 문화 복리주의의 네 번째 원칙을 말한다.
② 상호협동체제 구축 및 불신 척결: 불신은 공존공영을 방해하고, 부조리와 부도덕을 낳는다.
③ 건전생활 기풍 확립: 이를 위해서는 도덕의 재무장이 필요하고 극단적 물질주의 극복이 필요하다.
④ 과학기술의 개발과 통어, 문화복리주의의 일곱 번째 원칙인 과학주의와 같다.
⑤ 새 세계질서의 수립: 전근대적 전통적 가치 질서와 현대의 공리주의적 가치질서에서 벗어나 하나의 인류사회 공동규범과 인간행위의 가치 판단기준을 수립해야 한다. 이는 '문화규범'을 말한다.
⑥ 인류가족정신에 의한 평화·협동사회 건설: 하나의 인류, 하나의 규범, 하나의 지구사회라는 생각으로 세계평화를 이룩해야 한다.

오토피아는 소망스러우면서도 실현할 수 있는 인간의 이상사회이다. 따라서 비현실적, 비 당위적 이상사회를 지향하던 유토피아와는 다르다.[25)

---

25) 조영식, 『오토피아』, pp.238-240.

## 3. 지구공동사회 구축

오토피아를 제창한지 20년이 지난 1998년 제 17차 유엔평화의 날 기념 국제회의에서 행한 기조연설에서(제목: Magna Carta of the Global Common Society)지구공동사회의 구축 방안을 제시했다. 이것은 오토피아 모델을 실현하기 위한 제도적 장치를 말한다.

인류가 당면한 공동과제는 인간중심주의, 문화규범, 보편적 민주주의, Pax UN, 그리고 지구공동사회의 실현이다. 이 5대 과제의 상호관계는 다음과 같다.

① 지구공동사회는 Pax UN에 의하여 수립되어야 한다.
② 지구공동사회는 보편적 민주주의에 바탕을 두어야 한다.
③ 보편적 민주주의는 인간중심주의에 뿌리를 두어야 한다.
④ 지구공동사회 건설은 문화규범에 따라 이루어져야 한다.26)

인간중심주의 문화규범 및 보편적 민주주의와 지구공동체 이념은 이미 『문화세계의 창조』와 『오토피아』 등에서 논의하고 있다.

여기서 주목할 것은 지구공동사회 구축은 궁극적 목적이고, 인간중심주의는 지구공동사회의 기본원칙(principle)이며, 문화규범은 지구공동사회의 규율(norm)이고 보편적 민주주의는 지구공동사회의 운영방식(rule)임을 알 수 있다. 그리고 Pax UN은 지구공동사회를 수립하는 수단(procedure)를 의미한다.27) 이것은 Stephen Krasner의

---

26) 조영식, "Magna Carta," 조영식 같은 책, p.33.

27) Krasner의 국제레짐(International regimes)에 관한 정의는 학계에서 가장 널리 받아들여지고 있는 정의이다. 그는 국제레짐을 잠재적·현재적 원칙(Principles), 규범(norms), 규칙(rules), 그리고 정책결정절차(Procedures)라 정의한다. S. Krasner, *International Regimes* (Ithaca: Cornell University Press, 1983), p.2.

국제레짐(international regimes)의 정의와 동일하다.

조박사는 인류사회는 작은 단체로부터 점점 큰 단체로 발전해 왔
으며, 그 발전은 돌이킬 수 없는 과정이라고 믿는다. 이 역사관에 의
하며, 민족국가가 세계국가로 흡수될 것은 불가피하다.28) 그는 현
국제환경은 이 역사적 발전과정에 유리하다고 본다. 세계화와 민주
화가 그것이다.29) 이 두 추세는 지역주의와 국제주의를 가속화 시킬
것이기 때문이다.

민족국가의 국가지상주의가 세계평화를 교란하는 주된 원인이라
는 데는 평화운동가가 대부분 동의하고 있다. 그리고 많은 학자들이
이에 동의하고 있다. 따라서 전쟁을 방지하기 위해서는 국가를 다른
제도로 대체시키거나 국가가 전쟁을 못하도록 하는 장치를 마련하
면 될 것이다. 가장 잘 알려진 제도가 세계국가이다. 조박사도 이에
동의하나, 새로운 세계를 건설하는데 있어서는 역사적 발전단계를
무시하거나 망각해서도 안 되고, 또 실현 가능성도 있어야 한다는
것을 강조한다. 민족국가의 성장과정을 보면, 사람의 1차 집단인 가
족, 친족, 커뮤니티를 바탕으로 하여 보다 강력한 국가로 발전하였
으므로, 지구공동사회도 우선 민족국가를 바탕으로 건설되어야 한다
고 주장한다.30)

조박사는 이와 같은 이론적 바탕위에서 초창기에는 ①유엔체제
②세계연방국가 ③세계공화국의 3단계를 거쳐 하나의 세계를 건설
할 것을 제의했다.31)

---

28) 조영식, 『문화세계의 창조』, p.332.

29) Young Seek Choue, "Construction of a World," vol.1. pp.409-436; Park Sang-seek, "Cooperation Between Regional Organizations: A Study of Organizations for Inter-regional Cooperation," *Oughtopia* vol.16, no.1 (Winter 2001): pp.69-111.

30) 조영식, 『인류사회 재건』, p.224.

세계통합은 전쟁방지를 위해서 뿐만 아니라 인간의 행복을 위해 서도 필요하다. 신도 국가도 인간에게 희생을 강요 할 수 없으며, 인 간은 인류 사회만을 위해야 한다. 이것만이 인간의 진정한 행복이다. 또 국가는 구성원의 필요·요청에 의하여 설립되었으므로 작은 정 치단체인 국가보다 더 큰 정치 단체인 국제적 정치단체(예: UN)가 필요하다. 국가는 인류복지증진의 대행기관이며, 따라서 지금의 민 족국가는 인류통치의 민족단위로서만 인정되어야 한다.32)

조박사는 지구공동사회 대헌장 발표(1998) 후 부터 집짓기 방 식(building block approach)에 의한 지구공동사회 구축을 제의 했다.

제 1단계에서 완만한 형태의 지역 국제기구와 범세계 국제기구를 수립한다. 제2단계에는 이 두 국제기구를 보다 공고한 국제기구로 발전시킨다. 이 국제기구들은 주로 안보적, 기능적 혹은 종합적 목 적의 국제기구로 분류할 수 있다. 이 단계에서 지역기구는 범 세계 기구에 통합될 수 있다. 제3단계에서는 모든 지역기구와 특수 목적 의 범 세계기구는 봉합적 목적(다목적)의 범 세계기구에 흡수된다. 이 모든 과정에서 지역공동체 의식과 범세계적 공동체 의식이 강화 된다. 이것은 회원국 자체가 노력할 뿐만 아니라 국제시민사회가 적 극적으로 조장한다. 마지막 단계에서 공고화된 종합적 목적의 범 세 계기구는 세계국가로 발전할 수 있다. 조박사는 완만한 형태의 지역 혹은 범세계 국제기구를 지역 혹은 지구협동사회(Regional Global Cooperation Society), 공고한 형태의 지역 혹은 범세계 국제기구를

---

31) 조영식, 『문화세계의 창조』, p.345.
32) 조영식, 『문화세계의 창조』, pp.108-109.

지역 혹은 지구공동사회(Regional Global Common Society)라 불렀다.[33] 지구공동사회는 국가, 정부간·비정부간 국제기구 및 기타 단체로 구성되어 있다. 이 지구공동사회는 세계국가의 기반이 될 수 있다.

조박사는 지구 공동사회를 구축함에 있어서 유엔의 중요성을 강조한다. 제1단계에서 완만한 형태의 지역 및 범세계적 국제기구는 유엔의 지도하에 조직되고 활동해야 지구시민사회구축에 공헌 할 수 있다.

그리고 지구시민사회는 유엔의 관할 하에 있어야 한다. 이를 위해 유엔을 Pax UN으로 전환해야 한다. Pax UN은 유엔이 세계평화와 안보를 총괄하고 국제법과 질서를 유지하며, 기타 국제문제 해결에 핵심적 역할을 하는 국제기구라는 의미이다. 유엔은 지구적 동질성과 인간가족정신에 기초하고 있기 때문이다.[34]

Pax UN은 지역통합에 관한 연방주의와 기능주의(신기능주의)를 통합한 이론이라 할 수 있다.

---

33) Young Seek Choue, "Grand Design for Peace in the Global Village," Young Seek Choue, *Toward Global Common Society*, vol.2, pp.481-561; "Grand Design for Global Common Society in the New Millenium," ibid., vol.1, pp.43-55; "Magna Carta of the Global Common Society," ibid., vol.1. pp.95-124; "The Construction of a World Community," ibid., vol.1, pp.409-436; "Toward Human Society Free From Threats of War," ibid., vol.2, pp.779-816. 조박사는 Regional or Global Common Society를 Regional or Global Integration Society와 동의어로 사용한다. 그리고 Global Common Society는 서구학자들이 사용하는 Global Community와 같은 의미라 생각된다.

34) Young Seek Choue, "World Peace Through Pax United Nations," *Toward Global Common Society*, vol.2, pp.707-770.

## 4. 인간중심주의

제4항과 제5항에서는 지구공동사회건설을 위한 인류의 공동과제 중, 아직 설명하지 않은 인간중심주의나 보편적 민주주의에 대하여 기술했다. 조박사는 인간중심주의(anthrocentrism)도 아니고, 인도주의(humanitarianism)도 아니며 인문학(humanities)을 의미하는 휴머니즘도 아니라고 말한다.[35] 인본주의는 인간을 신과 동격에 두고 있는 사상이다.[36] 인도주의는 타인에 대한 연민과 지원을 강조하는 점에서 휴머니즘적 요소를 가지고 있으나, 휴머니즘 전체를 대변하는 것은 아니다. 인간중심주의를 이해하기 위해서는 휴머니즘의 특성을 알아야 한다. 휴머니즘의 특성은 인간의 정의와 인간성 정의에 따라 결정된다.

첫째 질문은 인간이란 무엇인가이다. 인간을 개별적 독립체로 보는 견해와 인류 전체와 동일시하는 견해가 있다. Alan Bullock은 전자를 믿는 휴머니즘을 부르조아 휴머니즘, 후자를 믿는 휴머니즘을 집단적 휴머니즘이라 불렀다.[37] 서구학자와 사상가들은 집단적 휴머니스트, 부르조아 휴머니스트(자유주의적 휴머니스트), 그리고 양자를 절충하는 휴머니스트로 갈라졌다.[38] 절충성은 개인과 사회의

---

35) 조영식, 『인류사회의 재건』, p.252, 조박사는 여기서는 인본주의를 인간중심주의와 동일시하고 있으나, 후에 양자를 구별하고 있다.

36) 조영식, 『오토피아』, p.76.

37) Allan Bullock, *The Humanist Tradition in the West* (1985), 홍동선 역(서울: 범양사, 1989).

38) 마르크스 휴머니즘에 대하여는 Louis Althusser, Pour Marx: Marxism and Humanism: 오세영, 『한국현대문학과 휴머니즘』, 오세영 외, 『휴머니즘 연구』(서울: 서울대학교 인문학연구소, 1985), p.4; Mihaelo Markovic, *The Rise and Fall of Socialist Humanism : A History of the Praxis Group* (Nottingham 1975), pp.18-19; Karl Marx, *Early Writings* (Hammersmith, 1995); Erich From, *Marx's Concept of Man* (New York: Frederik Unger, 1966). 인간과 인류전체와의 관계에 대하여는 Tony Davies, *Humanism* (London: Routledge, 1997), p.24, p.98; For Jacob Burckhardt's view, see Davies

대립을 부인하고 자아의 이상과 목표는 사회적 이상과 목표와 불가분의 관계에 있다고 본다.

둘째 질문은 인간성(human nature)이란 무엇인가 이다. 서구학자들은 인간은 동물과 본질적으로 같다는 견해, 인간성은 동물성과 다르다는 견해, 그리고 인간은 인간성과 동물성을 동시에 가지고 있다는 견해 등 다양한 견해를 가지고 있다. 그러나 대다수 휴머니스트들은 인간은 인간성과 동물성을 공유하고 있으나 인간성이 동물성을 극복할 수 있다고 믿는다. 르네상스 휴머니스트들은 인간성과 동물성 중 어느 것을 택하는가는 인간 자신이 결정한다고 믿었다. 인간은 독자적 결정 능력이 없고 신의 섭리에 따라 행동한다고 주장한 중세 기독교의 결정론을 부인하고 자유의지론을 주장한 것이다. 그러나 인간성(인간적인 것 - humanness)이 무엇인가에 대해서는 구체적인 논의를 하고 있지 않다.[39]

셋째 질문은 인간과 인간성의 정의를 바탕으로 한 휴머니즘의 특성은 무엇인가 이다.

① 인간은 자연의 일부가 아니라 자연과 구별되는 독자적 존재이다.
② 인간의 존엄성과 자유를 믿는다. 개개인의 자유를 존중하는 자유주의 휴머니즘과 인간공동체(인류)의 존엄성과 자유를 존중하는 집단적 휴머니즘이 있으나, 두 휴머니즘이 다 같이 인간을 존중하고, 개개인의 발전과 인간공동체의 발전은 상호보완

ibid., pp.15-17; Jean Paul Sartre, *Existentialism and Humanism*, Trans, by Phillip Mairet (London: Mehuen, 1998), p.29; Bullock, ibid., p.234; Corlise Lamont, *Humanism as a Philosophy*, 박영식 역(서울: 풀빛사, 1982): pp.163-65; 務台理作, 『현대의 휴머니즘』, 풀빛 편집부 역(서울: 풀빛사, 1982): pp.163-165.

39) Martin Heideggar, "Brief an den Humanismus," his Gesamtausgabe, vol.9 (1986), p.320, quoted in Davis, ibid., p.127; Thomas Huxley, Freud, Adler, Jung 등의 견해에 대해서는 Bulloc, idid., p.184에서 인용; Giovanni Pico della Mirandola의 견해에 대하여는 Davis, ibid., pp.95-96에서 인용; Bullock, ibid., pp.201-203.

관계에 있다고 믿는 점에서 공통점이 있다.

③ 인간은 초자연적 현상을 부인하고 자기 운명의 주인공으로서 무한한 발전을 이룩할 수 있다.

④ 휴머니즘은 도그마가 아니기 때문에 시대에 따라 강조점이 달라질 수 있다. 르네상스시대(14-16세기)에는 인간 개개인의 자유의지와 인간의 존엄성이 강조되고, 18세기 계몽주의 시대에는 인간 개인보다 인간 전체로서의 인간개념이 중요해졌다. 19세기에는 자유주의 휴머니즘과 집단주의 휴머니즘으로 갈라졌으나 20세기에는 두 휴머니즘을 접목하는 Praxis 그룹의 사회주의 휴머니즘이 등장하고 그와 더불어 실존주의 휴머니즘, 반휴머니즘 등 다양한 휴머니즘이 등장했다.

이상에서 검토한 서구 휴머니즘의 틀 안에서 조박사의 인간중심주의를 분석해 보면, 다음과 같다.

첫째, 인간의 정의와 관련하여, 조박사는 인간은 인간 개개인과 인류전체를 동시에 의미한다는 절충설(통합설)을 지지한다. 따라서 개인과 인류사회는 전체와 부분과의 관계이며, 부분은 전체의 일부이며 전체는 부분의 집합이라고 지적한다.[40]

둘째, 인간성의 의미와 관련하여, 문화규범을 논할 때 이미 지적한 바와 같이 인간은 정신·육체·인격 3자를 다 가지고 있기 때문에 문화를 창조할 수 있고 문화규범을 수립하여 실천할 수 있다고 본다. 문화규범은 인간성의 표출이다. 정신과 육체의 양성을 통정한 인격을 통해 개인의 행복과 인류전체 복지를 동시에 추구하는 인간성을 창출할 수 있다.

셋째, 휴머니즘의 특성과 관련하여 인간중심주의도 인간은 신으로부터 독립되고 자연의 일부이나 자연과 독립된 존재라고 믿고, 인간의 존엄과 자유를 믿으며, 초자연적 현상을 부인하고 인간의 무한

---

40) 조영식, 『문화세계의 창조』, pp.124-127.

한 발전능력을 믿는 점에서 서구 휴머니즘과 같다. 또 인간과 인류 전체와의 관계에 대하여 통합이론을 제시하고 있다.

또 하나의 특징은 모든 휴머니스트들이 신의 예속으로 부터의 인간의 해방을 휴머니즘의 가장 중요한 특징으로 보는데, 조박사는 신의 예속으로부터의 인간의 해방과 더불어 과학·기술의 예속으로부터의 인간해방을 주장하고 있다는 점이다. 그는 이것을 제3의 휴머니즘이라 부르고, 제 3의 휴머니즘의 실현을 위한 네오르네상스(Neo-Renaissance) 운동을 제창한다. 인간은 스스로가 발전시킨 과학·기술의 노예로 전락하게 되었으며, 그 결과 인간은 인간성, 그 중 인간적인 것(인격)을 상실하게 되었으므로 제 2의 인간해방을 위해 제 2의 르네상스가 필요하다는 것이다.41)

## 5. 보편적 민주주의

조박사의 보편적 민주주의는 1948년 발간한 『민주주의 자유론』과 1951년 발간한 『문화세계의 창조』, 그리고 1990년대에 각종 국제대회의 연설을 통해 발전시켜 온 새로운 민주주의 사상이다. 그의 민주주의 사상을 현대 국가가 실제로 실행해온 각종 민주주의 체제를 비롯한 최근 서구학자들에 의해 제창되고 있는 민주주의 체제와 비교·분석함으로써 그 특징과 역사적 의미를 검토해 보았다.

민주주의를 비교 분석하기 위해 역사적, 자의적으로 가장 광범위하고 가치판단으로부터 자유로울 수 있는 기준을 선정하여 다음 표와 같이 분석의 틀을 작성하였다.

---

41) 조영식, 『인류사회의 재건』, pp.107-108.

| 목적 | 통영의 범위<br>(scope of governance) | | | |
|---|---|---|---|---|
| | 조직적<br>Organi-zational | | | |
| 자유<br>평등<br>정치<br>경제<br>사회<br>법적<br>공영<br>(박애)<br>정의 | 국내정부기구<br>(Intra-state)<br>지방(Local)<br>지역(Regional)<br>중앙(Central) | 국제정부기구<br>(Inter-state)<br>지역(Regional)<br>지역간(Inter-regional)<br>범세계(Global) | 국내비정부기구<br>(Intra-state)<br>지방<br>지역<br>중앙 | 국제비정부기구<br>(Inter-state)<br>지역<br>지역간<br>범세계 |

| 통영의 범위<br>(scope of governance) | | |
|---|---|---|
| 지역적<br>Geo-graphic | | 기능적<br>Functio-nal |
| 국가(Intra-state)<br>지방(Local)<br>지역(Regional)<br>전국(National) | 국가 간(Inter-state)<br>지역(Regional)<br>지역 간(Multiple-<br>regional)<br>지구(Global) | 도덕적　교육<br>종교적　체육<br>정치적　복지<br>경제적　노동<br>문화적　법률<br>교통통신　매스컴<br>환경　포괄적<br>보건 |

| 통영의 형태<br>(mode of governance) | | | |
|---|---|---|---|
| 대표<br>(representation) | | 참여<br>(mode of participation) | |
| 대표의 형태<br>(mode of representation) | 대표 단체<br>(unit of representation) | 참여의 형태<br>(mode of participation) | 참여의 영역<br>(sphere of participation) |
| 직접참여<br>대의원을 통한 참여 | 제 1차 그룹<br>(인종, 종교, 언어 등)<br><br>제 2차 그룹<br>(이익 단체)<br><br>제 3차 그룹<br>(시민사회 단체) | 선거 소환<br>(recall)<br><br>국민 투표<br>(referendum)<br><br>토의<br>(deliberation) | 정치적 영역<br>(Political sphere)<br><br>경제적 영역<br>(Economic sphere or<br>the Market)<br><br>시민사회 영역<br>(Civil society sphere) |

역사적으로 시행되어 온 민주주의 체제로 ① 자유민주주의, ② 사회민주주의, ③ 프롤레타리아 민주주의(프롤레타리아 독재), ④ 참여민주주의(Participatory Democracy), 그리고 ⑤ 연합민주주의(Consociational Democracy)를 들 수 있고, 최근 학자들에 의하여 제창되고 있는 새로운 민주주의 체제로, ⑥ 결사체 민주주의(Associational Democracy), ⑦ 공동체 민주주의(Communitarian Democracy), ⑧ 급진적 민주주의(Radical Democracy), ⑨ 심의 민주주의(Deliberative Democracy), 그리고 ⑩ 세계 민주주의(Cosmopolitan Democracy)를 들 수 있다.

이 10개 민주주의 체제의 공통점과 상이점 그리고 민주주의 체제의 역사적, 정치적 의의에 대하여는 여기서 상론을 피하고, 보편적 민주주의와 이들 정치체제를 비교 분석하는데 초점을 맞추기로 한다.

조박사는 보편적 민주주의를 다음과 같이 정의하고 있다. "주권재민의 사상에 입각하여 국경 내에 국한하지 않고 전 인류에게 자유, 평등, 공영(박애)을 동시에 그리고 완벽히 실현하는 것이 보편적 민주주의다.42)"

여기서 보편적 민주주의는 다음과 같은 특징을 가지고 있음을 알 수 있다. 첫째, 보편적 민주주의는 목적에 있어서 자유, 평등, 공영을 동시에 중요시하고 동시에 추구한다. 공영이 민주주의의 실질적 목적이며, 자유와 평등은 이 실질적 목적을 달성하기 위한 수단이다. 자유와 평등은 상호 모순된 사상임으로 공존하기 어려우나, 이 둘을 융화시키는 것이 공영이다.43)

공영이라는 개념은 공동체를 전체로 하여, 따라서 공동체 전체의

---

42) "Construction of the World Community," Young Seek Choue, *Toward Global Common Society*, vol.1. pp.418-419.

43) 조영식, 『문화세계의 창조』, pp.124-127.

이익, 즉 공동선을 보장한다. 자유만 추구하면 공동체를 유지하기 어렵고, 평등만 추구하면, 자유를 보장하기 어렵다. 따라서 자본주의에 바탕을 둔 민주주의를 추구하는 자유 민주주의는 민주주의의 기초인 공동체를 위협한다.

여기서 우리는 조박사의 보편적 민주주의는 자유민주주의, 사회민주주의, 프롤레타리아 민주주의를 변증법적으로 승화(통정)시킨 민주주의라는 것을 알 수 있다. 사회민주주의가 자유 민주주의와 프롤레타리아 민주주의를 통정한 민주주의라는 견해는 옳지 않다. 사회민주주의는 자본주의의 수정을 통한 자유민주주의의 실현을 목적으로 하기 때문이다. 프롤레타리아 민주주의와 사회민주주의는 다같이 시민사회영역과 경제영역을 통정 내지 통제하려는 점에서 보편적 민주주의와 다르다.

둘째, 개인과 공동체는 상호독립을 유지하면서 상호불가분의 관계에 있다. 개체와 전체는 불가분리의 관계에 있으나, 전체는 개체의 집합일 뿐, 그 자체 독립된 존재 일 수 없다.[44] 이것은 루소가 개인과 공동체와의 관계에 대하여 개개인의 의사를 합한 전체의지(will of all)와 공동체 자체의 의지인 일반의지(general will)를 구별하고, 개인은 일반의지에 복종함으로써 자유(사회적 자유)를 얻는다고 했는데,[45] 조박사는 전체의지만 인정하고 일반의지를 부인한다. 따라서 개인은 국가발전을 위해 또 국가는 개인의 안녕복지를 위해 상호 협조해야 하나, 국가는 개인을 희생할 수 없다. 국익을 국가 자체의 이익을 의미하는 것이 아니고, 사익의 총합을 의미한다.[46]

---

44) 조영식, 『인류사회의 재건』, pp.107-108.

45) Rousseau, *Social Contract*, Book II, p.3.

46) 조영식, 『민주주의 자유론』(서울: 한일공인사, 1949), p.151; 『문화세계의 창조』, p.116. 민주주의

이상으로 볼 때, 조박사는 개인의 자유를 공동체에 흡수시키는 공동체 민주주의, 급진적 민주주의를 진정한 민주주의로 인정하지 않을 것이다. 프롤레타리아 민주주의, 사회민주주의도 진정한 민주주의로 보지 않을 것임은 물론이다. 또 자유는 선천적으로 부여되는 것이 아니고, 개인의 인권과 존엄성을 보호하기 위하여 후천적으로 부여된 것이라고 보는 점에서 자유민주주의 이론과 다르다. 그는 르네상스 휴머니즘과 같이 인간 개개인이 모든 사회제도와 인간조직의 기초임을 강조하면서도 인간 개개인과 인류전체는 불가분의 관계에 있음을 강조한다.

셋째, 민주주의는 모든 인간 집단에 적용되어야 한다. 조박사는 민주주의는 통영의 범위에 있어서 ① 조직적(국내 정부기구, 국제 정부기구, 국내 비정부기구 및 국제 비정부기구), ② 지역적(국내, 국가 간, 지역 간), ③ 기능적(정치, 경제, 문화 등) 모든 측면에서 민주주의가 실시되어야 한다고 주장한다.[47]

바로 이 때문에 그는 자신의 민주주의를 보편적 민주주의라 불렀다. 세계화가 급진전하고 범세계적 통영의 필요성이 급속도로 증대함에 따라 국내뿐만 아니라 국제기구에서도 민주주의를 실시해야 한다는 주장이 강화되고 있다.[48] 이에 따라 시민사회의 국제기구 참

자유론에서는 자아적 자유를 본능적 자유, 타아적 자유를 인격적 자유, 우리의 자유를 발전적 자유라 불렀다. 자아적 자유와 타아적 자유는 완전한 자유라 할 수 없으며, 이 두 자유를 통정한 우리의 자유가 진정한 자유라 했다. 구체적 내용에 대해서는 『민주주의 자유론』, pp.61-104.

47) Young Seek Choue, "Democracy and the New International Order Under Pax UN in the 21st Century," Young Seek Choue, *Toward Global Common Society*, vol.1, p.275.

48) Joseph Nye는 필요할지 모르나, 비현실적이라고 보고, Bruce Russett는 필요하지도 않고, 비현실적이라고 본다. Nye, "Globalization's Democratic Deficit: How to Make International Institutions More Accountable," *Foreign Affairs* 80, no.4 (July/August 2001), p.2-6; Russett, "A Neo-Kantian Perspective; Democracy Interdependence, and International Organizations in Building Security Communities," Emanuel Adler and Michael Barnett eds., *Security Communities* (Cambridge, UK: Cambridge University Press, 1998), pp.368-394.

여 필요성도 제창되고 있다. 공동체 민주주의, 심의 민주주의, 급진적민주주의, 세계 민주주의는 다 같이 자신들의 민주주의가 근본적으로 같다. 민주주의는 개인을 위한 정치체제이지 국가만을 위한 정치체제가 아니라는 것이다.

제2항에서 검토한 문화규범, 문화복리주의, 인간중심주의, 보편적 민주주의, Pax UN의 사상을 보다 고차원적으로 발전시키고 현실화시킬 수 있는가 그리고 현실화시킬 수 있다고 판단한다면 어떠한 방법으로 현실화 시킬 것인가에 대한 심층적 연구가 필요하다고 본다.

이를 위해 다음의 연구 과제를 제의한다.

첫째, 조영식 박사의 주요사상을 국내외 학계, 정계 및 일반 사회가 관심을 갖거나 수용할 가능성이 있는가? 만일 그것이 어렵다고 생각한다면, 이를 가능하도록 하는 방법은 무엇인가?

둘째, 조박사의 이론과 사상이 구체적 논리 전개, 개념정의, 현실과의 일치 여부에 대해 논란이 있을 수 있다. 이를 보다 설득력 있는 이론과 사상으로 발전시키는 방법은 무엇인가?

셋째, 조박사의 이론은 당위론이므로 경험론적 연구가 필요한데, 이를 어떻게 추진 할 것인가?

넷째, 지구적 공동사회 구축을 위한 5대 과제의 타당성과 가능성 문제에 대한 심도 있는 연구가 필요하지 않은가?

다섯째, 제3휴머니즘의 실현을 위한 네오르네상스 운동을 위한 이론을 어떻게 개발할 것인가?

# IV. 결어

이 연구를 통하여 필자는 조영식 박사의 인간관과 평화사상에는 다음과 같은 정신이 흐르고 있음을 발견하였다.

첫째, 그의 사상은 동방의 중용사상에 뿌리를 두고 있다는 것이다. 유물론과 유심론의 통정(sublimation), 자유주의, 사회주의 및 공산주의의 통정 등 극단적 사상·이론의 통정을 통해 세계평화와 번영을 달성하려 하고 있다. 이를 위해 조박사는 논리전개 시 마다 동·서양의 사상과 이론을 대조·비교 한다.

둘째, 여러 면에서 서구사상이나 이론보다 앞서 있다. 예컨대, 조박사의 보편적 민주주의 이론은 새로운 발상이라 아니할 수 없고, 그의 전쟁원인론은 현실주의, 실현주의, 자유주의 그리고 구성주의를 통정한 이론이라 할 수 있다.

셋째, 조박사의 평화사상을 현실적으로 보급하기 위해서는 연구, 교육 및 실천운동의 세 측면(triad)에서 동시에 추진함이 타당하다. 연구 분야는 인류사회연구원이, 교육과 실천분야는 미래 문명원과 지구사회봉사단(Global Service Corps)이 주관하는 것이 좋을 것이다.

# 제5장

# "경희대학교 안에서 찾아보는 문화세계: 코로나 병란(病亂)에 대응하는 실용적 학문"

신용철(경희대학교 명예교수)

## Ⅰ. 서론

'문화세계의 창조'란 웅대한 인류사회 재건의 구도는 경희대학교의 총장이며 경희학원의 학원장인 고 조영식 박사에 의해 구상 주창되었다. 그의 사상적 연원은 우리 땅에 대한민국정부가 수립되던 1948년 『민주주의 자유론(民主主義自由論)』으로 시작되어 처참한 6.25 전쟁이 끝나기 전인 1953년 5월에 『문화세계의 창조(文化世界의 創造)』로 출간되어 구체화되었으니 참으로 놀라운 일이다.

그 웅대한 구상에 대해 그는 폭넓은 지식과 예리한 관점으로 평생 엄청난 저술을 남겼을 뿐 아니라, 그는 구상을 구현하고 실천하는데 온 생애를 바쳤다. 사실 이들 저술이나 업적들을 짧은 시간에 말하는 것은 누구에게나 어차피 거의 불가능하다. 따라서 본 발표자도

다만 급류에 떠내려가는 미끄러운 얼음조각을 잡으려는 무모함과 구우일모(九牛一毛)의 희박한 가능성을 추구하듯 그 구상의 한 자락을 경희의 캠퍼스에서 찾아보려고 한다.

조 총장이 구상한 문화세계의 구도는 말 할 필요도 없이 경희대학교가 그의 출발이며 또 중심이고 상징이다. 그래서 필자는 경희학원과 문화세계를 연결시켜 생각해보려는 것이다. 그러나 그 역시 엄청난 구도이어서 이것 역시 모두 논하기는 불가능하다. 그래서 대학이 경희란 이름으로 바뀌던 1960년, 그러니까 그 분의 첫 저서인 『민주주의 자유론』이 나온 지 12년, 『문화세계의 창조』란 주저가 출간된 지 7년 후, 경희대학교의 60학번 학생으로서, 모교의 교수를 거쳐 정년한 교수로서 60년을 경희와 보낸 시간의 경험을 중심으로 소박하게 되돌아보려고 할 뿐이다.

물론 나 자신은 조영식 총장님이 정력적으로 구상 추진한 문화세계를 연구한 인류사회재건연구소와 국제평화연구소 및 밝은사회연구소에서 연구사업에 공적으로 종사한 적은 없었다. 그러므로 본 주제에 대한 식견이나 공헌이 전혀 없다는 말씀을 드리면서, 다만 지난 학원의 역사 중 오늘날에 아주 감동적으로 와 닿는 몇 가지 업적을 소박하게 생각해 보려는 것이다. 사실 본 발표자가 이 글을 쓰게 된 것은 솔직하게 말해서 지금 전 세계가 함께 겪고 있는 코로나 바이러스 19, 즉 우리 식 표현으로 '경자 병란(庚子病亂)'을 겪으면서 우리 학원이 구상 추구해 온 문화세계의 한 면을 절실하게 실감하기 때문에서이다.

사실 제2차 세계대전 이후 최대의 위기라고 평가하는 이 병란에 가장 필요한 대응은 건강과 치료 이다. 이 건강과 치료는 말할 필요도 없이 대학의 학문적으로는 체육과 의료에 관한 학문이다. 이에 본 발표자는 아주 소박하게 경희대학교가 사립대학의 후발 주자로서 이 체육과 의료분야에 얼마나 공헌했는가에 관심을 갖는다.

그래서 본 론에서는 '문화세계'란 구원한 이상을 상징하는 학원 안의 상징적인 건축물과 구조물에 대해 살펴보고, 체육과 의료에 관한 학문 분야에 대해 소략하게 고찰하려고 한다. 아마도 이것은 심오하고 학술적 이론이 아닌 평범한 현실과 같을 수 있다. 그리고 이는 마치 전쟁 속에 뛰어 들어 싸우지 않은 사람으로서 전쟁터를 배회하는데 만 흥미를 갖는 것과 같다고 할지도 모른다.

그러므로 학문적으로나 논리적으로 가치 있는 대단한 발견이나 학리의 추구보다는 우리가 다 이미 아는 지난 역사의 몇 조각들을 다시 생각하며 평가도 해보려는 것 뿐이다.

## II. 전란 속에서 피어난 문화세계의 구상

해방 후, 대한민국 정부 수립을 앞두고 혼란하던 1948년 3월에 저술된 『민주주의 자유론』은 문화세계 창조의 깃발을 높이 든 조영식 총장의 첫 저서로서 『문화세계 창조』의 모태이고 출발점"1)이다. 즉이 두 저서는 곧 '문화세계' 구상을 이해하는데 가장 중요한 두 권의 원전이며 고전이다. 그는 첫 저서인 『민주주의 자유론』의 끝 부분의 결론에서,

---

1) 해제, 「민주주의와 자유에 대한 성찰」, 조영식 저, 미원전집편찬위원회, 『민주주의 자유론 자유 정체의 탐구』, 127쪽.

그러므로 결론으로 간단히 한마디로 말한다면, 지금까지 진정한 민주주의의 기초가 체계화되어 성립된 길은 아직 한 번도 없었다. 그러나 영국의 자유혁명과 프랑스의 평등혁명, 미국의 독립전쟁을 통해서 순화되어 민주주의라는 것이 구체적으로 출발하게 된 것과 자유 평등주의인 정치적 민주주의와 동노공영민주주의(同勞共榮民主主義)인 경제적 민주주의가 제3의 혁신으로서 해결되어짐에 따라 자유평등공영주의인 보편적 민주주의가 실현될 것이며 그때까지는 진정한 민주주의는 그 실현이 거의 불가능할 것으로 보인다.2)

라며 이 보편적 민주주의에 대하여는 후일에 다시 집필할 기회가 있을 것이라고 하였다. 그 시대의 혼란을 극복하고 안녕과 평화의 미래를 위한 길에 대해 많은 사람들이 이야기했지만, 흔히 말한 자유와 평등을 넘어 공영의 미래 목표를 제시한 것은 조영식 총장의 지혜로운 탁견이었다.

서구 민주주의의 커다란 출발점으로 삼는 프랑스 대혁명의 자유와 평등 및 박애와 상통하는 개념이기도 하다. 이 저서에서 조영식 총장은 자유를 통한 서방 국가의 발전 추구는 상호간의 불평등을 초래하여 두 차례 세계대전이란 불행을 가져왔다. 이를 극복하려는 평등을 지상으로 한 소련을 중심으로 한 공산주의 역시 자유를 무시한 채로 몰락을 앞에 두고 있다.

이를 극복하기 위해서 조영식 총장은 자유와 평등을 바탕으로 하되 함께 평화로운 세계를 만드는 구상으로 공영을 주장했다. 이 공영은 사실 프랑스 정신 중 마지막 단계인 미완의 박애(博愛)로서 조영식 총장은 이를 공영(共榮)으로 생각했다. 자유 지상의 추구가 이미 세계의 불행을 가져 온 것은 이미 확실하지만, 1917년에 출발한

---

2) 조영식, 『민주주의 자유론』, 한일공인사, 1953, 157-158쪽.

소련 공산체제가 대전후 더욱 강화된 동아시아의 상황에서 그의 문제점을 논한 것은 참으로 놀라운 일이었다.

이러한 상황에서 조영식 총장은 그의 대저로서 문화세계의 대 구상으로 『문화세계의 창조』[3]를 전쟁 중인 1953년 피난 속에서 저술한다. 이 문화세계 건설의 구상을 1) 유엔(UN) 국가, 2) 문화세계연방국가(Universal-Voelkerbund), 3) 문화세계 공화국의(Welt-Republik)의 3단계이었다.[4]

이 3단계의 문화 세계 공화국을 "하나의 우주국가"라 하고. 앞에 굳이 문화라는 말을 추가한 것은 어떤 목적과 이념에서 조직된 국가가 아니라 문화적 복리주의에 의해 이루어진 문화세계국가를 지칭한다고[5] 저자는 강조한다.

그런데 위의 사상은 인용한 언어가 독일어로서 이마누엘 칸트의 「영구평화론」의 사상을 크게 참고한 것으로 보인다. 아울러 저자는 H.G. 웰스의 『문화사대계』도 거론한다. 끝으로 저자는,

> 이 하나의 세계 이상은 역시 문화연방 국가에서가 아니라 문화세계 연방국가의 완성형태인 문화세계 공화국에서 달성될 수 있으며, 또 완성 될 것이므로 문화세계 공화국(문화왕국)은 하나의 세계의 이상이 아닐 수 없음과 동시에 인류사회의 영원한 목적이며 소원이 아닐 수 없다. 하나의 세계의 이상은 문화의 왕국 실현에 있는 것이다.[6]

로 끝을 맺는다. 저자의 한 평생은 이 목표를 위해 예리하게 탐구

---

3) 조영식 , 『문화세계의 창조』, 대구 문성당, 1953.

4) 위의 책, 345쪽.

5) 위의 책, 351-353쪽.

6) 위의 책, 357쪽

하고 끊임없이 추구한 대역정(大歷程)이었다고 생각한다. 조영식 작사의 『경희학원가』(김희조 작곡)에서

> 학술로 닦고 닦아 한반도 빛내보세
> 정의수호 위하여 고동치는 가슴이여
> 진리 추구위하여 굳게 잡은 신념이여
> 우리는 새 세대의 문화(文化)의 사도(使徒)
> 겨레 위해 일하고 진리 위해 싸우세
> 복지(福祉) 사회 이룸은 우리의 사명
> 우리들은 경희 건아 새 빛의 창조자

『교가』(박태준 작곡)에서

> 온오(蘊奧)한 학술연구 온갖 노력 바치고,
> 변전하는 세계의 진리를 연구하여
> 문화(文化)의 상아탑(象牙塔)을 쌓으려는 젊은 이
> 이 나라 영재들의 학술의 전당
> 인류(人類)위해 일하고 평화(平和)위해 싸우세
> 우리 대학 경희대학 새 빛의 창조자(創造者)

아직 한국전쟁 중인 1953년 5월 18일 제정된 위의 교가에서 우리 는 이미 "문화의 상아탑이나 인류 위해 일하고 평화 위해 싸운다." 는 그 당시 사회나 다른 대학에서 보기 힘든 구원한 범인류적인 학 원의 문화세계 적 목표를 읽을 수 있다. 학원가나 교가에서 우리는 문화의 사명이나 복지사회의 목표를 모두 발견하며 당시 전쟁 중에 서 생각하기 어려운 구상이었음에 놀라지 않을 수 없다. 뒷날 경희대 학교에 학적을 두기도 했던 김대중 대통령이 당선 후, 조영식 총장에게,

나는 당시 이 책을 읽고 저자의 놀라운 견해에 크게 감동하면서
도, 이 전쟁 중에 문화세계나 국제평화를 어떻게 이룰 수 있는가
에 대해 참으로 의아하지 않을 수 없었다.

고 회고하였다. 그러나 이러한 안타까움 보다는 전후의 반공이 강
조되던 시대에 조영식 총장은 바로 이 저서인『문화세계의 창조』필화
사건을 겪게 되었다. 즉 당시 빨갱이 이념의 저서라고 국가보안법 위
반으로 조 총장은 1955년 7월 구속되었다. 그러나 정계와 학계의 중요
인사들의 긍정적인 비호와 도움으로 6일 만에 석방되었고, 특히 대한
민국 학술원에서도 오히려 반공의 저서로 결론지어졌다. 그래서 이 사
건은 1956년 6월 13일 1년 만에 무혐의 불기소 처분으로 끝났다.[7]

지금 보면 전혀 문제가 안 되지만, "평등", "동노공영". "문화복리
주의" 등의 선각자의 이 용어와 개념들은 그 시대 일반인이 이해하
기 힘든 매우 위험한 사상으로 여겨졌던 것임을 알 수 있다.

나는 신입생의 사학과 1학년 대표로서 총학생회장이 주관한 총회
에서 당시 조영식 총장의 이 사건에 대한 설명을 들었지만, 당시에
는 그 문제를 잘 이해하지 못하였다.

1960년 3월 1일 신흥대학교에서 경희대학교로 교명을 바꿨다. 우
리나라 대부분의 대학이 역사의 '고려'와 '건국', '단국'같은 애국 및
'서울'같은 지명이나 '동국', '홍익'과 같은 종교 의 이름이 아니라,
경희(慶熙)는 밝고 빛나는 의미를 갖는 추상적인 이름이다.

경희는 우선 부르기도 뜻도 깊었다. 조선 초의 정궁인 경복궁은
임진왜란으로 불타 없어지고, 창덕궁은 시대가 가면서 협소하여 서
궁(西宮)인 경희궁(慶熙宮)에서 전란을 극복하고 조선의 후기 문화

---

7) 『경희 20년사』, 89-94쪽.

를 안정 부흥시킨 영조와 정조가 많이 머문 궁전이다. 조영식 총장은 이 역사적 사실을 생각하면서 학술과 문물을 창조하는데 매우 적당한 이름으로 생각하였다.

즉 경(慶)은 형상인 양(陽), 희(熙)는 질료인 음(陰)이어서 형식과 내용에서 생성(werden)의 법칙, 동적 일원론과 우주설을 결합한 것으로 조영식 총장은 생각하였다. 특히 1919년의 3.1 운동 41주년이 되는 1960년 3월 1일에 이름을 고쳐 부르게 된 것이다.[8]

특히 본관 석조전을 정면으로 바라보면서 원형의 도로 중앙에 분수지를 만들고 그 중앙에 25척의 분수상을 세웠다. 지구상의 평화와 복지를 상징하는 문화세계의 창조를 떠받치는 3인의 분수상은 지·덕·체(知·德·體)의 교육이념으로서 학문과 예술 학문을 뜻한다. 이 분수공원은 1958년 5월 20일에 착공하여 4개월 만에 완성하였다.

본관 석조전을 향해 이 분수공원으로 내려가는 양측 계단 사이의 돌에는 봉항이 조각 되었다. 그런데 이 조각은 경희궁의 본전인 숭정전(崇政殿)으로 오르는 계단 사이의 돌에 새긴 조각을 탁본해서 새긴 것이니 매우 역사적이고 문화적이다.[9]

그래서 우리는 경희의 이름이 더욱 경희궁과 관계되었음을 실감하고 문화세계나 르네상스를 표방하는 의미를 더욱 절실하게 생각한다. 본관의 풍수를 자랑스럽게 설명하면서 앞으로 많은 인물이 배출될 것이라고 한 조 총장님의 자랑과 예감을 회상하게 된다. 알려지지 않은 이야기이지만 아주 의미 깊은 역사적인 혜안의 이야기가 아니겠는가?

---

8) 『경희 20년사』, 97-98쪽.
9) 경희 50년사를 쓰던 1999년 총장실에서 조영식 총장으로부터 이 내용을 필자가 직접 들었다.

## III. 문화세계의 요람(搖籃), 경희학원

조영식 총장은 그가 구상하는 거대한 이상의 우주(宇宙), 일명 문화왕국으로 거대한 경희 학원을 건설하기 시작했다. 그런데 이 우주인 문화세계는 심오하고 복잡한 먼 곳의 이론에서가 아니라, 필자는 가장 가깝고 눈에 보이는 경희학원의 현장에서 찾아본다.

경희학원에는 조영식 총장의 우주적 사상과 건학이념을 상징하는 많은 건물과 구조물들이 있다. 그러나 가장 일찍 만들어지고 중요하며 상징적인 정문인 등룡문(登龍門)과 「문화세계의 창조」가 우뚝한 숲속 백색의 교시탑을 거쳐 본관 석조전(石造殿) 등 세 건물을 중요시 한다. 문화재청은,

> "경희대학교 본관은 학교 내의 중심이 되는 건축물로서 상징성.
> 기념성 등을 표현하기 위해 고대 그리스 식 기둥 및 삼각형의 박공벽 등 신고전주의 양식으로 디자인했고, 태극 및 무궁화 문양등 한국적 디자인 요소를 부분적으로 반영한 독특한 건축물로서 의미가 있다."10)

고 평가했다. 이 본관 석조전은 1953년 12월 20일에 착공하여 1956년 8월 20일에 낙성했다. 문화재청은 2018년 11월 6일부터 한 달간 서울 캠퍼스 본관의 문화재 등록을 예고했다. 이 기간에 이의가 없으면 문화재 위원회의 심의를 거쳐 공식적인 문화재로 등록된다. 등록 예고된 문화재는 1975년 증축된 양쪽 날개 부를 제외한 중앙부만 해당된다.

---

10) 「서울 캠퍼스 본관, 문화재로 등록되다.」『대학주보』, 2018.12. 12.

본관 앞 14개의 둥근 기둥은 우리나라 14개의 행정구역인 도(道)를 나태내서 골고루 인재를 양성한다는 상징이었다. 원주의 높이는 54척, 직경은 4척 반인데, 원주의 머리에는 한국을 상징하는 태극과 무궁화를 조각하였다. 14개의 원주위에는 문화세계를 묘사하는 조각이 있다. 중앙에는 평화의 여신, 좌우에는 정신문화와 과학문명을 상징적으로 조각하였다.[11]

이처럼 본관 마스터플랜을 세워 건축했기 때문에 다른 어느 대학보다 의미와 짜임세가 깊고 뚜렷하다. 4개 층, 높이 18.2m, 연건평 3,800여 평의 이 대공사는 당시 전후의 한국의 상황에서는 참으로 기적이었다.

이 본관을 향한 정문인 등용문은 1955년 5월 10일에 낙성되었는데, 당시 웅장한 등용문을 보며 우리의 독립문이나 파리의 개선문보다 크다고 빈정대는 사람도 있었다고 한다. 조영식 총장은 이 교문에 대해,

> 사람이 하는 모든 일에는 사려와 분별이나 계획이 있어야하는데,
> 우리 교문은 우리 대학 초창기의 (웅대한) 계획을 표시하는데 가
> 장 적합했다"[12]

고 평가했다. 처음부터 큰 뜻을 가지고 대 학원을 계획한 출발이라고 말한 것이다. 특히 정문에서 150여m 본관을 향해 가면 높이 솟은 백색의 원주와 각주가 조화된 교시탑을 만난다. 대학의 상징적 목표인 「문화세계의 창조」가 내리 쓰인 교시탑은 1955년 7월 24일

---

11) 경희대학교, 『경희 20년사』, 63쪽.
12) 위의 책, 66쪽.

에 낙성되었으니 문화세계의 궁전인 본관으로 가는 로터리의 중앙이다.

> 기둥이 둥글고 모난 것은 주의(主意)적 생성(生成)과 원리에서 외유내강(外柔內剛)을 의미 한다. 문화세계라는 뜻은 고차원적인 정신문화와 최고도의 과학문명이 발달한 이상 사회를 가리키는 것으로 문화세계를 창조하려는 것은 대학인의 사명이기 때문에 우리 대학의 교육이념으로 정한 것이다.13)

이러한 웅장한 건축에 대해, 이웃의 어느 대학신문은,

> "근처의 모 대학은 헐벗은 산 아래 덕수궁 같은 석조전을 짓더니 황량한 벌판에 독립문 같은 교문을 지었다."14)

고 비아냥하는 기사를 썼다고 한다. 이에 대해 조 총장은,

> "이젠 이 등용문과 길도 많은 학생들과 자동차로 좁지 않은가?"

라며 웃었다. 이러한 경희학원의 문화세계를 상징하는 건물이 서울시 문화재가 된 것은 60여년의 세월이 지나면서 국가적인 승인을 받게 되어 의미가 매우 크다. 그리고 이것은 외형적인 건축 뿐 아니라 경희의 문화세계도 그에 못지않은 눈에 보이지 않는 성취에 이른 것이라고 생각 한다.

---

13) 위의 책, 67쪽.
14) 1999년 『경희 50년사』를 쓸 때, 조영식 총자님께서 필자에게 한 말씀을 아직도 기억한다.

# IV. 특정 교육 분야의 육성: 체육대학과 의료 계통의 학과

신흥 대학교에서 경희대학교로 이름을 바꾼 지 60년이 되는 2020
년 경자년은 전 세계가 사상 초유의 병란으로 가장 중요한 건강을
너무도 경시하던 인류에게 커다란 경종을 주고 있다. 그래서 필자는
별로 관심을 갖지 않았던 우리 대학의 학과 중 건강을 증진하는 체
육대학과 질병을 치료하는 의료학과의 대학을 생각하며 조영식 총
장의 혜안에 감탄한다.

## 1. 체육학과와 체육대학

신흥초급대학이 1952년 12월 전쟁 중에 4년제 대학으로 승격될
때, 5월 체육학과는 이미 160명 정원, 1954년 4월에는 체육학부 240
명 정원을 확보한 것은 사실 대학사의 혁명적이었다.

1955년 2월 29일 신흥종합대학교 인가, 체육대학으로 승격하여
체육학과 160, 체육음악과 120명으로 증원되고, 1956년 4월 20일
체육대학 착공 –1957년 10월 15일 낙성되었으니 이는 한국 대학 사
상 최초의 체육대학이었다.

> "체육문화의 향상이 곧 국가의 부강을 위해서 뿐 아니라, 인류문
> 화의 향상과 친선을 위하여 이바지하는 비중이 크다는 것은 말할
> 필요도 없다. 올림픽대회의 요람지인 아테네가 고대 그리스 여러
> 도시국가들 중에서 눈동자처럼 빛났고, 예술의 어머니로 찬양 받
> 은 것도 역시 시민들이 각자 예술과 함께 체육문화 향상에 노력한
> 결과라고 하겠다. 이제 한국에서 최초로 설립된 신흥대학의 체육
> 대학은 우리나라 체육문화를 발전시키는데 있어서 요람지가 되고

또 선도자를 키우려고 세운 것이다.15)

라며 『경희 20년사』에서 미래 한국 체육의 청사진을 제시한 것이다. 무용학과도 신설되어 북한 최승희의 후계로 김백봉 안제승 교수의 한국 전통 무용이 맥을 이었다.

사실 필자가 입학하던 1960년대에도 공부 안하는 건달들이 가는 학과로 체육학과를 경시 했고, 정문 들어서면서 우측에 있는 건축물 체대를 이상하게 생각하는 사람들이 많았다. 이러한 경향은 조선 왕조의 유교사회에서 문(文)만을 숭상하는 전통적 사조에서 오는 폐단이었다. 예절을 통한 점잔만 강조하여 등산, 항해, 수영, 탐험 여행 해외유학 등을 금하며 책상 다리 하고 앉아 공자(孔子) 맹자(孟子)의 고서나 읽는 소극적 문약(文弱)을 강조하였다.

조선말 개화기에 서양식 학제가 도입될 때, 조선의 학부대신이 체육을 이해 못해 체육과목의 설치를 적극 반대할 만큼 체육에 무지했었다. 하지만 이 시기 우리와 중국의 선각자들도 건강과 체육을 매우 중요시하기 시작하였다.16)

---

15) 『경희 20년사』 67-68쪽 ,

16) 춘원 이광수는 1918년 대한매일신보에 연재한 그의 『신생활론』에서 점잔을 강조하는 유교의 전통에서 벗어나 젊은이는 맹렬히 뛰쳐나가라고 역설했고, 중국의 모택동도 「중국체육의 연구」란 글에서 전한의 천재 가의(賈誼)는 29세에 죽었고, 청대의 강희(康熙) 건륭(乾隆)황제는 하루에 말 타고 천리를 달렸다고 하면서 국민의 보건 체조를 만들기도 하였다.

## 2. 의료계열 학과와 병원의 신설

 해방과 더불어 비교적 늦게 출발한 경희대학교이었지만, 오늘날 의과대학, 한의과대학 및 치의과 대학을 비롯하여 약학대학과 간호대학의 5개 의료계 대학과 양방과 한방 및 치과병원을 모두 갖춘 국내 유일의 2개 종합병원을 갖는 놀라운 의료시설을 갖춘 대학이 되었다.
 1947년 12월 31일에 설립된 향림학원이 1964년 1월 21일 동양의과대학으로 정원이 약학과 160명 한의학과 240명이었는데, 경희학원이 1965년 4월 27일 이를 합병하여 경축식을 거행하고, 의과대학 부속병원을 착공하였다. 특히 동양 의과대학 합병에는 7. 8개 대학이 5개월 간 경쟁했는데 경희대학교가 많은 우여곡절 끝에 성공하였다고 한다. 당시 고려대학교나 한양대학 등이 아직 의과대학을 설치하지 못했으니 이러한 과정은 실로 놀라운 일이었다.
 1965년 12월 17일 의과대학 및 약학대학이 신설되어 한의학과 160, 의학과 160명, 1966년 11월 25일 경희간호학교 신설, 1966년 12월 8일 문리대 의예과 140명, 치예학과 100명, 의과대학 의학과 280명, 치의학과 200명으로 증원되었다.
 인류공동의 적인 질병을 퇴치하여 인류사회를 재건하기 위한 숭고한 목표로 세워진 경희 의료원은, 1971년 10월 5일, 의료원 착공 6년 6개월 만에 개원되었다. 학원 설립 22년 만에 왕공된 17층의 의료원 개원식에는 김종필 국무총리와 한격부 의사협회장등이 참여하여 축하했고, "인류의 보건 향상을 위해 국민에게 헌납한다"고 하였다. 조병화 시인은 이날 「이념과 승리」라는 축시를 썼다. 부속의과병원, 부속 치과병원, 부속 한방병원은 건평 18,000평, 높이 69m, 길

이 140m, 1천의 환자용 침대를 갖는 의료시설이었다.[17)]

특히 경희 의료원은 한국 동의학 즉 한의학의 현대화와 과학화는 물론 동서의학의 조화를 통한 제 3의학을 개척한 선구이었다. 학문과 제도적으로 한의학을 정상 수준과 궤도에 올려놓은 것으로 1966년에 한의학 석사과정을 신설하고, 1974년 3월 세계최초로 한의학과 박사과정을 설치하여 1977년 3월에 최초의 한의학 박사를 배출하였다.

이에 경희 의료원은 동서의학의 융화에 크게 기여하여 침술로 마취에 성공하고, 1973년 9월 세계침구학술대회를 주관 개최하였다. 특히 1972년부터 당시 무의촌 진료봉사에 적극 참여하였고, 3개 의과대학의 졸업생들이 국가시험에 합격하여 입학시험 성적이 급상승했는데, 특히 한의과대학은 전국 최고의 성적을 독주하였다.[18)] 경희는 1967년 4월 27일 의약 대학관을 착공하여 1968년 12월 20일 준공하였는데, 1967년 11월 24일 간호학과 정원 320명이었다.

이는 체육학과 내지 체육대학이 배출한 졸업생이 전국 중 고등학교 체육교사를 휩쓸고 1988년 올림픽 대회를 이끈 체육인을 양성한 것과 마찬가지로 한의학과의 그 후 발전이 대한민국 의학사에 기적을 창출한 위대한 업적이었다. 오늘날처럼 의료시설과 인력이 중요한 시기에 이처럼 완벽하게 5개 단과대학과 3개 병원을 갖춘 경의학원은 실로 문화세계의 창조와 인류사회의 재건을 실현하고 있지 않는가?

---

17) 『경희 30년사』, 209-215쪽.
18) 위의 책, 218-229쪽.

# V. 결론

2020년 전 세계의 인류의 공적인 코로나 바이러스 19의 온 세계가 대 병란(病亂)으로 세계대전이래 최고의 고통을 겪고 있다. 이에 필자는 문화세계를 표방하며 출발한 경희대학교의 초기 역사에서 학문분야의 설정과 교육이 특히 우리 시대에 실용적인 공헌을 고찰하였다.

우선 인류사회의 재건이나 국제 평화 등을 포함하는 문화세계 창조를 상징하는 학교의 건물인 본관 석조전이나 교시탑 및 등용문 등을 통한 이념과 교육을 상징하는 모습을 개관하였다. 특히 2019년 본관 석조전이 서울시 건축분야의 문화재로 지정된 것들은 문화세계의 이상이 실현 공인된 상징으로 보았다.

다음은 학문적으로 건학이념에 충실하면서도 멀게 느껴지지 않는 쉬우면서 가깝고 오늘날 우리에게 가장 중요하고 필요한 건강에 관한 두 분야의 학문과 그의 실용성을 살펴보았다. 이것은 바로 우리 인간의 시작이며 끝인 건강이란 아주 소박하지만 기본적인 체육과 질병의 퇴치를 위한 의료분야의 학문과 병원이다.

체육이 무시되던 전후 우리의 시대적 상황에서 체육학과를 넘어 체육대학을 설치하여 국민건강을 증진시켜주고 체육인을 길러내어 체육대학이 배출한 졸업생이 전국 중 고등학교 체육교사를 충당하는 대 공헌을 하게 되었다. 이는 더 나아가서 1988년 올림픽 대회를 이끈 체육인을 양성한 원동력이기도 했다.

다음은 인류 공동의 적인 질병퇴치를 위한 학문적인 의료분야의 학과와 병원시설의 대 공헌이다. 의료원을 개설하면서 경희는 국민에게 헌납한다는 정신으로 건학이념에 충실했다. 특히 한의학을 학문이나 제도권으로 편입하여 끌어 올려 한국최고의 수준으로 향상시키고, 그를 중심으로 대한민국 유일의 의과대학, 한의과대학, 치의학과 대학, 약학과 대학, 간호대학 등 5개 대학의 종합병원을 만든 것은 참으로 커다란 인류적 공헌이었다. 그 뿐 아니라 동서의학의 협진이란 매우 어려운 과제의 접근을 시도한 것 역시 문화세계 창조의 커다란 창조가 아니겠는가?

조영식 총장은 동대문구에서 제일 높은 141m의 천장산(天藏山,고황산) 아래 본관 석조전을 지으면서 그 주변의 풍수에 대해 많은 인재가 배출될 길지(吉地)라고 했다. 풍수에서 묘지나 중요한 택지 등에 자주 등장하는 좌청룡(左靑龍) 우백호(右白虎)를 나는 아주 쉽게 체육대학과 의과대학 및 병원으로 생각해본다.

본관에서 보면 좌측의 체육 대는 젊은이들의 활력이 청룡 같고, 우측의 의료시설의 주인공들은 모두 백색 가운을 입은 우리 시대의 백호(白虎)가 아닌가? 그러므로 코로나 시대를 극복하는 아주 소박하지만 근본적인 경희의 기여(寄與)는 국력이 체력이며, 바이러스 시대의 출로는 의력(醫力) 이라고 생각하여 진정한 인류사회의 재건이며 문화세계의 창조라고 평가하고 싶다. 거기에다 광릉 평화복지대학원 산 위에 우뚝한 평화의 탑에 새겨진, "평화는 개선보다 귀하다" 는 우리 시대의 중요한 정책의 화두가 아닌가? 특히 1976년에 착공하여 23년 후인 1999년 10월에 개관된 평화의 전당은 실로 문화세계 창조의 상징이다.

"중앙에는 좌우로 두 개의 문을 포함해서 모두 4개의 문이 있다. 중앙 문의 오른 쪽에는 '문화세계의 창조' 와 '인류사회의 재건' 이 쓰여있고, 좌측에는 '인간에게 사랑을', '인류에겐 평화를' 의 익숙한 글이 보인다. 그의 위편 좌측에는 '온 누리의 빛을' 중앙에는 '오토피아'가 영자(Oughtopia)로 쓰이고, 'The 2nd Renaissance' 와 문화세계의 창조가 보인다. 건물의 좌측 끝에는 '밝은 사회운동' 이 위에는 '웃는 사자 상', 좌측에는 '잘 살기 운동'과 '평화의 탑'이 보인다.19)

여기서 우리는 천장산과 높이를 경쟁하면서 아름답고 웅장하게 치솟아 위용을 자랑하는 이 평화의 전당에서 조영식 학원장님이 꿈꾸던 문화세계의 이상을 본다.

이러한 문화세계란 구원한 이상은 지난 6월 9일, 경희대학교 기록관(관장 김희찬 교수)은 행정안전부로부터 국가기록관리 발전에 기여한 공로로 총장실에서 행정안전부 장관 표창을 받아 본관 석조전 문화재 지정과 함께 더욱 빛을 더하고 있다.20)

체육교육과 의료 시설을 중심으로 '세계문화의 창조란' 경희 학원의 웅대한 구상을 간략하게 역사적이고 경험적으로 고찰하였다. 현재 경희대학교 인문학연구소의 "의료인문학"이란 연구주제의 밑바탕이 되는 것이라고도 생각해 본다.

우리가 아는 대로 조영식 총장의 폭넓은 인류사회의 재건 구상 속에는 오늘날 우리가 당면한 코로나 위기에 대응할 여러 방면의 지혜가 있다. 특히 3개 캠퍼스에서 보는 자연애호의 환경에서부터 정서함양의 음악교육은 물론 최근 우리나라의 국책인 평화의 문제는 매

---

19) 신용철, 「경희 50주년과 평화의 전당」, 「경희의 역사와 문화 산책」, 2020. 2. pp. 77-106.경희대학교 개교 70주년 기념사업회, 『모든 날, 모든 순간 with 경희』.

20) 「국가기록관리 표창, 대학역사전시관 설립기대」,『대학주보』, 2020. 6. 15.

우 중요하다. 그러나 이 문제들에 대해서는 본 논문에서 다루지 못하였다.

내가 경희대학교에 교수로 재임하던 시절에 끊임없는 학생운동의 진통을 겪었다. 그런데 그 당시 학생조직의 간부들로서 오늘날 정부의 중요한 위치에서 활동하는 정치인들도 조영식 총장의 '평화'나 '문화세계'에 대해 크게 관심을 갖지는 않았었다.

하지만 현 정부의 가장 중요한 대 북한 정책의 기조가 바로 '평화'가 아닌가? 광릉 평화복지대학원의 평화탑에 쓰인 "평화는 개선보다 귀하다"는 얼마나 미래를 지향하는 예언적 지혜인가?

# 참고문헌

## · 단행본 문헌

경희대학교. 『경희 20년사』.

_____. 『경희 30년사』.

_____. 『경희 40년사』.

_____. 『경희 50년사』.

_____. 『사진으로 보는 경희 50년사』. 1999년.

_____. 『대학주보』

경희대학교 대학주보 추모특집. 『조영식(1921-2012)』. 2012. 2. 12.

경희대학교 중앙박물관. 『고황산 주변 문화유적 답사』. 1998년.

_____. 『경희 50년 역사자료도록』. 1949-1999. Vol.1.

조영식. 『민주주의 자유론』(세로 쓴 원본) 한일공인사, 1948.

_____. 『민주주의 자유론』(가로 쓴 본) 미원전집편찬위원회, 경희대학교 출판문화원. 2014. 8.

_____. 『문화세계의 창조』(세로 쓴 원본). 문성당, 1953.

_____. 『문화세계의 창조』(가로 쓴 본). 미원전집편찬위원회, 경희대학교 출판문화원. 2014. 8.

인간 조영식 박사 백인집 출간위원회. 『조영식 박사, 그는 누구인가, 인간 조영식 박사 백인집』. 1992.

신용철. 「경희대학교와 문화세계」. 『문화세계(文化世界)』 창간호. 경희대학교 중앙박물관. 1999. 7-23쪽

이광수. 『이광수전집』 17. 541-543쪽.

## · 논문과 에세이

신용철. 「춘원 이광수의 유교관 시론」. 『춘원연구학보』 제 4호(2011). 30-92쪽.

_____. 「경희의 역사와 문화 산책」. 2020.2. 77-106쪽. 경희대학교 개교 70
주년 기념사업회. 『모든 날, 모든 순간 with 경희』.

_____. 「경희와 함께 한 영광의 반세기를 돌아보며」.

_____. 「경희와 한국 4.19로 시작한 12회 동문들」.『총동문회보』 2007.10.1.

_____. 「교육입국의 시대적 사명 문화세계구현으로 풀어낸 세기의 위인」.
『대학주보』. 조영식 학원장 추모특집. 2012.2.19. 12-15쪽.

_____. 「반 세기동안 경희의 웅대한 도약의 역사를 담으면서」.『경희 50년
역사자료도록』Vol.1. 1999. 59쪽.

_____. 「고황산 자락의 경희 캠퍼스」. 『대학주보』 1997.1.1.

# 제6장

# "조영식 박사의 '미도(未到)의 민주주의'"1)

김상준(경희대학교 공공대학원 교수)

평소 고 조영식 박사의 사상이 '탈냉전적(post cold war)'이라는 느낌을 갖고 있었던 차에 몇 년 전 복간된 그의 저서 『문화세계의 창조』는 그런 막연했던 느낌을 구체적으로 확인해주는 기회를 주었다. 몇 가지 점에서 신선하고 놀라운 발견이 있었다. 하나는 그의 탈냉전적 사고가 6·25 전쟁의 포연 한가운데서 발아했었다는 사실, 두 번째는 그의 '문화세계'의 비전이 민주주의에 대한 그의 특유한 전망과 깊게 연관되어 있다는 점이다. 조박사의 '문화세계 창조'는, 아직 오지 않은, 또는 이제 도래할 민주주의라는 뜻의, '未到의 민주주의'라고 하는 주목할 만한 개념과 한 쌍이었다. 조박사의 민주주의에 대한 비전이 그의 '문화세계 창조'의 핵심 내용이 되고 있다.

'문화세계의 창조'가 경희대의 교시(校是)이고, 교훈(校訓)이 '학

---

1) 이 글은 2014년 『문화세계의 창조』 복간에 즈음하여 발표했던 글을 보완한 것이다.

원, 사상, 생활의 민주화'인데, 그렇듯 특이한 교시와 교훈의 유래와 의미도 여기서 밝혀진다. 조박사가 말하는 문화세계의 창조란 바로 지금 이 곳에서 그 '미도의 민주주의'가 실현되는 것과 다르지 않다. 그렇다면 그 미도(未到)란 미래 저 멀리 있는, 따라서 여기 현실에는 아직 없는 무엇이 아니다. 이곳 여기 이 학교, 그리고 이 학교에 몸 담은 모든 성원들의 생각 속, 그리고 그들의 생활 속에서 이미 실현 되어 가고 있고, 또 실현해 가야 하는 무엇이 된다.

또한 민주주의란 이미 완성되어있는 무엇이 아니라, 아직 도달하 지 않은(미도) 무엇이라 함은 민주주의의 근원적 의미에 대해서 숙 고해 볼 기회를 준다. 이를 단서로 민주주의를 보다 넓고 또 깊게 이 해할 수 있다.

# 1

이 책의 '서설'은 "본서를 완성하기까지에 이른 경과"를 말하고 있다. 그 "구체적인 착상은 한국동란이 발발되기 약 2개월 전부터 개시"되었고 "본격적인 구상과 집필"은 전쟁 발발 후 충남 천안으로 "도피, 수난"하면서 "때로는 골방에서 때로는 심산계곡에서 임목과 바위틈에 참복하여" 포성과 폭격소리를 들으며 썼다고 하였다. 서울 이 수복된 후(9·28수복) 2개월 간 "정리된 환경에서 마음을 활짝 펴고 집필을 계속"하였으나 다시 후퇴(1·4후퇴)하여 부산에서 원고 를 몽땅 일실(逸失)하는 "무어라 형용할 도리가 없는 天湧 地裂(하 늘이 끓고 땅이 갈라지는)"의 고통을 겪은 후, 다시 "모든 것을 버리 고라도 내 목숨이 존속하는 동안은 이것을 꼭 완성하고서 죽겠다는 비장한 각오와 결의"로 "부산 一隅의 조그마한 골방"에서 다시 집필을 시작하여 3삭 만에 겨우 탈고하였다고 하였다(『문화세계의 창조』, 복간본 11-12쪽). 이 서설이 1951년 5월 18일 마친 것으로 되어 있으니, 재집필의 시작은 1951년 2월 중순쯤이 된다. 무엇이 30대 초반의 한 남자로 하여금 생명이 오락가락하는 그 무서운 전란의 한 가운데에서 이 저서의 집필에 그토록 몰두하게 만들었던가? 무엇인가 비상한 사명감, 비전, 강박 또는 충동이 없었다면 생각하기 어려운 일이다. 칸트가 실천이성의 '진정한 충동(echte Triebfeder)'이라고 하였던 그 충동, 동력(動力) 말이다. 아래는 그것을 엿보여 주는 대목이다.

> 필자는 해방 후 2년간 북한 평양에서 소위 진보적 민주주의라고 하는 공산주의의 정치(소련 군정과 조선민주주의인민공화국 정치)를 맛보았고 월남하여 4년 유여를 남선 서울에서 미국식 민주주의 정치(미국 군정과 대한민국 정치)를 체험하였다. 이어 한국동란이 발발되자 서울서 탈출하여 충남 천안군 내 어느 시골에서 전시체제하의 괴뢰정치를 겪어보았고 9·28 이후 즉 제2차 서울을 탈취당했을 때에는 부산까지 피난하여 대한민국의 전시체제하의 정치를 맛보았다. 우연한 환경에서 소련과 미국을 역방하지 않아도 소련식 정치와 미국식 정치를 교량(較量)하여 그의 장단을 엿볼 기회가 있었고 또 동란으로 인해 민주주의 정치하의 전생 수행 방법을 감득함과 동시에 공산주의 정치하의 전쟁 수행 방법을 자견할 수 있었으므로 우리들의 나아갈 방향과 취하여야 할 정치의 입장이 어느 것인가 하는 것을 완전히 파촉(把促)할 수 있게 되었다. 이러한 **존귀한 체험,** 즉 2차대전 이후부터 분명히 민주·공산이 2대 진영으로 분열되어 고조로 갈등해오던 정치 조류의 변천의 전모를 세계 정치의 실험장이며 각축장인 한국에서 목격하고 스스로 체험하고 사색함으로써 얻은 이 **존귀한 지식**이야말로 어찌 백만 장서에 비할 비 있으랴! (9쪽, 강조는 인용자)

나는 과문한 까닭에, 한국전쟁의 처절했던 체험을, 바로 그 전쟁의 한 가운데서, "존귀한 체험", "존귀한 지식"이라 불렀던 이를 따로 알지 못한다. 그는 전쟁과 기아의 한 가운데서 판타지아를 본 것이다. 영화 '미션'의 주제가가 바로 '넬라 판타지아(Nella Fantasia)'가 아니었던가. 영화 속에서는 남미 원주민들이 포르투갈 스페인 군대에 도륙되는 그 순간, 넬라 판타지아가 잔잔하게 깔린다. 이 영화를 본 분들은 모두 느꼈겠지만, 뭐라 형언하기 어려운 감동과 쓰라림이 몰려오는 순간이다.

그가 보았던 판타지아, 그것은 소련식 민주주의와 미국식 민주주의를 넘어서는 미도(未到)의 민주주의였다. 그것이 "무장된 전쟁국가가 아니고 또는 강압과 폭력에 의한 독재국가가 아"닌 "문화세계를 건설하는 길"이었다(10쪽). 그는 저서 본문에서 미국식 민주주의를 부르주아 민주주의 또는 정치적 민주주의라 부르고, 소련식 민주주의를 프롤레타리아 민주주의 또는 경제적 민주주의라고 부른다. 이 양자를 지양하여 새롭게 도달할 민주주의를 '미도의 민주주의'라 했다.

내가 평소 조박사의 정치사상이 탈냉전적이라고 보았던 직관은 여기서 풀렸다. 나는 그것을 막연하게 후일 고르바쵸프의 탈냉전 사유와 매우 흡사해 보인다고 생각했었다. 그것을 시대를 앞서, 그것도 한반도와 같이 냉전적 강압이 지극히 컸던 곳에서 제시했었다는 데 평가할 점이 있다고 보았다. 그러나 그 사유의 단초가 그렇듯 일찍, 그것도 바로 한국전쟁의 포연 한 가운데서 생성되었다는 사실은 이번에 새롭게 알게 되었다. '전쟁국가'와 '독재국가'가 정면으로 격렬하게 충돌하는 바로 그 시점, 그 현장에서, 그 현실을 넘어서는 모종의 세계를 그려보았던 것이다. 아니 그의 시야에 판타지아로 떠올

랐던 것이다. 그러니 이것을 "내 목숨이 존속하는 동안은 이것을 꼭 완성하고서 죽겠다는 비장한 각오와 결의"로 쓰지 않을 수 없었을 것이다.

2

'미도의 민주주의'라는 말에는 흥미진진한 역사가 숨겨져 있다. 이 말 때문에 조박사가 '보안법'으로 구속되었던 일이다. 1955년 7월 31일 벌어진 사건이었다. 이 '필화사건'은 당시 『동아일보』 『경향신문』 등의 매체에 여러 차례 크게 보도되었던 바 있다. 조박사를 구속했던 '치안국'이 문제 삼았다는 문제의 구절은 어떤 것이었을까.

> 신시대의 진리는 무엇인가. '이브(I=일리치, V=블라디미르의 약자) 레닌'은 '카우츠키'의 민주주의관을 비판하는 가운데에서 '민주주의는 변증법적 발전 과정에 의하여 이렇게 발전한다. 즉 전제정치로부터 부르주아 민주주의에로 부르주아 민주주의에서부터 프롤레타리아의 민주주의에로 프롤레타리아의 민주주의에서 아무것도 없는 민주주의에로'라고 말하였는데 현재 프롤레타리아의 민주주의까지는 도달하였다고 볼 것이라면 '아무것도 없는 민주주의'라고 한 그 **미도(未到)의 민주주의** 사회는 과연 어떠한 것을 의미한 것일까. 즉 그 민주주의 사회라는 것을 민주주의의 완성된 형식의 사회를 의미한 것으로 추정되며 그야말로 진정한 민주주의요 극도로 문화문명이 발달된 사회를 지칭하였다고 믿는데 … 우리가 맞이할 다음의 세계라는 것은 레닌의 말과 같이 아무것도 없는 민주주의 사회 즉 완성된 고도 문화국가사회라는 것이 자명해지게 되는 것이다(복간판 171쪽, 강조 인용자).

이 대목 전부를 길게 인용하여 보도한 『경향신문』 8월 5일자 기사 제목은 <보안법에 걸린 대학교재>다. 조박사는 이 책을 강의교재로 사용하고 있었던 모양이다. 당시 조박사의 보안법 위반 구속은 상당한 사회적 반향을 일으켰던 것으로 보인다. 『동아일보』 8월 7일자 보도는 <조씨 신흥대학장 저서 사건과 학계 반향 "학문자유에 위협 … 이제 와서 문제됨은 이해 難>이라는 제목 아래 다음과 같이 쓰고 있다.

> 신흥대학 총장 조영식씨의 저서 <문화세계의 창조>가 수사 대상
> 으로 등장한 사건은 학계에 커다란 파문을 던지고 있다. 즉 학자
> 에게서 학문의 자유와 언론의 자유를 박탈할 수 있느냐하는 문제
> 와 또 이미 2년 전에 발행되어 당시에 하등의 말썽이 없던 문제를
> 2년 후인 오늘날 새삼스럽게 되풀이한다는 것이 과연 타당한 일
> 인가하는 등 비판이 대두되고 있는데 더욱이 그 내용이 … 결코
> 공산주의를 찬양한 것이 아님에도 문제화되었다는 학계 일부의
> 견해로 자못 시비가 벌어지고 있는 것이다.

결국 조박사는 무혐의로 석방되었고, 이 책은 당시 교재로 계속 쓰였으며, 이제 복간본으로 거듭 출판되기에 이르렀다. 이제 이미 오래전 '무혐의'로 '석방'되어 자유의 몸이 된 '미도의 민주주의'인 만큼, 이 자리에서 그에 관해 좀 더 자세히 알아본다고 하여, 우리의 자유가 다시금 위협받거나 또 다시 구속될 이유는 없을 것이라 믿어본다.

조박사는 문화세계의 이념을 '문화적 복리주의'로 집약하는데(『문화세계의 창조』제2부), 그 문화적 복리주의란 바로 '진정한 민주주의'에 다름 아니라고 말한다(188쪽). 앞서 보았듯 조박사가 말하는 '진정한 민주주의'란 '미도의 민주주의'와 같은 말이다. 그것은 "정치적 민주주의와 경제적 민주주의에서 지양된 민주주의"(복간본 184쪽)이며, "과학을 위주하며 문화를 본위로 하는 민주주의"이고, "인권을 무시하지 않고 야만적 폭력 수단과 행위를 일절 배격하여 순화 융합된 지향에의 민주주의"(173쪽)이기도 하다. 이러한 민주주의가 이루어진 '문화사회'는,

두 개의 세계가 아니라 하나의 세계이므로 대립이 없고 분열이 없는 사회이므로 동시에 계급이 없는 사회이다. 따라서 계급이 없는 만큼 억압 굴종 착취가 없을 것이니 그야말로 만민 공생의 자유 평등 공영의 국가가 될 것이다. 여기에는 상호 침략이 없을 것이니 무기 제조도 중지될 것이요 따라서 경제력이 집중될 방향은 전쟁의 준비가 아니라 문화시설과 문화발달과 과학진흥에도 집결할 것이며 인간의 정력소모와 노력의 방향은 財權의 추구에서 전환되어 문화발전의 최고도를 기하여 최대한의 인류복지를 달성하는 데로 총집결될 것이다(상동).

너무나 비현실적이라 할 것인가. 더욱이 눈앞에 참혹한 전쟁을 목도하고 있는 마당에 그 현실을 전혀 도외시한, 따라서 전혀 무가치한, 망상·공상·환상에 불과한 것이라 할 것인가. 그렇다. 분명히 너무나 극적인 대조다. 그러나 그렇듯 아주 극적인 대조이기 때문에 여기에서 오히려 더욱 강렬한 무엇을 감촉하게 된다. 그것은 과연 무엇일까.

'문화세계'의 상(像)에 대한 조박사의 서술들은 그가 마치 눈앞에 생생히 바라보고 있는 어떤 강렬한 시각적 이미지들을 옮겨놓고 있다는 느낌을 준다. 눈앞의 전쟁통의 현실은 분명 현실이지만, 그 현실을 오히려 네거티브 필름처럼 보고 있는 듯하다. 무언가가 뒤집어진 현실로 보고 있는 것이다. 동시에 그의 판타지아는 그 뒤집어진 것을 바로 세워놓은 이미지가 된다. 새까만 네거티브 필름을 보면서 동시에 그 속에서 이를 현상한 파시티브 이미지를 본다. 무슨 괴상한 말장난을 하는 것이 아니다. 사진작가라면 모두가 알고 있는 사실이다. 그래서 조박사는 전쟁의 처참한 상황 속에서 '미도의 민주주의'를, 그의 판타지아를, 생생히 눈앞에 보고 있는 것처럼 말하고 있는 것 아닐까.

그렇다면 과연 그 판타지아가 전혀 현실이 아니라고 말할 수 있을까? 그렇듯 생생하게 보고 있는 눈앞의 이미지는 과연 전혀 현실이 아닌 것, 현실과는 전혀 무관한 것일까? 그런 식으로 말한다면, 조박사처럼 현실의 상(像)을 네거티브 필름으로 보는 사람들은, 그 네거티브 필름의 상(像)이야말로 진정한 현실이 아니라고 말하지 않을까?

조박사는 그의 심상에 떠오른 판타지아를 '미도(未到)의 민주주의'라고 했다. 미도란 아직 이르지 않았다는 말이다. 미도라는 말 자체는 미래, 즉 아직 오지 않은 것을 말한다. 그러나 미래처럼 반드시 오는 것이기도 하다. 어쨌거나 그렇다면 여기 지금 현실에는 아직 도착해있지 않은 무엇이다. 그래서 지금 여기 현실에는 아직 없다. 문자 해석만으로는 그렇다. 그러나 나는 그것을 조금 더 적극적으로 생각해보고 싶다. 조박사가 뜻하는 바에 이보다 더 깊은 무엇이 있는 것으로 보이기 때문이다.

아직 미(未)는 아니 불(不)과 같은 뜻처럼 보이지만 실은 큰 차이가 있다. 그것은 '아직은'이지만 '반드시'를 포함하고, 어떤 경우에는 '이미'보다 실재성이 더욱 강할 수도 있다. 이것을 잘 보여주는 말이 『중용(中庸)』에 등장하는 유명한 '미발(未發)'이다. "희로애락의 미발이 천하의 바탕(本)"이라고 하는 대목이다. 여기서 미발은 오히려 천하, 세계의 중심이요 바탕이 되고 있다. 희로애락이 아직 터지지 않은(미발) 상태가 희로애락이 터진(이발=已發) 상태보다 더욱 본원적(fundamental)이다. 여기서 이발과 미발은 모두가 현실이다. 그러나 미발이 오히려 더욱 깊은 현실, 현실의 바탕, 현실의 중심이 된다.

조박사는 '대립'과 '분열'이 극단적으로 이미 발한(已發) 현실을 눈앞에 보면서 동시에 그 안에서 그것이 아직 발하지 않은(未發),

'두 개의 세계'가 아닌 '하나의 세계'를 보았던 것이고, 그것을 또 하나의 생생한 현실로 느꼈던 것이 아닌가 한다. 그렇다. 둘이 하나보다 먼저일 수 없다. 조박사가 보았던 본 '하나'는 '둘'보다 오히려 먼저 도착해 있었던(未發) 것 아닐까? 난 그의 '미도(未到)'를 그렇게, 미발(未發)의 뜻으로 읽는다.

먼저 도착해 존재하고 있는 그것을 조박사는 교육 속에서 우선 구현하려고 했다. 그래서 경희대의 교시가 '문화세계의 창조'가 되었고, 교훈이 '민주화'로 되었던 것임이 분명해 보인다. 시인 William Butler Yeats가 노래했듯, "교육이란 텅 빈 물통을 채우는 일이 아니라, 심지의 불을 밝혀주는 것이다(Education is not the filling of a pail, but the lightening of a fire)." 인간의 마음 안에 밝게 비추려는 심지가 먼저 있기에(未發) 여기에 불을 붙여줄 수 있다. 『대학(大學)』에도 꼭 같은 구절이 있다. "大學之道 在明明德". 대학의 정신이란 마음 안에 이미 있는(未發) 밝은 심지=명덕(明德)을 밝혀주는(明) 데 있다.

비단 교육만이 아니다. 조박사가 예견했던 '부르주아 민주주의와 프롤레타리아 민주주의 너머의 민주주의'에 대한 진지한 시도가 21세기 현실에서 더욱 활발해지고 있다. 동구권 붕괴 이후 영원할 것 같던 미국 일국주의의 전성기는 불과 10년이었다. 붕괴된 소비에트 체제의 현실이 '프롤레타리아 민주주의'가 노멘클라투라의 독재였음을 일깨워주었다면, 거품과 탐욕으로 가득 찬 카지노 금융체제의 연이은 동요와 붕괴는 '부르주아 민주주의' 역시 또 하나의 거대한 독재일 수 있음을 알려주었다. 과연 우리는 '독재국가'와 '전쟁국가'의 대립과 충돌 속에서 반드시 그 너머를 보아야만 했다.

'미도의 민주주의'란 민주주의가 이미 완성되어 있는 무엇이 아니라, 완성되어가야 할 무엇이라는 생각이 전제되어 있다. 탁견이다. 앞서 보았듯 이 탁견은 전쟁을 목도하면서 움텄다. 분명 역설이 역설이되, 필연적인 역설이라 할 것이다. 두 세력이 서로 '민주주의'를 내걸고 참혹한 전쟁을 벌이고 있다는 당시의 현실 상황이야말로, 상쟁하는 두 민주주의가 모두 불완전한 것이며, 이렇듯 불완전한 민주주의는 반드시 결함을 극복하여 한 단계 높게 완성되어야만 한다는 생각이 움트도록 했기 때문이다.

## 3

그 두 민주주의가 아직 불완전한 것이라면, 미도의 민주주의는 어떤 지향을 향해 나가는 것일까? 우선 민주주의를 넓혀보고, 또한 그 뿌리를 깊게 보아야 할 일이다. 먼저 민주주의를 넓혀보는 데는 통상 '현대 민주주의의 고향'이라는 영국에서 수학한 정치사회학자 존 킨(John Kean)이 2009년 출간한 *The Life and Death of Democracy* 가 도움을 준다. 그는 영국, 미국 등 서구 민주주의만이 아니라, 그 뿌리라고 하는 고대 그리스 아테네의 민주주의까지를 상대화시키고 있다. 민주주의는 아테네 이전에도, 서양 전통의 바깥에도 존재했다는 것이다. 그러면서 동서 고대문명 여러 곳에서 민주주의의 깊은 뿌리를 확인한다. 아테네 민주주의보다 더 오래된 또 다른 민주주의가 광범하게 존재했다는 것이다. 그러면서 시리아-메소포타미아의 고대 '회의체 민주주의(assembly democracy)', 고대 바빌로니아와 아시리아의 '시초 민주주의(primitive democracy)', 인도 고대 초기 베다 시대의 '회의체 공화주의' 등 풍부한 예를 들고 있다. 이렇듯 확장된 차원에서 민주주의의 기원을 보게 되면 중국 춘추시대 이전부터 존재했던 '사(士)의 회의체' 전통 역시 마찬가지 흐름 속에 있다고 할 수 있다.

이런 시각에서 존 킨은 고대 아테네에서 현대 영국과 프랑스, 독일, 미국에 이르는 '서구 민주주의'의 흐름만이 아니라, 고대 중동과 인도의 회의체 민주주의가 이슬람의 '움마(umma) 민주주의'와 인도에 특유한 '반얀(banyan) 민주주의'에 이르는 '동방 민주주의'의 큰 흐름을 확인한다. 또한 오랜 시간 민(民)의 수평화와 문인공동체 공화주의의 진화과정을 경과해 온 유교 동아시아의 '문민 민주주의'의 흐름을 이해할 수 있게 된다. 모두가 해당 공동체 성원 간의 협력과 합의의 수준을 높이고 이를 통해 성원 간의 격차를 줄여가는 원리에 기초해 있다.

이렇듯 민주주의의 흐름을 넓게 확장해 볼 수 있다면, 여기서 자연스럽게 따라오는 의문이 있다. 과연 그렇듯 인류사 전반, 문명권 전반에 걸쳐 다양한 흐름의 민주주의 전통을 확인할 수 있다면, 그러한 다양성의 공통근거는 어디서 비롯되었던 것일까? 이에 관해서는 인류의 기원에 대한 진화론적 탐색이 도움을 준다. '인류의 기원에 대한 진화론적 탐색'은 조박사가 평생 관심을 기울였던 분야의 하나이기도 하다. 이제 그 관심을 민주주의의 기원에 대한 탐색으로 확장할 수 있게 되었다.

이 분야는 진화론과 인류학, 고고학을 결합한 연구에서 이루어지고 있다. 여러 연구 중 미국의 인류학자이자 진화학자인 크리스토퍼 보엠(Christopher Boehm)의 *Hierarchy in the Forest: The Evolution of Egalitarian Behavior*(1999)를 선구적인 업적이라 할 만 하다. 우리는 이제 전 세계로 퍼진 인류가 호모사피엔스라는 하나의 생물학적 가지에서 유래했음을 알고 있다. 보엠은 인류가 6대주로 뻗어나가 각자의 문명을 이루기 훨씬 이전에 수렵채집 단계의 초기인류 집단이 내부에서 평등적인(egalitarian), 또는 반위계적인(reversed hierarchy) 관계망, 협력망을 이뤄냈음을 밝혀냈다.

인류와 진화적으로 가장 가까운 침팬지 집단이 알파 메일(alpha male) 중심의 위계적인 질서를 이루고 있다는 사실과 비교해 볼 때, 인류는 진화 과정에서 협력의 증진을 통해, 알파 메일 중심의 위계적 체제를, 평등적이고 반위계적인 질서로 전환시켜낼 수 있었던 것이다. 실로 놀라운 전환이라 하지 않을 수 없다. 이러한 연구를 기초로 보엠은 인류의 깊은 뿌리에 존재하는 협동적 존재라는 특성이 민주주의의 공통된 뿌리였다고 주장한다. 존 킨과 크리스토퍼 보엠이 보여준 새로운 연구경향을 통해 우리는 민주주의의 뿌리와 다양성, 그리고 전망을 획기적으로 확대된 시야에서 이해할 수 있게 되었다. 필자의 그동안의 연구와 저술도 이러한 흐름 속에 있었다고 할 수 있다.2) 그러한 작업이 조영식 박사가 '미도의 민주주의'라는 참신한 시각을 통해 제시한 연구관심의 계승, 확장, 심화였다고 믿고 있다.

---

2) 김상준, 『미지의 민주주의』(2009), 『맹자의 땀 성왕의 피』(2011), 『진화하는 민주주의』(2014) 등과 『봉새의 날개: 동서 문명의 변증법과 인류문명의 진로』(근간) 참조.

# 제7장

# "21세기 문명과 동아시아 정신문화: 한·중·일 3국과 '생명존엄'"

박종무(호원대학교 강사)

## Ⅰ. 머리말

2020년 1월 26일, 제45회 'SGI(국제창가학회)의 날'을 맞아, 「인류공생의 시대를 향한 건설의 고동」[1]이라는 기념 제언에서, 이케다 다이사쿠 SGI회장은, 인류의 환경파괴로 인한 '기후변화' 사태와, 전면 폐절까지 아직 갈 길이 먼 '핵무기' 문제를 '인류의 명운(命運)을 거머쥔 근본과제'라고 표현했다. 이러한 문제의 본질을, 인도문화 국제아카데미 이사장 로케시 찬드라 박사(1927-)는, "긴 역사 동안 인류가 계승해온 '생물권(生物圈)'과 인류가 만들어낸 '과학기술' 사이에 생긴 불균형"[2]이라고 보았는데, 20세기가 꼽는 석학 중 한 분

---

*문학박사·평론가·동화작가·호원대강사(중국쯔보어(淄博)사범전문대 파견), pyoilin2003@hamail.net
1) 이케다 다이사쿠. 「제45회 'SGI의 날' 기념 제언: 인류공생의 시대를 향한 건설의 고동」 『법련』. 서울: 화광신문사. 2020년 4월호 통권 368호 72-126쪽.

인 아널드 J 토인비 박사(1889-1975)는, "과거 500년간의 걸친 서유럽 제 민족이 활동을 확대함으로써 세계적 규모의 기술적 경제적 관계에 망상(網狀)조직이 구성된 역사의 소산"3)이라고 문명사 관점에서 파악했다. 또, 로마클럽 아우렐리오 펫체이 회장은, "그 위기는 유대 그리스도교 전통에서 발달하여 그 후 세계 각지에 퍼진 문명에 기인한 '문화적 위기'"4)라고 하며, 인류의 위기를 '문화'의 위기로 여겨, 이를 해결하기 위한 근본방법으로 인류의 내면을 문화적 상태로 끌어올리는 '인간개발'(人間開發)5)을 제창하면서, 해결의 주체가 결국 인류이기 때문이라고 그 이유를 강조하고 있다.6)

이처럼, 인류 외적인 문제가 인류 내적인 문제로 귀결되는 주장에서 우리가 발견하게 되는 바는, 패러다임(paradigm, 인식체계나 틀) 전환의 시의성(時宜性)이고, 이 모두가 현재 인류가 선택해야 할 문명의 방향키와 깊은 관련이 있다는 사실이다, 여기서 대략적인 구상이라면, '문명 간의 상보(相補)작용'7) ─즉, 인류가 제3의 '동서(東西)융합의 중도(中道)'8)로 전진하는 방향일 것이다.

---

2) 이케다 다이사쿠·로케스 찬드라, 『동양철학을 말한다』, 서울: 중앙books. 2016. 27쪽.

3) 아널드J 토인비·이케다 다이사쿠, 『21세기를 여는 대화 I』, 서울: 화광신문사. 2008. 11쪽.

4) 아우렐리오 펫체이·이케다 다이사쿠, 『21世紀에의 警鐘』, 서울: 一潮閣. 1991. 22쪽.

5) 위의 책. 187-209쪽. 여기서 '인간개발'은 '인간혁명'과 상통한다. 펫체이 박사는 이 시대에 가장 긴요한 작업은 인류의 자기 개발이라고 보고, 이것을 '인간 자신의 문화적 개발'이라고 보았다. 그는 이러한 문화적 개발을 통해서 인류는, 환경(지구생태계)과의 관계 재확립이 불가결함을 제대로 이해할 수 있다고 보았다. 이를 처음엔 '인간성 혁명'(humanistic revolution)이라는 용어를 사용하여 설명했는데, 1975년 5월 이후 이케다 회장과의 대화를 진행하며 '인간혁명'(human revolution)이라는 표현으로 바꾸었다.

6) "인류사(人類史)는 문명사(文明史)이다. 인류의 발전을 문명 아닌 다른 용어로 이해하기란 불가능하다"(『문명의 충돌』 45쪽). 세계적인 정치학자 새뮤얼 헌팅턴(Samuel P. Huntington)의 말이다. 본문은, 2020년 '코로나19'의 발생 이후, 너나할 것 없이 '문명의 전환'을 예감하는 시점임에, 서양물질문명·동양정신문명의 보합성을 대전제로 한 토인비 박사의 관점에 재삼 주목하였다. 단 말해둘 것은, 본문이 동·서양의 문명에 구분하고 있다고 하여, 역사 속에 양대 문명 간의 상호 교섭(交攝)이나 상통점이 있음을 배제하는 것은 아니다.

7) René Huyghe·Daisaku Ikeda. 『DAWN AFTER DARK』. New York; I. B. Tauris. 2007. p.307.

그런데 세계적 인식 전환에 대한 제안서라면, 『21세기를 여는 대화』 (1975)[9]를 빼놓고 얘기할 수 없을 것이다. 아널드 J 토인비(1889-1975) 라는 영국이 낳은 세계적 역사학자가 이케다 다이사쿠(1928-)라는 동 양의 대승불교(大乘佛敎)에 입각한 행동가와 만나서, 인류의 미래를 위 해 전면적이라 할 토론을 펼친다는 이 책의 시도부터가 어쩌면, 동양과 서양이 조화된 '중도문명'의 예고편 같기도 하다. 토론 과정에서 토인 비 박사는, 동아시아가 인류사의 다음 단계의 주도권을 이어받아, 새로 운 문명으로 정치 · 정신면에 걸친 세계의 통합화를 이룰 수도 있을 거 라는 가능성을 피력하기도 하였다.[10]

이에 본문은 21세기 문명의 향방에 기여할 동아시아 정신성에 착안 하여, 토인비 박사의 상대 토론자였으며, 지금에 이르기까지 평화 · 문 화 · 교육 활동을 지속 전개하고 있는 이케다 다이사쿠 회장에게 초 점을 맞춰, 그가 가리키는 동아시아 문화권 심층에 과연 어떤 정신

---

8) 여기서의 '중도'란, 물질주의와 정신주의가 조화를 이룬 제3의 길이다. "인류는 자신을 똑바로 보고 조절하는 지혜를 획득해야 한다. 그러기 위해서는 극단적인 방종과 금욕을 훈계하고 중도 (中道)를 걸어야 한다. 그것이 21세기 인류가 나아가야 할 길이라고 생각한다" (『21세기 문명과 대승불교』 89쪽).

9) 이 책 『21세기를 여는 대화』는 역사학자 아널드 J 토인비와 이케다 다이사쿠 양인(兩人)이 1972-3년 두 해에 걸쳐, 인류의 미래를 전망하기 위해 문명론, 생명론, 학문과 교육론, 문학과 예술론, 자연과학론, 국제문제, 사회문제, 인생론, 여성론 등 폭넓은 주제에 걸쳐 나눈 대화의 기록이다. 이 책은 1975년 첫 발간 이후 29개국 언어로 번역되어 출간되었으며, 각국의 대학에 서 교재로 사용하는 등, 세계 식자들의 애독서로 유명하다. 이 책의 영문판 제목은 "CHOOSE LIFE"(생을 선택하라)이다. 이는 토인비 박사가 ≪구약성서≫의 "신명기"에서 따온 구절인데, 설령 현실이 고난으로 가득할지라도, 인류여, 생을 선택하라. 용기와 지혜를 쥐어짜 끝까지 살 아야 한다!__라는 메시지가 담긴 것이다(『법련』 2020년 6월호. 49쪽). 대담을 마치고 토인비는 이케다에게, "나는 대화야말로 세계 여러 문명, 여러 민족, 여러 종교를 융화하는 데 지극히 커 다란 역할을 한다고 생각합니다. 인류 전체를 결속시키기 위해, 당신이 이러한 대화를 많이 펼 치기 바랍니다."라는 당부를 유언처럼 남기면서, 이후 회장이 만나 대화를 나눴으면 하는 세계 지성들의 이름을 적은 쪽지를 회장에게 전해 주었던 일화는 유명하다(『신인간혁명』 제16권. 120-222쪽). 이를 계기로 이케다 회장이 세계 각계의 지식인, 지성들과 만나 대화한 횟수만도 무려 1600회가 넘었고, 세계에 이미 70여종의 대담집들이 발간되어 있다.

10) 아널드 J 토인비 · 이케다 다이사쿠. 『21세기를 여는 대화 Ⅱ』. 서울: 화광신문사. 2008. 150-155쪽.

적 보물이 저장되어 있는지 탐색하고자 시도하였다. 이케다 회장을 연구대상으로 삼는 일에 있어 가장 큰 난점이라면, 그라는 인물이 워낙, "종교와 세속사회, 동과 서라는 다른 세계를 잇는 가교(架橋)"[11]라고 일컬어질 정도의 무변자재(無邊自在)함이 있어서, 그의 사상과 행동을 한눈에 다 파악하는 건 아무래도 과욕이라는 사실이다.

그래서 본문은 한정되나마 윤곽만이라도 그려내고자, 회장이 보다 명백히 동아시아의 정신면에 초점을 두어 강연한 것으로 보이는 「21세기와 동아시아문명」과 「21세기 문명과 대승불교」[12]—두 편 문장을 기조로 하여, 그가 제시하는 보편가치를 살펴보고자 한다. 다시 한 번 밝히건대, 회장의 사상기반은 매우 전통적임에도 불구하고, 그 언행이 더할 나위 없이 선구적인 상반적 특성을 지닌 바여서, 이 양면성을 한 문장에 쓸어 담을 수 있을지가 필자로서 도전이 될 터이다. 그렇지만 행동가가 역점을 두어 강조하는 사상이라면, 그것은 주목할 가치가 충분히 있다고 여겨지기에 도전해 볼 만한 주제라 여겨진다. 무엇보다도, '코로나19'의 팬데믹(pandemic, 세계적 규모의 유행)을 겪으며, 지구적 규모의 집단으로서 인류가 '변화'와 그 '올바른 방향'이란 문제에 고민하고 있는 목전의 상황에, 일개 학자로서 시대의 모색에 조금이라도 도움이 되고 싶은 조급한 마음도 한 몫 하여, 미력하나마 이케다 회장을 따라 동아시아 정신적 미질(美質)에 대한 토론을 시도하게 되었음을 밝혀두는 바이다.

---

11) 이케다 다이사쿠. 『21세기 문명과 대승불교』. 서울: 화광신문사. 2011. 7쪽. 이는 환태평양지역의 국제학술기관인 하와이 동서센터 옥센버그 이사장이 이케다를 소개한 말이다.

12) '두 편'이라 함은 강연집 『21세기 문명과 대승불교』(2011)에 수록되어 있는 「21세기 문명과 대승불교」(하버드대학교 강연, 1993. 8. 24), 「21세기와 동아시아 문명」(중국 사회과학원 강연, 1992. 10. 14)을 가리킨다. 본문의 논지 상당 부분 이에 기초하였기에 많은 부분을 인용 참고하였다.

# II. 본문

## 1. 동아시아[13)]의 유교와 불교

### 1) '공생(共生)의 에토스'

이케다 다이사쿠 회장은, 동남아시아 문화의 저류를 이루는 정신성을 "공생(共生)의 에토스(Ethos, 도덕적 기풍)"라고 정의할 수 있다고 말하고, 이 기풍이 21세기의 인류사회에 살려지길 기대하였다, 왜냐하면, '분단'의 병을 앓고 있는 현대, 지구 환경파괴가 심각해진 오늘날, 대립보다는 조화, 분열보다는 결합, '나'보다는 '우리'를 기조로, 인간끼리 또 인간과 자연이 함께 살아가고, 서로 지탱하면서 모두 함께 번영하자는 심적 경향이 아주 긴요하기 때문이다. 파괴를 동반하지 않는 가치창조의 길은 공생의 에토스 없이는 불가능하다고 여겨지기 때문이다.[14)]

여기서 우리가 한층 주의해야 할 점은, 이케다 다이사쿠는 이 도덕적 기풍의 사상적 근원을 동아시아 대승불교에 두고 있다는 사실이다. 이것은 다른 지면에서의 토론이었지만, 그는 '공생의 에토스는, 연기설(緣起說, 모든 것은 연에 의해 일어난다고 보는 관점)을

---

13) 아래 문단은 강연문의 요지를 전달하는 부분이기에 그대로 '동남아시아'라고 옮겨 적었지만, 본문은 기본상 한자문화권, 유교문화권, (한역경전의)북전불교문화권이라는 세 가지 조건이 공통적으로 겹쳐지는 동아시아 지역의 한·중·일 삼국의 정신문화에 집중하기로 한다.

14) 「21세기와 동아시아의 문명」『21세기 문명과 대승불교』274-291쪽. 이 문장은, 1992년 10월 14일 중국사회과학원에서 한 강연인데, 본문 안에서, 공생의 에토스와 그 사상적 근원을 밝히는 상당 부분 참고 및 인용하였음을 미리 밝혀둔다. 공생의 에토스와 상관하여 제기해 두고 싶은 하나는, 공생의 에토스를 용어를 달리하여 표현할 수 있는 여지가 넓다는 점이다. 필자도 자료열람 과정에서 우연히 발견한 바, 동아시아 정신성을 '다양성의 존중', '적극적 관용성'(『동양철학을 말한다』30쪽) 이라고 한 이케다 회장의 말도, 그 용어만 다를 뿐 의미상 역시 공생의 에토스에 통하고 있음을 알 수 있다.

에토스화(化)한 것'이라고 설명했다. 그리고 연기설을 대승교의 관점으로 파악할 것을 전제하였다. 즉, 일체가 상호관련 속에 있다는 점을 대승교적 존재양식으로 이해하지 않으면 그 불교가 설한 '연기'의 본의가 살아날 수 없다고 본 것이다. 이를테면, 연기설을 무상(無常), 무아(無我)로 받아 '허무주의'로 인식하면, 허무주의로 인한 가치부정이 되고, 그것이 파괴, 분열로 이어질 가능성이 있다고 한다. 이러한 '자기부정'과 같은 파괴의 경향을 막기 위해서는 내적인 가치에 의거할 필요가 있는데, 그 내적 가치가 바로 대승적 관점에서의 '생명존엄'15)이라는 것이다. 다시 말해, 연기론에 대승적 관점을 적용하면, 모든 것을 자신의 내적인 것으로서 파악할 수 있다. 그랬을 때, 자타(自他)의 생명이 융합하는 이 내적인 지평(地平)에서 생명의 존엄성이라는 가치가 맥박 치는 것이다. 거기에서 인간은 끊임없이 맥동(脈動)하는 연기적 세계의 힘 ―내발적(內發的) 힘―을 퍼 올릴 수 있는 인간이 될 수 있다. 즉, 인간이 '모든 가능성을 향해 열린 창조의 주체'로 파악된다는 것이다. 이렇게, 대승적 관점을 통했을 때 연기설은 '공생의 에토스'로, 지구적 연대에 대한 구체적인 힘으로, 조화와 평화를 추구하는 변혁의 힘이 살아난다는 말이다. 때문에, 대승불교사상에 근거한 내적이고도 보편적 가치로서의 '생명의 존엄성'을 자각하는 일이야말로 '공생의 에토스'를 형성하기 위한 요체라는 것이다.16)

그가 동양의 정신성으로서 공생의 에토스에 이어 언급한 것은, 공자(孔子)의 '정명설(正名說)'과 천태(天台)의 '작명론(作名論)'이다.

---

15) 대승불교의 핵심이 '생명존엄'의 사상이라는 점은 본론 2장에 좀 더 자세한 설명이 이어진다.
16) 『21世紀에의 警鐘』 186-197쪽.

그는 이 둘을 대비하면서, "명(名)으로서 만상(萬象)이 이루어내는 질서에 화룡점정(畵龍點睛)으로 삼는다."는 점에 공통점이 찾아진다고 하였다. 이것은 동아시아 정신문명과 관련하여 간략하나마 각각에 설명을 더할 필요가 있어 보인다.

## 2) 공자(孔子)의 '정명(正名)'

공자(孔子,B.C.551-B.C.479) 재세(在世)는 장구한 중국사에서 동란(動亂)의 춘추전국(春秋戰國)시대에 속한다. 춘추(春秋)시대(B.C.770-B.C.403), 유교는 바로 이 공자를 비조(鼻祖)로 하여 제자백가(諸子百家)17)의 한 분파로서 출발하였고, 한(漢)나라(B.C.202-220) 무제(기원전156-기원전87) 이후부터 한자문화권(漢子文化圈)의 근간사상으로 널리 퍼지게 되었다. 따라서 유교가 지닌, 현실사회의 속에서의 개인의 인격수양과 사회적 질서를 중시해야한다는 도덕윤리는 중국, 나아가 동아시아 지역에 뿌리를 내리게 되었다.

그런데 유교는 엄밀히 구분하자면 종교라고 볼 수 없는 면이 있다고 한다. 그럼에도 불구하고 이케다 회장은 '명(名)'에 대한 공자의 사색에서 공자 자신 세계의 모든 질서를 구성하는 원점(즉, 宇宙軸)에로까지 육박해 간 듯한 느낌을 받는다고 밝혔다.18) 이 사색은 이

---

17) 춘추전국시대(B.C.770-221)에 출현한 여러 사상과 학파를 말한다. 이 시대는 주나라가 약화되며 그 종주권이 쇠약해짐에 천하가 소란해지고 제후국간의 약육강식이 성행하였다. 바꾸어 말하면 사회가 새로운 질서를 필요로 한 일대 변혁기였다. '인(仁)'을 제창한 공자는, 과거 주나라(周, 기원전 1046-기원전 256)의 예법(禮法, 예의와 규범)에서 이상적인 가치를 찾은 걸로 전해진다.

18) 이케다 다이사쿠는, '정명(正名)'의 의미를 음미할 때 공자의 사유가 종교성에까지 육박해간 듯하다고 말했다. 보통은, 인간이 어떻게 살아가야 하는가 하는 가치론(價値論)의 측면과, 세계는 어떻게 구성되어 있는가 하는 존재론(存在論)의 측면을 함께 갖춘 포괄적인 세계관을 갖추었을 때 종교철학이라고 간주한다.

른바 '정명(正名)'을 가리키는데, 위정(爲政)에 있어 '명(名)을 바로 잡는 것'을 가장 주축에 둔다는 공자의 가르침이다.

『논어(論語)』「자로(子路)」편에 보인다.

> 子路曰: "衛君待子而爲政,子將奚先?"
> ─자로 가로되, "위군을 보좌하여 정(政)을 하게 되면 스승(공자)께
> 선 무엇부터 하시겠습니까?"
> 子曰:"必也正名呼!"
> ─공자 가로되, "반드시 명(名)을 바로잡으리라."

논어(論語)「자로(子路)」편에 나오는 이 구절은, 위정(爲政)의 시작에 대하여 자로가 묻자, "올바른 명명법(命名法)을 확립하는 일이 필수다."라고 공자가 대답했다는 기록이다. 그런데 제자가 충분히 납득하지 못했음을 느꼈던 탓일까? 공자는 여기에 설명을 덧붙인다.

> "名不正,則言不順;言不順,則事不成;事不成,則禮樂不興; 禮樂不興,則刑罰不中; 刑罰不中,則民無所錯手足.故君子名之必可言也, 言之必可行也. 君子於其言,無所苟而已矣." ─각자 제멋대로 자기류의 명명법을 채용해 보아라. 말이 상통하지 않게 되지 않겠는가. 그렇게 되면 사회는 성립되지 않는다. 말이 상통한다는 전제가 있어야만, 도덕이 확립되고 법률도 규제력을 발휘할 수 있다. 도덕이 혼란하고 법률이 유명무실해진다면 그 나라의 국민은 어떻게 살아가면 좋은가? 위정자는 올바른 명명법을 사용하여 그것에 따라 공통언어를 성립해야만 한다. 그렇게 되면 모든 발언은 당연히 실행의 책임을 지게 된다.

그만큼 '언어' 문제는 중요하다는 뜻이다. 공자는 이처럼, 먼저 명(名)을 바로잡는 것을 위정(爲政, 국가를 다스리는 일), 즉 인간사회의 질서를 바로잡는 일의 가장 주축에 두었던 것이다. 여기서, 정명

(正名)의 '명(名)'은 '언어' 혹은 '이름' 및 '(신분이나 관계 상의) 칭호'를 말함인데, 포괄적으로는 '도덕윤리'나 '지도사상(指導思想)'을 의미한다고도 볼 수 있다. 그 해석의 여지가 어떻든 '정명'이란 말은 글자 그대로 인간사회를 바른 방향으로 운행시키려면, '이름을 바로 세움'이 가장 근본이고 최우선이라는 뜻이다.

### 3) 천태(天台)의 '작명(作名)'

이름이 그토록 중요한가. 종교의 범주에선 바로 답이 나올 것이다. "명(名)"이란 우주 궁극의 실재(法)를 나타낸 이름에 해당하니까, 중요하다고 말이다. 이렇게 명은 속(俗, 世間)과 성(聖, 出世間)을 통틀어 아주 중요한 것이다.

중국의 불교문헌이자 천태(天台)의 저작인 『묘법연화경현의(妙法蓮華經玄義)』(약칭 『법화현의』)에는, "겁초(劫初)에 만물(萬物)에 명(名)이 없는데 성인(聖人)이 이(理)를 관(觀)하여 준칙(準則)해서 명(名)을 만들었다."라는 구절이 있다, 이것이 이른바 천태 불교의 '작명(作名)'이다.

천태대사는 중국 천태종(天台宗)의 사실상 개조(開祖)인 지의(智顗, 538-597)의 칭호이다. 지의의 많은 저술 중 '천태3대부(天台三大部, 제자 灌頂이 기록)'—『법화현의(法華玄義)』·『법화문구(法華文句)』·『마하지관(摩訶止觀)』이 유명한데, 앞의 두 책은, 『묘법연화경』(통칭 『법화경』)이란 경전의 제목과 내용의 오의(奧義)를 밝힌 것이고, 뒤의 『마하지관』은 법화경의 '일불승(一佛乘, 모두가 불계를 여는 것을 궁극의 목표로 삼은 가르침)' 수행법이 밝혀진다. 천태의 교관(敎觀, 교의와 수행)은 『법화경』의 법리를 근본으로 하여 세워졌기에,

'법화종(法華宗)'이라고도 하며, 이후 중국을 비롯해 '동아시아 대승사상(大乘思想)'에 커다란 영향을 남겼다고 평가되고 있다.

그런데 같은 대승불교라 해도, 인도와 중국의 대승사상 사이엔 차이가 있다. 이케다 회장은 이 차이를 설명하기를,— 인도의 용수(龍樹, 150-250)는 무분별(無分別)·무차별(無差別)의 세계로의 지향이 강하다. 즉 세간(世間, 俗)보다 출세간(出世間, 聖)으로의 경사(傾斜)이다. 이에 비해 중국의 천태지의는, 출세간에서 해탈의 경지를 당연히 기반으로 하면서도 거기에서 다시 세간으로 돌아온다. '출(出)·출세간(出世間)'이라는 벡터(힘의 방향성)의 전환이 이루어진다. 양자(兩者) 모두 불법자(佛法者)답게 세계종교의 보편성을 구하면서도, 용수와 달리 천태대사 지의(智顗)는 그 보편성을 구체적인 현상세계에 기대·전개한 것이라고. 이에 대한 평가로서, 현실을 무시하고는 중생제도(衆生濟度)라는 불교의 본의를 이룰 수 없다는 점에서, 이 '세간으로 되돌아오는 벡터의 전환'을 불교의 변질이 아닌 '계승적 발전'이라고 판단했다.[19]

누구나 알고 있듯, 중국에서 불교와 유교는 상호교류 속에 발전해 온 것이다. 이를테면 천태학(天台學)의, "일체세간(一切世間)의 치생산업(治生産業)은 모두 실상(實相)과 위배하지 않음."—(통해)종교를 모든 인간 활동의 원천으로 포착한 말로서, 불법은 현실과 유리되지 않는다.—에도 '현상세계를 중시한 면'이 뚜렷이 나타나는데, 이 '현실중시'가 곧 중국 및 동아시아 불교의 한 특징이다. 이러한 특징이 형성된 배경원인을 찾자면, 불교가 중국에 전래되면서 유학(儒學)과

---

19) 「21세기 문명과 대승불교」『21세기 문명과 대승불교』 16-33쪽. 이는 1993년 하버드대학교에서의 강연문이다.

융합하며 발전해온 역사로 눈을 돌려야 할 것이다.[20)]

화제를 다시금 천태의 작명(作名)으로 돌려, 그 발전적 계승이 나타나는 13세기 일본의 니치렌(日蓮) 대성인(1222-1282)이 쓴 『당체의초(當體義抄)』를 읽어 보자.

> ① 지리(至理)는 이름이 없는데 성인(聖人)이 이를 관(觀)하여 만물에 이름을 붙일 때 인과구시(因果俱時)·불가사의(不可思議)의 일법(一法)이 있으니, 이를 이름하여 묘법연화(妙法蓮華)라고 하였다. ② 이 묘법연화의 일법에 십계삼천(十界三千)의 제법(諸法)을 구족(具足)하여 궐감(闕減)이 없음이라. ③ 이를 수행(修行)하는 자는 불인(佛因)·불과(佛果) 동시에 이를 득(得)하느니라.[21)]
> (*인용문의 동그라미 숫자는 본문이 편의상 붙임)

풀이를 하자면, 묘법이란 궁극의 이치에는 원래 이름이 없었는데, 성인이 이를 관(觀)하여 만물에 이름을 붙일 때, 인과구시의 불가사의한 일법(一法)이 있어 이를 '묘법연화'라 하였다. 이 묘법연화라는 일법에 십계삼천의 일체법(一切法)을 구족하여 일법도 빠트린 것이 없다. 따라서 이 묘호렌게쿄(妙法蓮華經)를 수행하는 이는 부처가 되는 인행(因行)과 과덕(果德)을 동시에 얻는다(得)는 뜻이 된다. '일법에 일체법을 구족하다'라는 어구에 이르게 되어, 자신도 모르게 영국의 시인 바이런이 읊은 "한 알의 모래에서 세계를 보고/ 한 송이 들꽃에서 천국을 본다."는 싯구를 연상할 수도 있겠으나, 해석문

---

20) 불교가 처음 중국에 전래된 시기는 동한영평(東漢永平) 10년(67)의 일이다. 불교가 전래되기 전에 중국에는 이미 유교와 도교가 있었다. 그러나 도교보다는 유교가 중국사회에 더 밀접했던 면이 있어서 유교와 불교의 교류가 일반적으로 더 많이 언급된다. 또, 중국 천태불법의 성립과 전개 속엔, 천태란 개인의 소양 속에 잠재된 유교적 인문정신이 녹아있음은 물론이고, 천태 가르침을 적용시켜가야 할 중국적 유교사회란 현실 배경이 전제되어 있을 것이라는 상상은 어렵지 않다. 이를테면 동양의 양대 대륙(인도와 중국)의 사상이 융합된 면이 천태교설 안에 내재화되어 있다고나 할 지.

21) 日蓮. 『御書全集』. 513쪽.

조차 고어체(古語體)로 들리는 이 문장을 두고, 굳이 강조해 두어야 할 것은, 一인용문의 ① 부분은, 앞서의 천태의 『법화현의』 '작명(作名)'의 순서를 석(釋)하고, ② 부분은, 『법화경·방편품』에 의거한 천태의 '일념삼천론'(一念三千論, 만인성불에 대한 생명론적 이론근거)을 요약한 말이다. 그리고 ③ 부분은 인간이 어떻게 살아가야 하는지의 기축(基軸)이 되는 수행론과 가치론인데, 이제껏 천태불법에 부족했던 '실천성'이 이 ③의 구문에서 보완된다는 사실이다. 대승불교의 사상사에 있어 이 실천성이 보완된 의의야말로 아무리 강조해도 지나치지 않을 것이라 하겠다.

이상으로 우리는 공자도 천태도 니치렌도 '명'을 세움을 최고로 중시했다는 역사적 사실을 알게 되었다. 시대로 보아. 천태대사는 대분열(大分裂)의 시대라는 남북조(420-589)에서 수나라의 통일로 연결되는 시기를 살다갔다. 개인은 물론, 일국(一國)의 흥망성쇠가 무상한 만큼 사상가는 항구적인 불변의 가치를 탐구했다. 또 13세기 니치렌 재세(在世)에, 일본국은 연이은 천재(天災)로 서민의 비참함은 극에 달해 있었다. 대성인의 시선은 이 고뇌하는 민중에게로 향해 있었다. 과연 민중이 행복한 삶을 살아갈 수 있는 가르침은 무엇인가, 또, 민중의 삶의 터전인 국토를 안온하게 할 방도는 무엇인가, 동고(同苦)의 마음으로 올바른 법을 찾아 그 이름을 밝히고자 치열하게 분투했던 것이다.

## 2. 『법화경(法華經)』과 '만인성불'(萬人成佛)

### 1) 『법화경(法華經)』

시대의 질병은 이미 정치나 경제, 교육 그리고 사회의 어느 한 분야의 변혁만으로는 구제할 수 없게 되었습니다. 병의 원인이 깊을수록 치료도 근본적일 수밖에 없는 것이 도리(道理)입니다. 인류에게 가장 근본적인 과제─그것은 인간 자신의 변혁이고, 생명 그 자체의 해결입니다.[22]

위기야말로 변혁의 기회라는 말이 있다. 폐색(閉塞)의 기운이 감도는 현대사회를 위기에서 구하는 길을 문명의 전환에서 찾고, 물질세계가 아닌 정신세계, 즉 인간 자신의 내면변혁이라고 하는 주장이 점차 설득력을 얻고 있는 것도 목전의 위기감 때문이다.

돌이켜 보면, 2500여 년 전에 출현한 석존(釋尊,석가족의 존자, 석가모니)의 가르침도 역시 인간내면의 변혁을 향해 있었다.

불교사에 의하면, 석존 입멸 후 수차에 걸친 경전결집이 진행되는 속에, 기원전 1세기 경 대승운동이 일어난다. 대승운동의 주장은 석존의 본의가 대승정신에 있다는 것이다. '대승(大乘)'이란, 위대한 탈것, 탈것은 가르침을 의미한다. 즉, 자신을 포함한 모두의 성불을 위해 보살도(菩薩道)를 실천하는 사상이다. 당시로선 신흥(新興)의 "대승이 부파불교와 명백히 구별되는 점은, 부파가 '아라한'(번뇌를 끊은 경지)이라는 자리(自利)적 목표를 추구하는 데 비해, 대승은 '보살'이라는 이타적 종교성을 지향하는 데 있다고 보인다."[23]

---

22) 이케다 다이사쿠. 『행복의 꽃다발 2』. 서울: 화광신문사. 2020. 234-235쪽.

23) 안성두. 「대승경전찬술의 배경과 과정」『불교평론』. 2002년 여름·가을 제4권 제2·3호(통권11·12호) 30쪽.

대승불교의 출현은 불교사에 있어 중요한 사건이다. 이 대승운동과 연관되어 출현한 대승경전 중『법화경』은, 기원전 1세기에서 기원후 40년 경 사이에 출현한 것으로 알려졌다. 모두가 성불할 수 있다는 이 경의 가르침은, 동아시아에서 예로부터 '제경(諸經)의 왕'으로 칭송되며, 사상과 신앙문화 외 예술에도 광범한 작용을 해 온 것으로 알려져 있다.

그런데 불교가 한자문화권에 유포되는 과정에서 제일 먼저 중요했던 작업이 있다면 그것은 '경전의 한역(漢譯)'일 것이다.『법화경』은, 현존하지 않는 것까지 포함해 여러 종의 한역(漢譯)[24]이 있지만, 구마라습(鳩摩羅什, 344-413/350-409)이라는 위대한 번역가가 번역한『묘법연화경(妙法蓮華經)』(406)이 가장 널리 유포되었다. 천태대사 역시 구마라습의 번역을 근거로『법화경』사상을 일목요연하게 체계화한 것이다.

북전(北傳)불교는 남전(南傳)불교에 비해 대승불교의 경향성이 강하다는 점에서 동아시아불교를 '대승불교'로 통칭하기도 하는데, 불교의 북전에 있어 중국은 중심국의 역할을 해 왔다. 이 모두『법화경』의 동아시아 유포와 상관하여 알아둘 사실들이다,

그런데, 중국불교는 일찍부터, 인성론(人性論)과 연관성이 있다고 할 주제인 "성불관(成佛觀)"—즉, 불성(佛性)의 내재와 성불(成佛)의 가능성이란 면에 큰 관심을 쏟았다. 본래 석존(釋尊)이 설한 불교는, 누구에게나 부처의 생명(佛性)이라는 최고의 생명이 내재되어 있다

---

24) 기록에 전해지길『법화경』의 한역경전(漢譯經典)은 6종이 있었는데 후대로 전해진 것은 그 중 3 종으로_『정법화경』(286),『묘법연화경』(406),『첨품묘법연화경』(601)이다. 그 중에서 구마라습의『묘법연화경(妙法蓮華經)』이 동아시아에 가장 널리 환영받았다. 구마라습은. 법화경뿐만 아니라 수많은 경전을 한역했고, 그 번역과 강의가 훌륭하여 불교사상의 발전에 지대한 공헌을 하였다.

고 가르친다. 그러나 모든 경전이 차별이 없는 성불을 설한 것은 아니었다. 그래서 중국의 불교사상가들은 생명이 가진 불성의 개현(開顯), 즉 성불(成佛) 가능성을 중심으로 경전의 판별(判別)에 주력하는 속에, 과연 어느 경전이 가장 온전한 대승적 가르침인지를 밝혀내고자 했다. 이것을 '판교론(判敎論)'이라 하는데, 그 정점에 6세기 천태대사(天台大師)의 '신(新)판교론'(5時8敎)이 있는 것이다. 이 판교론에서, 차별 없이 만인이 성불하게 하는 법화경의 법리야말로 대승불교가 지향하는 가장 원만한 지혜라 명시한 것이다.

물론, 이후 중국불교계에 종파들이 분립하고 각각 다른 소의(所依) 경전을 내세우지만, 본래, 한역경전이 출현하면서부터 널리 신앙되었던 『법화경(法華經)』 신앙은, 6세기 이후 천태불법의 체계적인 법화경학의 영향에 힘입어 동아시아 3국은 한 차원 심화된 대승사상을 널리 공유하게 되었다고 말할 수 있다.

## 2) '제법실상'(諸法實相)

천태의 사상은 '누구나 차별 없는 성불'을 설한 『법화경』을 근거로 '일념삼천(一念三千)'을 설한다. 그리고 그 일념삼천은 『법화경·방편품』의 '제법실상(諸法實相)'과 떼어놓고는 설명할 수 없다.

> "唯佛與佛, 乃能究盡. 諸法實相. 所謂諸法. 如是相. 如是性. 如是體. 如是力. 如是作. 如是因. 如是緣. 如是果. 如是報. 如是本末究竟 等."(『법화경·방편품』)
> ―오직 부처와 부처만이 능히 제법실상을 철저히 규명하였다. 제법이라 함은, 여시상, 여시성, 여시체, 여시력, 여시작, 여시인, 여시연, 여시과, 여시보, 여시본말구경 등이다.

'제법'이란 삼라만상(森羅萬象)으로 모든 사물과 현상을 말한다. '실상'이란 진실 그대로의 모습이다. 즉, 제법실상은, 일체 현상의 진실 그대로의 모습을 말하고 이것이 깨달은 존재가 부처라는 것이다. 천태는 이 '제법실상'의 경문을 토대로 '십계(佛界를 포함한 열 가지 생명경계)가 제각기 십계를 갖추고(十界互具) 있으며 그 백계가 제각기 십여시를 갖추고(百界千如) 있다.'(『法華玄義』)는 등의 해석을 하여 생명의 '일념삼천(一念三千)' 법리를 나타내었다.

이에 대하여 니치렌(日蓮) 대성인은, "답하여 가로되 하지옥(下地獄)로부터 상불계(上佛界)까지의 십계의 의정(依正)의 당체가 모두 일법도 남김없이 묘호렌게쿄(妙法蓮華經)의 상이라고 하는 경문이니라."(『제법실상초』)[25]—라고 했다. 지옥계이든 불계이든, 10계의 모든 중생과 환경이 10여시를 동등하게 갖추고 있다. 부처의 생명(本)도, 9계의 중생의 생명(末)도 결국(究竟) 묘법의 당체로서 동등(等)하다. 다시 말해, 중생(衆生)의 생명 안에 불성(佛性)이 갖춰져 있는 바, 일체중생은 불계(佛界)의 연을 만나면 불계를 나타내 성불(成佛)할 수 있다는 말이다.

제법실상이 이렇게 중대한 뜻을 지녔기에, 니치렌 대성인은 "법화경은 석존 출세(出世)의 본회(本懷)이며, 일체중생을 모두 성불시키는 근원이라고 해도 이 제법실상의 4자(四字) 이외에는 전혀 없다."(*通解)[26]라고 말했다.

다시 말해, 인간은 일체의 차별 없이, 더없이 존귀한 부처가 될 수 있다. 이것이 법화경의 메시지이다. 이것을 설하기 위해 석존이 출

---

25) 日蓮.『御書全集』. 1358쪽.
26) 日蓮.『御書全集』. 1337쪽.

현했다. 그리고 그 일체중생이 모두 성불할 수 있다는 법리가 '제법실상'에 담겨있음에 천태가 이를 일념삼천론으로 밝혀낸 것이다.27)

### 3) '생명존엄'의 '민중불교'

현대에 있어 '성불'의 의미는 인간이 가진 무한한 가능성의 계발을 뜻한다. 현대용어로 바꾸어 말하면, '인격연마' '인간변혁(즉 인간혁명)'이라 할 수 있다.

위에서 말했다시피 성불의 원리가 『법화경』 제법실상(諸法實相) 안에 담겨있다. 그런데 「방편품」은 겉으로 말하면 10여시뿐이다. 이것은 교상(敎相)의 면이다. 이 십여실상(十如實相)을 밝힌 천태불법은 관념관법(觀念觀法)의 수행으로, '기심(己心)에 제법실상을 관(觀)'하는 것을 구극의 목표로 삼았지만, 실제로 수행자에게 있어서 천태의 관행(觀行)을 통해 성불하기란 아주 어려운 일이었다. 이에 비해 니치렌 대성인은, 이 제법실상이라는 교상의 가르침을, 만인이 불도수행에 면려하고 '성불하기 위한 지표'로서, 새롭게 소생시킨 것이다. 이로써 법화경이 변혁과 향상의 철리(哲理)로 현실에 개화하게 되므로 일체중생(즉 민중)에게 있어 니치렌불법의 의의는 자못 심원하다 하겠다.28)

천태와 니치렌불법의 구별이 새삼스러울 수 있지만, 전자가 고도의 기술을 미리 예견한 설계도라면, 후자는 그 설계가 이미 실현되어 눈앞에 손쉽게 활용할 수 있는 기기로 놓여져 있는 차이일 것이

---

27) 이케다 다이사쿠. 『법화경 방편품・수량품 강의』. 서울: 화광신문사. 2013. 142-171쪽. 이하 '제법실상'에 대한 설명은 대부분 여기서 인용했다.

28) 『화광신문』 2020년 7월 10일자(제1357호) 제6면.

다. 이를테면 같은 '법화경'이지만, 시기에 따라 다른 모습을 띠는 것이다. 『법화경』 안에서 예를 찾자면 과거 위음왕불(威音王佛)의 시대에 불경보살(不輕菩薩)은 24자(字)의 법화경을 수행했고(「상불경보살품」), 과거세 일월등명불은 법화경을 설하는데, 육십 소겁의 시간이 걸렸다고 한다(「서품」). 그리고 「화성유품」에는, 대통지승불(大通智勝佛)이 팔천 겁 동안 쉬지 않고 법화경을 설하고는 선정(禪定)에 들었다고 적혀있다.

석존은 '불법의 시(時)'(출처 『대집경』)를 정·상·말(正像末)의 3시로 구분하였는데, 이에 『법화경』을 적용하면, 석존(釋尊)의 『법화경』은 '정법(正法)의 시(時)', 천태의 『마하지관』은 상법(像法)의 시에 해당한다. 천태의 『마하지관』은 법화경의 근본의(根本義)인 '제법실상(諸法實相)'과 '일념삼천(一念三千)'의 법문을 밝혔다. 그리고 말법(末法)의 시에는 니치렌의 '5자(혹은 7자)의 법화경'이다. 즉, 말법의 시에 이르러, 니치렌 대성인에 의해, '우주 궁극의 실재(Ultimate entity)'의 이름이 '남묘호렌게쿄(南無妙法蓮華經)'라고 밝혀지는 것이다. 이렇게 명시됨으로써, 성불(成佛)의 원리가 모두에게 실천성 있는 것으로 변하게 되니, 모두가 불성을 지닌 존극한 당체라는 생명존엄 사상을 기저로 한 진실한 '민중불교'[29]는 니치렌불법에서 기원하는 것이라 말해도 될 것이다. 이 니치렌 불법의 사상적 의의를 이케다 회장은 다음과 같이 말했다.

---

[29] 민중__ 대승불교 관점에서 인간존엄의 함의를 중시한다. 니치렌의 불법사상을 창가학회가 계승하며 이 '민중'의 의미는 매우 독특하고도 입체적인 이미지를 가진다. 『법화경』의 생명관을 적용하면, 생명 본질이 가진 내발성에 의거, 각자의 개성을 발휘하며 공생하는, 이 세계의 주체로서, 권력이라든지 재력이라든지 그런 일체의 힘과 차별을 거부한, 본연의 무한한 가능성을 지니고 있는 존극한 존재로서의 '민중'이다.

인간의 생명을 근본으로 존경하는 니치렌 불법이 곧 인간존중의 종교의 궁극이다. 그리고 바로 여기에 새로운 휴머니즘의 원천이 있다. 누구나 평화를 외친다. 누구나 생명존엄을 말한다. 그러나 그런 존귀해야 할 생명이 국가의 이름으로, 이데올로기로, 민족·종교의 차이로 그리고 인간의 증오와 질투, 모멸감으로 매우 쉽게 짓밟히고 희생되었다. 아무리 생명이 존귀하다 해도 '근본존경'이라는 생각에 이르지 못하면 생명도 수단이 되고 만다....인간의 생명에 '부처'가 갖춰지고, (생명이야말로) '본존(근본으로 존경할 대상)'이라고 설하는 이 불법 철리(哲理)야말로, 생명존엄의 확고 부동한 기반이며 평화사상, 인간주의의 근원이라 할 수 있다.[30]

여기에 덧붙일 것은, 의의 심대한 니치렌불법의 '생명존엄'을 현대에 계승·실천하는 재가(在家)단체가 곧 창가학회[31]라는 사실이다. 토인비 박사는 "창가학회는 '인간혁명(人間革命)'의 활동을 통해 '니치렌의 유명'(遺命)[32]을 실행하고 있다."[33]고 평가했다. 창가학회

---

[30] 이케다 다이사쿠.『신인간혁명』제19권 '보탑'장 306-307쪽. 출처「세계광포의 대도(大道)_소설 '신인간혁명'에서 배운다」.『화광신문』제1355호 2020년 6월 26일자 제5면. "한 사람의 위대한 인간혁명은 이윽고 한 나라의 숙명도 전환하고 나아가 전 인류의 숙명전환도 가능하게 한다." 이것이 인간혁명의 무한한 역량이다. '인간혁명'이란 용어는 창가학회 2대 도다 조세이 회장으로부터 시작되었다고 한다. '인간혁명'은 니치렌불법정신을 계승한 SGI의 중요한 실천이며, 이케다 다이사쿠가 집필한 소설 제목이기도 하다. 소설『인간혁명(人間革命)』은 1952년12월2일에 집필을 시작하여 28년이 넘는 기간 동안 신문에 1509회 연재하여 완성하였다. 그 속편이라 할『신(新)인간혁명』은『인간혁명』을 마치고 반년 뒤인 1993년 8월 6일 새로이 집필을 개시하여 2018년 9월까지 30권으로 완결했다. 소설이라는 형식을 빌어, 니치렌 대성인 불법의 '생명존엄사상'을 근본으로, 세계평화를 위한 창가학회 3대로 이어진 사제의 투쟁과 민중 승리의 드라마를 대서사시처럼 기록한 것이다.

[31] 창가학회(創價學會)는 1930년 마키구치 쓰네사부로 초대 회장이 도다 조세이 2대 회장과 함께 창가교육학회를 세운 것을 시작으로, 1975년 세계51개국 대표가 모여 발족한 것이 오늘날 SGI(국제창가학회)이다. SGI는 현재 192개국 회원국이 있다, '창가'의 명칭은 가치창조란 의미이다. 인간사회에서 가장 중요한 '인간'을 어찌하면 무한한 가능성을 개화시키는 인간으로 교육할 수 있을까를 니치렌 불법을 통해 탐구한 마키구치 초대 창가학회 회장은 "자신과 남을 위해 가치를 창조하는 것이야말로 행복의 원천이자 인생의 목적이다"_라는 '가치창조'의 사상을 제창하였다 (『화광신문』 2020년 6월 19일자 제3면).

[32] 여기서 '유명(遺命)'이란 '광선유포(廣宣流布)'와 '세계평화'를 의미한다. '광선유포'의 의미는 불법의 가르침을 널리 알리는 일을 가리킨다. 그런데 니치렌 불법의 핵심사상은 '생명존엄'에 있다. 그러므로 만인에게 생명존엄사상을 넓히고, 생명을 경시하고 해치며 억압하는 일체와 투쟁하는 것을 "사상전(思想戰)"이라고도 표현한다. 이 '전(戰)'은 다툼이나 분쟁을 뜻하는 게 아니고, 생명존엄사상을 기치로 불법인간주의(佛法人間主義)의 대흐름을 만들어가는 일체의 노력과 분투가 포함된 의미이다.

의 '인간혁명'34)의 실천에는, 동아시아 대승불교의 본연의 진수(眞髓)가 흐른다. 그러기에 이케다 회장은 생명존엄을 지키는 행동에 진실한 불법정신이 있다고 외쳤다.

> 내게는 전쟁 없는 세상을 만들겠다는 희망이 있습니다. 정의 인권이라 해도 사람이 사람을 희생시키지 않는 것입니다. 자연환경일지라도 인간이 함부로 파괴하면 그 결과는 인간을 불행하게 합니다. 자기를 위해 타인의 생명조차도 이용하는 악(惡)과는 단호히 싸우겠습니다. 이것이 불법의 진수(眞髓)입니다.35)

이러한 창가학회의 자각과 실천을 찬탄하여, 세계 평화학의 아버지 요한 갈퉁 박사는 다음과 같이 말했다.

> 세계의 모든 사상 중에서 참으로 '평화'를 설하고 있는 것은 불교 이외에는 없다.(…)사상과 영지의 체계로서의 불교는 지구적 모든 문제를 해결하는 데 필요한 지혜와 사고의 패턴을 갖고 있다. 불교는 세계의 정치문화를 변혁할 수 있는 사상이고, 본래 '변혁의 종교'였다. 그러나 많은 불교도는 그것을 자각하지도 행동하지도 않았다. 창가학회만이 사상과 행동을 결부시킨 매우 자극적인 예외이다.36)

---

33) 이케다 다이사쿠.「세계를 비추는 태양의 불법 5」.『법련』2020년 6월호 통권370호 49-50쪽. 이 글 속에, 토인비 박사가 소설 『인간혁명』 영문판 '서문'에서, 창가학회의 활동을 '세계적인 사건'이라고 한 논평이 인용되어 있다.

34) 인간변혁과 지구적 위기해결과의 상관성을 말하려면, '제법실상' '일념삼천'의 법리를 재삼 강조하지 않을 수 없다. 대승불교는 자타 함께 성불하는 것이 수행목표이고, 그 성불이란 곧 인간혁명이다. 인간의 내면변혁이 동시에 현실변혁으로 이어짐은, 제법실상의 원리로 보아 분명하다. 주체(正)가 바뀌면 주위환경(依)도 바뀐다는 것을, 다른 불법 용어로는 '의정불이(依正不二)'라고도 한다.

35) 마에하라 마사유끼.『이케다 다이사쿠 행동과 궤적』. 서울: 중앙일보사 시사미디어. 2007. 216-217쪽.

36) 이케다 다이사쿠.「세계의 지도자를 말하다」(1994). 한국SGI 編.『(포교매뉴얼) 행복을 전하는 대화』. 181-182쪽.

이상을 종합하면, 불교의 지혜는 개인의 변혁은 물론이고 나아가 모든 지구적 문제를 해결할 수 있다는 것이다. 하지만 여기에 반문의 여지가 있다. 변혁의 지혜를 굳이 종교적인 것에서 찾을 필요가 있는가. 이 질문을 뒤집으면 여러 가지 종교가 지난 세기 전대미문의 위기라는 도전에 과연 궐기했는가—이겠다. 본문은 그 논의에 깊게 들어가는 대신, 20세기 문명진단에 다소 신중했던 토인비 박사의 주장을 여기에 요약해 두고자 한다.

박사는 인류가 절멸(絶滅)이 아닌 생(生)을 선택해야 하는 이상, 근본적으로 "인간 한 사람 한 사람의 마음에서 혁명적인 변혁"이 이루어져야 한다면서, 이 변혁은 반드시 "종교가 계발한 것"일 것이라는 단서를 붙였다. 이유는, 이러한 '종교적인 것'[37]으로 계발하는 내면적 변혁에, "새로운 이상을 실천에 옮기는 데 필요한 의지력"이 따를 수 있기 때문이라고.[38] 박사는 '미래의 종교'에 대해서도 거시안적인 요구가 있었다. "새로운 문명을 낳아 지탱해 갈 미래의 종교는 지금 인류의 생존을 심각하게 위협하는 여러 악과 대결해, 그 악들을 극복할 힘을 인류에게 주는 것이어야 한다."[39] 말하자면, "인

---

37) 이 '종교적인 것'의 의미는, "선한 것, 가치있는 것을 희구하는 인간의 능동적 삶을 고무시키는, 이른바 뒤에서 밀어주는 것과 같은 역용"(27쪽)이다. 『21세기 문명과 대승불교』 25-29쪽에서 인용 및 참조함.

38) 『21세기를 여는 대화 Ⅰ』 90-104쪽.

39) 이케다 다이사쿠. 「사제개가의 기억 제4회 토인비 박사와 나눈 대담」. 『화광신문』 제1352호 2020년 6월 5일자 제2면. "동아시아인이 인류의 평화와 문명에 공헌할 수 있는 길은 철학과 종교 분야이고 특히 불교사상이 아닐까 하고 생각한다." (『21세기를 여는 대화 Ⅱ』 150쪽) 여기서 나아가 토인비 박사는 북전(北傳)불교인 대승사상에 큰 기대를 걸었다. 동아시아 북전불교에 기대하는 근거로는, 역사적으로 대승사상이 동아시아 모든 민족의 저류에 있으면서, 사람들의 정신을 윤택하게 하고 또 그 정신을 일구어서 보다 평화로운 역사를 영위하게 했을 뿐만 아니라, 자연과 인간이 조화를 이루어 안정되게 하면서 '생'(生)에 대한 강력한 용수철로 작용하는 힘을 보였기 때문이라고 했다. "북전"이란, 인도에서 발원한 불교가 북으로 중국에 전래되는 노선을 말함이다. 북전불교는 중국적 사유를 거쳐 대승불교 경향이 농후하였고, 한역경전(漢譯經典)과 함께 한반도(최초전래, 372년)와 일본(최초전래, 552년) 등으로 전파되었던 것이다.

류전체의 상호존중을 위한 기반으로서 고등종교신앙의 세계적 확립"을 바란 토인비 박사였다.

그런가 하면, SGI 회장은 다음과 같이 '종교인상(宗教人像)'을 밝혔는데, 종교와 사회현실을 분리시키지 않는 관점에서 『법화경』 '제법실상'의 원리를 연상하지 않을 수 없다.

> ...(종교인은) 그 종교의 교의를 올바르게 실천함으로써 현대사회가 초래한 위기를 극복할 수 있다는 것을, 신앙을 가진 사람의 현실적 자세를 통해 나타내 보이지 않으면 안 됩니다. 이러한 종교 본래의 교의를 실천함으로써 개개의 인간이 위기적 상황을 극복하는 동시에, 인류의 일원으로서 그 과제의 해결을 위해 종교상의 대립을 넘어 협력해 나가야 할 것입니다. 나는 종교적 차원에서의 독자적 주장과 세계 시민적 차원에서의 협조는 양립이 가능하다고 생각합니다.[40]

## 3. 평화의 문화와 동아시아 3국

### 1) 인간존경(人間尊敬)

2020년 현재, 지구를 강타하고 있는 '코로나19'의 팬데믹(pandemic)에 봉착하여, 대한민국 서점가에 한 권의 신간서적이 나왔는데, 그 안의 한 마디가 참으로 귀에 익은 것이, 더 이상 행동을 미뤄선 안 될 때에 이르렀음을 뜻하는가. "포스트코로나 시대는 거대한 인식의 전환, 패러다임 전환 시대가 되어야 합니다...중요한 건 경쟁에서 승리하는 게 아니라 **인간의 존엄**을 지키는 겁니다."[41]— 중앙대학교 김누리

---

40) 『21世紀에의 警鐘』 172쪽.

41) 최재천·장하준 등 7인 공저. 『코로나사피엔스』. 서울: 인플루엔셜. 2020. 151쪽.

교수의 발언이다.

그런데 '인간존엄'에 대하여, 『법화경·상불경보살품』에선 한 보살의 수행으로 묘사하고 있다. 항상 인간존경의 예배행을 실천하는 보살이라 해서, 이름도 '불경보살(常不輕菩薩)'이다. 이 보살은, 사람들과 마주칠 때마다 항상 이렇게 인사를 건넸다고 한다.

> "我深敬汝等, 不敢輕慢. 所以者何, 汝等皆行菩薩道, 當得作佛."―
> 나는 깊이 그대들을 존경하며 감히 경멸하지 아니합니다. 그 까닭
> 은, 그대들은 모두 보살의 도를 행하여 마땅히 작불(성불)할 것이
> 기 때문입니다."42)

니치렌 대성인은 이 경문을 들어 『스슌천황어서(崇峻天皇御書)』에서 언급하기를,

> 일대(一代)의 간심(肝心)은 법화경(法華經), 법화경 수행(修行)의
> 간심은 불경품(不輕品)이니라. 불경보살(不輕菩薩)이 사람을 존경
> 한 것은 어떠한 일이뇨. 교주석존(教主釋尊)의 출세(出世)의 본회
> (本懷)는 사람의 행동에 있었소이다.43)

라고. 이 대략의 뜻은, 석존 불법의 핵심은 『법화경』에 있고, 『법화경』 수행의 핵심은 불경보살의 행동에 있다는 것이다.

생명이야말로 존극한 것이다―이렇게 생명존엄을 원천사상으로 하게 되면, 인간은 자신의 내적인 보배를 깨닫고, 동시에 타인의 보배도 깨달을 수 있어서, 불경보살처럼 '타인을 진심으로 존경한다'.

---

42) 鳩摩羅什 漢譯. 『묘법연화경·상불경보살품』 제20. 『묘법연화경병개결』. 한국SGI 간행, 557쪽.
43) 日蓮. 『御書全集』. 1174쪽.

그리고 타인을 촉발시키고, 타인에게 공헌하기 위한 '행동'에 면려해 나갈 것이다.44) 다시 말해, 인간존엄을 믿고 그 신념을 지키고자 행동하는 것, 이것이 인간의 도(道)이다. 공생의 에토스이다. 이와 반대로 자타의 존엄을 부정하는 마음에서, 생명에 대한 자연에 대한 일체의 폭력이 생겨난다. '공생'의 지혜란 다름 아닌 '생명존엄'인 것이다.

> ...전쟁이나 테러는/인간에게 가하는 폭력이다./환경 파괴는/자연에 가하는 폭력이다./각각/다른 문제가 아니다./근본은 하나다./그 근본은 인간/그리고 인간을 지탱하는 자연과 환경/모든/생명존엄의 경시에 있다./그 근본을/바로 잡아야 한다.45)

'생명존엄'을 근저로 한 이케다 회장은 어떤 만남에서도 상대 및 상대의 국가, 상대의 문화를 최고의 존경으로 대한다. 거기에 진실한 우정이 싹트는 것이다. 우호가 맺어지고 평화가 건설되는 것이라고 격려한다. "어느 나라 사람이든 모두 같은 인간입니다. 성실하게 있는 그대로 대하면 됩니다. 이야기를 나누면 반드시 서로 마음이 통하여 이해할 수 있습니다."46)

'인간'이라는 가치 외에 더 중요한 것이 있을 리가 있는가, 이러한 신념을 외치는 회장. 우선 1974년으로 되돌아가 중·일 우호를 개막하게 된 배경부터 살펴보기로 하자.

이케다 회장이 중·일 국교 정상화를 제안한 것은 1968년의 일이

---

44) 『방편품·수량품 강의』 33쪽.

45) 이케다 다이사쿠. 「사계의 격려__푸른 지구를 지키는 세계시민으로」『화광신문』 2020년 6월 26일자 제1355호 제1면.

46) 이케다 다이사쿠. 『新人間革命』제20권. 서울: 화광신문사. 2010. 23-27쪽.

다. 핵무기 시대에 인류를 파멸에서 구하려면 무엇보다 국경을 초월한 우정의 확립이 중요하다는 것이 이 제안에 전제된 발상이었다. 중·일 우호의 개막을 연 일에 대해, 이케다 회장은 다음과 같이 술회했다.

> 양국의 국민을 위해 나는 단연코 미래를 위한 '우호''평화'의 길을 열어야 했다. 중국을 고립시키고 10억의 인민과 우호를 맺지 않는다면 아시아의 안전은 있을 수 없다. 세계 평화도 없다. 여러 가지 차원에서 보면 '중국과 우호를 맺는다.'는 것이 일체의 평화를 위해, 번영을 위해, 모든 인류에게 공헌하기 위해 필요했다.47)

드디어 1974년 5월에 중국 첫 방문이 성사되는데, 그해 9월에는 잇달아 소련을 방문하기에 이른다. 소련 방문에 앞서, 회장의 '불법 인간주의'를 이해하지 못한 중국지도부의 반대의사도 들었으며, '종교인이 종교를 부정하는 나라에 왜 가느냐'는 냉소적인 질문을 받기도 했다. 이케다는 이 물음에 바로 답한다, '거기에 인간이 있기 때문입니다.'48) 국적, 계급, 이념, 인종 등 어떤 차이가 있다해도, '생명이란 다른 어떤 것으로 그 가치를 대신 할 수 없는 존극한 것'이라 여기는 여기에 인간존엄, 생명존엄이 있는 것이다. 이것이 이른바 '불법인간주의'(佛法人間主義)인 것이다,

소련 방문 중, 회장은 석 달 전에 중국을 방문한 실제 소감을 코시킨 총리에게 전했다. "중국 총리는 중국이 먼저 타국을 공격하는 일은 절대 없다고 분명히 말했습니다. 그러나 소련이 공격하지 않을

---

47) 이케다 다이사쿠. 『청춘대화』(보급판 1). 서울: 화광신문사. 2013. 309, 311쪽.

48) 「청년부가하라다 회장에게 듣는다 (2부)_제3회 지구를 비추는 창가의 평화운동(下)」『화광신문』 2020년 5월 19일자 제8면. 불법인간주의는 안간만이 존귀하다고 여기는 '인간중심주의'와 구별되는 것으로, 인간을 구제하고 시대를 변혁하기 위해서는 인간에게 잠재된 위대한 가능성을 개발하는 수밖에 없다는 것이다.

까 하고 방공호까지 파면서 공격에 대비하고 있었습니다. 중국은 소련이 어떠한 태도로 나오는지를 보고 있습니다. 솔직하게 여쭙겠습니다. 소련은 중국을 공격할 겁니까?" 이에 코시킨 총리가 소련은 중국을 공격하지 않는다고 전해도 된다고 대답한 것이다.[49] 이 확답을 중국 지도부에 전달함으로써, 중·소의 대립구도가 크게 완화된 일은 민간외교사의 쾌거로 전해진다.

그런데 그 이듬해인 1975년 1월 회장이 미국을 방문, 키신저 국무장관과 회담을 할 때 키신저 장관은 또 이렇게 물어온다. "솔직하게 묻겠습니다. 당신들은 세계 어느 세력을 지지합니까?" 이는 냉전의 시대인 당시의 세계정세에 상관없이, 이케다 회장이 중국, 소련의 지도부와도 회담하고 미국의 국무장관인 자신과도 회담하는 점에 대한 질문이었다. 여기에 이케다는 대답한다. "우리는 동서 양 진영 중 어느 한 쪽을 편들자는 게 아닙니다. 중국 편을 드는 것도, 소련 편을 드는 것도, 미국 편을 드는 것도 아닙니다. 우리는 평화세력입니다. 인류의 편입니다." 누구의 편도 아니다. 오직 인류를 위하여. 이케다 회장의 대답은, '생명존엄'이란 종교적 신념과 세계시민으로서의 행동 사이에 한 치의 틈도 없음을 보여주는 한 예이다. [50]

## 2) 평화의 문화

'세계인권선언'(1948년)을 추진한 브라질 문학아카데미 총재 아타이데 박사는 말했다.

---

49) 『新人間革命』 제20권 155-298쪽. 소설 속의 주인공 '신이치'는 실제인물 이케다 다이사쿠을 반영한 것이다.

50) 위의 책 379-383쪽.

어째서 세계대전이 일어났는가? 그것은 한 사람 한 사람의 인권이 경시되었기 때문이다. 모든 인간은 태어나면서부터 자유롭고 또 존엄과 권리에 대해 평등하다. 인간은 이성과 양심을 받았으며 서로 동포라는 정신을 갖고 행동하지 않으면 안 된다.[51]

평화와 인권존중이 표리일체임을 역설한 것이다. 그런가 하면, 유엔의 '평화의 날'(매년9월 셋째 화요일), '평화의 해'(1986년)을 제창한 한국의 조영식 박사(1921-2012)는, 청년기에 침략국 일본의 국가주의도 겪고 한국전쟁도 겪으며 사색을 깊이 하여 이상사회로서 '오토피아'(Oughtopia)의 사회를 제시하기에 이른다. 인간이 인간답게, 값있게, 보람 있게, 평화롭고 행복하게 살아가자는 이 주장 속에는, 물질에 편중된 문명도 아니고 정신에 편중된 문명도 아닌, 그것들을 유기적으로 통합하고 창조적으로 조화를 이룬 새로운 문명의 구상이 있었다. 그는 자신의 사상을 이렇게 피력하기도 하였다고 한다. "영원한 평화를 위해서는 가치관의 기준을 바꿔야 합니다. '마음'을 바꾸면 모든 것이 바뀝니다. 미래가 바뀝니다. 이해만을 추구하는 경제주의가 아닌 문화주의, 인간주의, 전 인류의 평등과 같은 보편적인 민주주의가 바탕이 되어야 합니다."[52] 조영식 박사가 제안한 '오토피아' 사회란, 소극적인 평화와 행복이 아닌, 사회 구성원인 개인 한 사람 한 사람 모두가 행복과 보람을 느끼는, 이를테면 민주주의의 본의가 제대로 실현된 '한 사람을 소중히 하는' 사회를 의미한다. 이 '인간이 중심'이고, '인간을 존경'하는 사회를 건설하는 데

---

51) 한국SGI대학부 편.『Human Network For Peace』(팜플릿) 11쪽.

52) 月刊中央 編.『(이케다 다이사쿠 칼럼집) 내가 만난 세계 명사들-평화와 화해의 메신저』. 서울: 月刊中央. 2019. 150-151쪽. 그 외, 신충식,「조영식의 '오토피아'윤리사상의 칸트적 기원」. 하영애 편저.『조영식과 이케다 다이사쿠의 평화사상과 계승』. 파주: 한국학술정보(주). 2018. 45-65쪽을 참고함.

에 '문화적 사회'가 요구되고, '인간혁명'의 필요성이 역설되는 것이다.

이러한 연장선상에서 『21세기에의 경종』에서 (이탈리아) 로마클럽 설립자 아우렐리오 펫체이 박사(1908-1984)가 이케다 회장과 나눈 일단의 대화를 인용해 보기로 한다.

> **펫체이:** ...평화는 하나의 무형적(無形的)인 가치이고 마음과 정신의 문화적인 상태입니다....전쟁이 오만·에고이즘·상호 불신·공포의 증류된 땀이고, 거의 예외 없이 권력을 행사하는 쪽에 의해 조성되는 것인데 대해, 평화는 민중 사이의 상호 이해·관용·존경·연대(連帶)가 자연적으로 초래한 결과이며 민중 자신의 마음에서 싹터야 하는 것입니다....

> **이케다:** ...불법은 인간의 마음 속에 깊은 예지와 광대한 자비의 정신을 심어줄 법을 밝히고 그 예지와 자비로써 탐욕(貪慾), 진애(瞋恚), 우치(愚癡)의 3독(毒)을 억제하는 길을 제시했습니다. (펫체이)박사께서 '평화란...마음과 정신의 문화적 상태'라고 정의한 것은 불법의 이와 같은 가르침과도 합치됩니다.
> 문화란 가는 것(耕)이고 길들이는 것입니다. 3독을 풀어 놓아 그 횡포에 떠는 것은 비문화적 상태입니다. 예지와 지혜를 강화시킴으로써만이, 그 세 가지 독을 길들이고 경작하여 이를 현명하게 억제해 나갈 수 있는 것입니다....
> 인간은 지금까지 외적(外的) 세계를 경작하여 물질과 에너지 및 생물을 길들이는 데 노력하여 성공을 거두기도 했으나, 자신의 마음 속에 있는 야생(野生,즉 3독 충만한 내면)에 대해서는 방치 상태에 있다고 해도 과언이 아닙니다. 물론 그 부분적 시도로서 윤리와 도덕이 있습니다마는, 이것만으로는 마음의 심층에 있는 거대한 힘에 대해 너무 무력합니다.
> ...그러므로 나는 '마음과 정신의 문화적 상태'를 창출하기 위해 불법의 가르침을 세계에 전하고 사람들의 눈을 뜨게 해 주고자 진력하고 있습니다.[53]

---

53) 『21世紀에의 警鐘』 145-148쪽. 그 외 『Human Network For Peace』 13쪽.

위에서 펫체이 박사가 말한 '문화적 상태'란, 인류가 추구하는 '평화'의 본질이자 평화라는 결과에서 창출되는 인도적(人道的) 정신기풍을 가리키는 것이라고 여겨진다. 불법용어로 풀이하자면 이 문화적 상태를 방해하는 탐·진·치 3독,— 즉 인간의 본성에 잠재한 탐욕, 분노, 어리석음이 있는데, 이를 자제하는 내면적 역량이 있어야, 개인도 사회도 이 '문화적 상태'화(化)가 가능하다는 것이다. 다시 말해 개인과 사회를 문화적 상태로 경작하느냐 못하느냐에 '인류평화'의 존망이 걸렸다는 말이다. 3독의 억제력에 대해서, 이케다 회장의 발언을 빌려 쓰자면, 윤리나 도덕이 약간의 작용을 한다하지만, 인간 생명의 무한한 잠재력을 믿는 대승불교사상에 입각한 '인간혁명'운동이 가장 적절한 효력을 발휘하지 않을까 전망해 볼 수 있다.

내면에 잠재한 자기중심의 이기적 경향을 변혁해가는 속에 개인의 성장은 물론, 평화 사회를 구축해 나갈 수가 있다. 이 지속적 실천을 가능케 하는 것이 바로 대승불법이 밝힌 '생명즉불'(生命卽佛) 사상에 대한 신념이다. 이 신념을 근저로 한 이케다 회장의 문화관(文化觀)은, 한 마디로 '평화의 문화'라 할 것이다.

> 상호의존이 깊어지는 글로벌시대에 '자국에만 유리하면'이라는 사고방식은 용서받을 수 없다. 한 나라만의 번영도 안위도 절대 있을 수 없기 때문이다. 평화의 문화를 넓혀나가는 확실한 힘은 끈질긴 대화이다.54)

'평화의 문화'— 이것은 한국의 독립운동가 김구 선생이 「나의 소원」에서 밝혔던 말이다.

---

54) 이케다 다이사쿠. 「청년의 힘으로 한·중·일 새 시대를 열자」『중앙일보』 2010년 6월25일자 제14133호. 출처 이케다 다이사쿠 웹사이트. www.daisakuikeda.or.kr.

우리 민족이 결코 세계를 무력으로 정복하거나 경제력으로 지배
하려는 것이 아니며 오직 사랑의 문화, 평화의 문화로 우리 스스
로 잘 살고 인류 전체가 의좋게 즐겁게 살도록 하는 일을 하자.
(『백범일지』수록)

평화의 문화에 대하여, 또 그것을 위한 글로벌 대화 운동에 대하여,
이케다 회장은 (노르웨이) 평화학자 엘리스 볼딩 박사(1920-2010) "평
화의 문화는 인간이 서로 창조적으로 차이에 대처하고 그것들의 자질
을 나누는 데 있다"고 한 정의를 인용해 다음과 같이 설명한 바 있다.

자기 이외의 다른 사람과 어떻게 마주하는가, 자기 이외의 다른
사람을 받아들이지 않으면 모노톤(단색)의 세계가 되거나, 다른
문명, 다른 문화 간의 대결이 이어질 뿐입니다.
한편 '다른 사람을 존중한다' '다른 사람에게 관용을 베푼다'고 해
도 서로 자신의 문화, 문명을 절대시한 채로 하는 '존중'과 '관용'
은 세계를 분단시킵니다.
어느 쪽에도 치우치지 않는 열쇠는 볼딩 박사의 말처럼 '서로 나
누는' 것, 다시 말해 '다른 사람과 대화를 나눠 상대를 바꾸고 동
시에 자신도 바꾸는 것'이 아닐까요.55)

진심이 오가는 우호활동으로써 문화 예술의 교류를, 이케다 다이
사쿠는, '인간과 인간을 잇는 원동력'56)으로 보고, 이러한 문화 활동
을 평화를 위한 중요한 작업으로 받아들였다. 이를테면, 인간혁명은
그대로 평화와 문화, 교육 등 일체의 인류를 위한 활동으로 이어진다.
이케다 다이사쿠의 회고에 의하면, 청년시절에 그는 전쟁의 비참
함을 겪으며, 일본국가주의가 일으킨 폐해를 뼛속 깊이 새기게 되었

---

55) 이케다 다이사쿠·로트블랫. 『지구평화를 향한 탐구』. 서울: 중앙books. 2020. 226-227쪽.
56) 이케다 다이사쿠·조문부. 『희망의 세기를 향한 도전』. 서울: 연합뉴스동북아센터. 2004. 229쪽.

다고 한다. 19세 때부터 "전쟁의 비극에서 일어서려면 문화밖에 없다."는 생각을 품게 된 그는 이 신념을 지금껏 관철해 온 것이다.[57] 결론적으로 그는 현재 국제사회가 군사적, 경제적 경쟁을 그만두고, 인도(人道)적 경쟁으로 나서려면, '문화예술'이 해법일 수밖에 없다고 본 것이다. 그래서 '문화로 촉발되는 선(善)의 마음'이 평화를 구축하는 길로 이어진다는 신념을 생애 관철하고자 심혈을 기울였다.

여기에서 우리는 어렵지 않게, 인간혁명이란 관점을 바꿈에 따라 평화의 운동이고 문화의 교류라는 것을 발견할 수 있다. 다시 말해, 인간변혁은 인간 내면이 문화적 상태로 경작됨을 의미한다. 그리고 이 내면의 변혁이야말로 지구상에 평화를 창조하는 가장 근본적 방안이다. 이것을 앞장의 『법화경』 '생명존엄'의 가르침과 연결하여 사색하면, 생명존엄의 사상과 실천이야말로 문화가 진정으로 희구해 나가야 하는 방향이라고 말할 수 있을 것이다. 그런 의미에서, 비록 '문화' 자체가 표면에 내세워진 내용은 아니지만, 이케다 회장의 「21세기 문명과 대승불교」[58]란 강연문에 주의를 기울여 볼 필요가 있다.

### 3) 생명환희의 찬가(讚歌)

이케다 회장은, '문화의 교류'야말로, 인류를 거스르는 전쟁과는 정반대인 혼이 노래하는 생명찬가의 공명(共鳴)이라고 정의했다. 그런데 그의 강연문인 「21세기 문명과 대승불교」에는, 21세기에 대승불교가 공헌할 수 있는 보편적 가치 세 가지가 열거된다. 그 자세한

---

57) 이케다 다이사쿠. 『청춘대화』1. 서울: 화광신문사. 1999. 308-310쪽.
58) 『21세기 문명과 대승불교』16-33쪽. 본문 3의 3) '생명환희의 찬가' 부분은 주로 이 강연문을 기저로 참고 및 인용하였다.

내용을 들노라면, 그가 말하는 이상적인 문화와 대승불교의 보편성이 그대로 일치하는 듯한 느낌을 받게 된다.

그에 의하면, 대승불교가 가진 보편적 가치란, 첫째, '평화창출의 원천'; 둘째, '인간복권의 기축'; 셋째, '만물이 공생하는 대지'—이렇게 세 가지이다. 그는, 이 세 가지로써 인간과 사회를 좋게 변화시켜갈 수 있다고 확신하고 있다고 했다. 그 이유는, 인간으로 하여금 차이에 대한 집착을 극복하게 하고, 자력(自力, 수행 혹은 스스로의 노력)과 타력(他力, 공덕 혹은 자기 바깥의 助力)의 균형을 통해 인간을 강하게, 선하게 현명하게 하고, '이기적 본능에 얽매인 인간 자신'(小我)을 '우주 궁극의 실재'(大我)와 융합시켜 '생(生)도 환희 사(死)도 환희'라는 '역동적인 생명의 약동'을 살려나갈 수 있게 하기 때문이라고 했다. 그리고 이 환희 속에 '끊임없이 맥동하는 활동성'(창조적 생명), 작은 자기에서 큰 자기로 초극하는 인간혁명에, 우주와 개체가 다이나믹하게 연결된 '공명화음'(共鳴和音)[59]이 있다고 보았다. (*여기서 개인과 우주의 융합이란, 이른바 불법에서 말하는 인간혁명의 묘사이다.)

사실 예술적 관점에서 보면, 『법화경』이란 경전 전체는 종합예술적인 효과가 총동원된 웅대한 장편서사극이다. 그 서사를 따라가노라면, 생명 하나 하나에 빠짐없이 빛을 비추는 태양의 자비를 지닌

---

59) 이케다 다이사쿠. 『법화경의 지혜』 1. 서울: 화광신문사. 1999. 147-148쪽. 2020년 코로나19의 세계적 전염이 시작되고, '언컨택트(uncontact, 비대면, 비접촉)의 시대가 도래한 이 때, "공명화음'과 연관성 깊은 조화와 연결의 탐색으로써, 이케다 회장의 다음과 같은 진단을 재음미할 필요가 있어 보인다. "근대문명의 결함은 한 마디로 말하면 모든 면에서 '분단'과 '고립'을 깊게 한 점입니다. '인간과 우주', '인간과 자연', '개인과 사회', '민족과 민족' 그리고 '선과 악', '목적과 수단', '성(聖)과 속(俗)' 등 모두 분단되고, 그 가운데서 인간은 '고립화'로 내쫓겼습니다. 인간의 자유나 평등, 존엄을 추구한 근대의 역사는 반면의 고립화의 역사입니다"라고. 이러한 근대문명의 결함을 전환시킬 중도적 지혜로서 대승불교의 지혜를 제시하는 것이다.

스승의 가르침에 의해 제자들 및 그들을 둘러싸고 있는 대우주의 작용이 함께 환희의 합창을 하는 듯한, 매우 창조적이고 능동적인 생명의 극이자 승리의 극이다. 이에 이케다 회장의『법화경』에 보내는 평가는 마치 한 편의 시(詩語)와도 같다.

> 『법화경』의 눈으로 보면, 전우주가 묘법(妙法)으로 빛난다. 삼라만상(森羅萬象)이 노래이고, 춤이고, 극(劇)이고, 시(詩)이고, 빛이고, 생사(生死)이고, 고락(苦樂)이고, 유전(流轉)이고, 전진이고, 본래 환희 중의 대환희이다.60)

'전우주'가 빛난다란 어구는, 우리로 하여금 '생명'으로 연결된 우주대의 상상을 하게 한다. 여기서 생각나는 것은,『법화경』의 유명한 '7가지 비유' 중 하나인 '약초유'(藥草喩)이다. 이 비유에는, 평등하게 내려오는 빗물에 광대한 대지 위의 크고 작은 초목들 모두가 함께 공생하는 기쁨에 젖어서 약동한다는 묘사가 나온다. 비유의 교훈은, 불법의 가르침이 평등하게 베풀어져 모두가 불도를 이루어간다는 뜻이다. 그러나 이 묘사를 읽으며 상상을 펼치면, 인간 및 산천초목에 이르기까지 생명계 전체가 대우주의 자비를 맘껏 호흡하면서 제각기의 개성을 구김없이 뽐내며 생(生)을 구가(謳歌)하는, "만물이 공생하는 지구 이미지"를 볼 수 있다.

또 크고 작은 일체의 초목이라 했듯, 초목들의 생동감과 다채로움은 어쩌면 민중이 가진 제1특성이라 할 것이다. 각자의 개성 그대로 자기답게 끝까지 살아가는 모습을 예로부터 '앵매도리'(櫻梅桃梨)라고도 형용하는데, 다채로운 세계의 주체인 인간을 어디까지나 존경

---

60)『방편품·수량품 강의』269-278쪽.

하고자 하는 노력 속에, 인간의 세기, 21세기다운 평화의 문화가 밝게 피어날 것이다.

> 인간은 사회의 담당자이며 창조의 주체자입니다. 그러므로 그 인간의 생명과 정신이라는 토양을 일구면 사회도 바뀝니다. 그리고 도야한 인격과 생명의 대지 위에 풍요로운 평화, 문화의 꽃을 피우게 하려는 것이 창가학회의 운동입니다.[61]

앞에서 몇 번이고 생명존엄을 언급했던 바이지만, 역사를 통해 알게 되는 것은, 어느 시대나 문화의 흥륭 뒤에는 위대한 사상이 있다는 사실이다. 문화와 불교의 관계성을 이케다는 이렇게 보았다.

> 긴 안목으로 보면 문화의 번영 이면에는 사상이 있다. 역사상 불교는 즉 문화라고 할 수 있다. 문화도 불교도 인간을 내면으로부터 훈발(薰發)한다. 문화나 예술이 '내면에서부터' 인간을 해방시키는 것임에 반하여, 권력은 '외부에서부터' 인간을 억압하려고 한다. 그러므로 민중의 힘으로 문화를 흥륭시켜야 한다.[62]

인간을 억압하는 일체에서 해방되고자 하는 예술의 마음! 외부적 힘을 근거로 생명을 경시하는 권력의 마성에 대항하려면, 민중이 강해질 수밖에 없다. "어떤 시련도 반드시 이겨내겠다는 신념, 인간의 정신적인 힘에 대한 무조건적인 신뢰, 인류의 미래에 대한 확신에 분단을 뛰어넘어 세계의 민중을 결합시키는 힘"[63]이다. 스스로 현명

---

61) 이케다 다이사쿠. 『신인간혁명』제12권 '천무'. 출처 『법련』 2020년 6월호 104쪽.

62) 『청춘대화』 보급판 1. 210쪽.

63) 이케다 다이사쿠. 「인간혁명 영광 있으리」『화광신문』 2020년 7월 17일자 제1358호 제7면. 국가주의에서 "인도주의"로 전환하려면 인간관(혹은 人性觀)이 중요하다고 보이는 바, 다음 발언을 경청해 두기로 하자. "초점은 '핵의 힘'보다 위대한 '생명의 힘'을 어떻게 개발하느냐입니다. 그리고 핵 확대하기보다 강력한 '민중의 연대'를 어떻게 확대하느냐입니다. '인간교육' 그리고 '민중교육'의 중대한 과제가 여기에 있는 것이 아닐까요."(이케다 회장의 코스타리카 '핵무기—

하고, 강하게, 선(善)의 연대를 맺어나가는 정신의 힘은 곧 "생명존엄"의 '낙관주의'라 할 것이다. 왜냐하면 인간에 대한 신뢰 없이 절대 미래를 논할 수 없기 때문이다. 그러므로 인간의 무한한 힘을 믿어주는 낙관주의는, 21세기 문화의 중요한 특징이 될 것이다.[64]

## 4) 한·중·일 동아시아 3국

동아시아 지역은, 장구한 세월 동안 한자(漢子) 및 한문학(漢文學), 유교, 그리고 불교 등, 공통으로 향유한 문화들이 여러 가지로 중첩되어진 문화권(文化圈)이다. 이 점에서, 동아시아 지역은 세계의 어느 문화권(文化圈)보다도 문화의 공유정도가 공고한 지역이라 칭할 수 있을 것이다. 역사상 이 만큼 평화적 유대감 속에서 지속적인 문화 교류가 가능했던 지역도 드물 것이다.

동아시아 주요국인 한·중·일 3국을 보면― 과거엔 중국에서 동으로, 즉 한국, 일본으로 문화전래가 이루어졌다면, 근대기를 거쳐

인류에 대한 위협전'개막식 인사. 출처 『법련』 2020년 9월호 17쪽)

64) 어느 시대나 뛰어난 문화의 근저에는 종교가 있었다.__라는 관점은 인류의 행복과 연결하여, 나아가 '민중문화'의 본질을 재확립하는 의미에서 토론할 여지가 많아 보인다. 소설 『신인간혁명』 제15권 '소생'장에서, "비옥한 토양에는 풍요로운 초목이 무성하다. 마찬가지로 불법의 위대한 생명철학으로 인간의 정신을 일구어 가면, 그 속에는 위대한 문화의 꽃이 난만하고 인간찬가의 시대가 구축될 것이 틀림없다."라고. 창가학회의 운동은 민중 한 사람 한 사람에게 내재한 생명의 약동과 환희를 불러 깨우고 인류를 이어 인간성의 승리를 확립하는 것이다. 1954년 이래__또, 『신인간혁명』 제7권 '문화의 꽃' 장에 의하면, 학회의 문화제는 1962년을 계기로 활발히 개최되었다고 한다.__ 지속하여 개최된 학회의 문화제는 그 상징 중 하나라 할 수 있다. 즉 문화제란 본질적으로 인간 삶의 약동과 환희를 표현한 것이다. 평화란 적극적 의미로서 사람들이 삶에 환희를 느끼는 상태를 이른다, 때문에 문화와 평화가 불가분의 관계인 것이다. 그리고 학회의 문화제가 가진 중요한 또 하나의 의의는, '민중 주체의 문화예술 운동'이라는 점이다. '민중을 위한 예술'__이것이 이케다 회장이 학회 문화제를 제안한 하나의 이유이다. 문화와 예술은 전 인류의 '정신적 보배'다. 그럼에도 불구하고, 우선 비용면에서도 서민들에게 예술 감상은 용이치 않은 일이었다. 그렇기에 문화와 예술을 서민이 친숙하게 여길 수 있도록 하고 싶다.__회장이 추진한 문화운동의 근간을 이루는 신념이었다. 회장이 창립한 민주음악협회와 도쿄후지미술관도 이러한 이상(理想)을 공통으로 내걸고 있다." 출처 『법련』 2019년 7월호 통권 359호 34쪽.

20세기 중반까지의 기간에는 일본이 서양문명을 먼저 수용하고, 일본을 거친 근대서양문화를 한국과 중국이 받아들이는 반대의 경로가 만들어졌음을 알 수 있다. 근대사의 비극이라면, 이러한 문화경로의 역전과 동시에 일본의 아시아 침략이 실행되었다는 사실이다. 지금껏 일본민중까지 포함한 동아시아민중의 마음에서 가시지 않는 역사적 상처와 그로 인한 갈등, 그 일정부분 과거 일본의 '국가주의'[65] 에 책임이 있음은 분명하다.

주의할 것은, 창가학회 초대 마키구치 회장과 2대 도다 조세이 회장은, 인간의 행복을 도외시하는 자국(自國)의 국가권력에 항거하여, 일말의 타협이나 굴복을 안 했을 뿐더러, 오히려 도다 회장은 종전(終戰)후 1957년, 누구보다 앞장서서 인류의 생존권을 위해 핵무기와 핵무기 사용 금지를 세상을 향해 역설했다.[66] 사제불이(師弟不二)의 길을 걷는 3대 이케다 회장 역시, 국가주의와 같은 잘못된 사상이 민중을 불행하게 하는 원흉이라고 비판하며, 일본군국주의가 아시아 민중에게 해악을 끼쳤던 근대역사를 시인하고 철저한 사죄를 할 것을 끊임없이 일본을 향해 요구하였다,

> 과거 자국의 어리석은 행위에 눈을 감아버리는 편협함이야말로 '마음의 감옥'을 만드는 것이다. 이 감옥을 깨부수지 않고서는 일본의 진정한 국제화도 있을 수 없다. 한국을 비롯한 아시아 국가들로부터 진심어린 신뢰를 받을 때만이 일본은 평화국가로서 자리매김할 수 있다.[67]

---

[65] 근대의 세계역사에서 국가주의의 폐단은 일본에만 한한 문제가 아니었다. 여기서 일본의 경우만 지적한 것은 동아시아로 범주를 한정한 때문이다.

[66] SGI와 삼대회장에 대한 참고 및 인용의 출처는 이케다 다이사쿠 웹사이트 www.daisakuikeda.or.kr.

[67] 이케다 다이사쿠. 「한·일 밝은 미래, 청년들에게 달려 있다」『중앙일보』 2010년 3월 19일자 제14049호. 출처 이케다 다이사쿠 웹사이트 www.daisakuikeda.or.kr.

한편으로는 일본 청년들이 올바른 역사관을 가질 것을 권하면서 기회가 있을 때마다 한국, 중국 등의 역사와 인물 이야기를 전한다.

그리고 무엇보다도, 역사 속에 일본이 중국대륙과 한반도에게서 문화의 대은(大恩)을 입어왔던 사실(史實)을 인지해야 한다고 거듭 역설한다. 문화대은에 감사하라! 아시아 이웃나라를 존경하라!―이 것이 회장이 일본에 보내는 메시지이다.68)

> 일본이 아시아에서 받은 은혜는 헤아릴 수 없이 많다. 벼농사, 한 자, 토목기술, 의학, 약학, 종교, 사상 등이 아시아 사람들 특히 이 웃나라인 중국과 한반도에서 전해졌다. 은혜는 문물이나 학술만으 로 그치지 않는다. 예로부터 뛰어난 기술과 지식과 활력을 지닌 아시아의 여러 지역에서 온 인재군들이 일본의 토대를 구축했다. 아주 오랜 역사상에서 문화의 은인인 아시아 각국과의 깊은 연을 응시해 가는 관점도 필요할 것이다.69)

어느 한 대담(對談)에서 이케다 회장은 자신이 한국을 '형의 나라' '스승의 나라', '문화대은의 나라'로 예(禮)를 다하는 가장 큰 이유로 서, 538년 백제의 성왕(聖王)이 일본에 불교를 처음 전했던 구체적 인 사실(史實)을 들었다.70) 그런데 그는 이 불교전래가 곧 총체적인

---

68) 『청춘대화』(보급판)1, 305쪽. 국가주의 대신 인도주의를―이것이 니치렌 대성인으로부터 창가 학회로 이어진 주장이다. 국가주의는 잘못된 종교. 토인비 박사는, 만중을 전쟁에 끌어들이 는 변질된 애국심인 '국가주의'는 "일종의 고대종교" (『21세기를 여는 대화 Ⅱ』 59쪽)라고 보 았다. '나라를 위해 인간이 있는 것'이 아니다. 인간을 위해 인간이 나라를 만들었다. 이것을 뒤집은 '전도된 종교'가 국가 신앙(국가주의를 말함)이다. 니치렌 대성인은 『입정안국론(立正安 國論)』('立正'이란 올바른 종교사상을 근간으로 함, '安國'이란 서민들이 안심하고 평화로운 삶 을 영위할 수 있는 사회의 안정과 번영.에서 '민중의 행복을 근본으로 하는 국가'를 이상적인 국가로 여겼다. 창가학회 초대(初代) 마키구치, 2대 도다 회장은 국가 위에 인류 공통의 인도 (人道)를 올려놓고, 일본도 중요하지만 '인류 전체'는 더 중요하다고 가르쳤다(『청춘대화』1, 296쪽). 자국과 타국을 막론하고 잘못된 사상에 희생되는 건 민중이다. 그렇기 때문에 잘못된 역사를 되풀이 할 수 없다.― 인도주의로 전 세계와 우호를 맺어야 한다. 우호를 맺는 것이 최 고의 안전보장이라 할 수 있다(『청춘대화』1, 324쪽).

69) 이케다 다이사쿠. 『미래를 바라보며』. 서울: 연합뉴스 동북아센터출판사. 2008. 34쪽.

70) 『희망의 세기를 향한 도전』 289-298쪽.

문화의 전래였던 사실을 간과하지 않았다.

> 성왕이 파견한 사람들 중에 목수나 불공이 포함되어 있듯이 '불
> 교'를 전하는 것은 동시에 한자, 미술, 음악, 토목관계 기술, 의학,
> 약학(藥學), 천문학을 전하는 것이기도 합니다. 다시 말해 '문화'
> 를 전하는 것과 같은 의미를 포함하고 있습니다.71)

이케다 다이사쿠 회장의 '한국의 대은(大恩)에 대한 마음'72)이 첫
결실을 맺은 것은, 1990년 9월, 서울에서 개최한 도쿄후지미술관 소
장 '서양회화명품전'이었다. 후지미술관이 소장한 서양회화는 르네
상스 시대부터 20세기까지 500년의 역사를 들여다볼 수 있는 일본
굴지의 라인업이라 일컬어지는데, 서울의 호암갤러리에서 그 작품들
을 전시했던 것이다. 이때의 개막식에서 회장은, "귀국은 일본에 문
화의 대은인입니다."며, '우리가 소장한 서양회화를 해외에서 처음
공개하는 것도 그 은혜에 보답하는 데 조금이나마 보탬이 되었으면
하는 바램에서입니다.'라고 인사하였다. 이 전시는 연일 장사진을 이
루며 한국의 미술관에서 '일일 관람객 최다 기록'까지 수립하기까지
했을 정도였다.

이어서 그 2년 뒤 1992년 11월엔 후지미술관에서 '고려·조선 도
자명품전'이 개최되었는데, 152점에 달하는 도자기들은 해외에서 첫
공개하는 국보나 중요문화재였고, 그 중에는 한국에서도 공개하지

---

71) 위의 책 291쪽

72) 1990년 서울에서 열린 '서양회화명품전' 개막식에서 한국을 '문화의 은인'이라고 감사한 인삿
말은 당시 언론에 크게 보도되었다. 1998년 5월 14-18일 짧은 일정으로 두 번째 방한한 그는,
경희대 명예철학박사 수여식에 참석한 후 18일 한국SGI본부에 들렀을 때에도 방명록에 "대은
인의 나라 대문화의 스승의 나라에 영광 있으라"라고 썼다고 한다. 이케다 다이사쿠가 지닌
한국에 대한 깊은 마음에 대해선 다음 저서를 참고할 만하다. 이케다 다이사쿠. 『감사합니다
한국』. 서울: ㈜조선뉴스프레스. 2012.

않은 작품도 포함되어 있었다. 미술품 중에서도 깨지기 쉬운 부류인 도자기를 아낌없이 빌려준 일은 이례적인 경우였다. 후지미술관의 신의에 신의로 화답했던, 한·일 문화교류의 아름다운 새 시작이었다고 할 것이다.

도쿄후지미술관(하치오지市)으로 말하면 '세계를 반영하는 미술관'이란 모토로 설립되어, 현재 개관 37년째를 맞았다. 동양과 서양의 고대와 현대의 회화, 조각, 조소 등 약 5천여 점의 작품을 소장하고, 세계 각국의 아름다운 명작을 빌려 전시한 횟수만도 지금까지 48회에 이르는데, 여기에도 이케다 회장의 인간혁명의 정신이 빛난다.

문화예술의 교류는 진심과 진심의 공명이다. 1983년 11월 후지미술관 개관과 함께 '근세 프랑스 회화전'을 개최한 배경에는, 1974년 이래 지속된 세계적인 미술사가 르네 위그 씨와의 우정 넘치는 대화의 역사가 있었다. 위그 씨는 이케다 회장과 '국가의 폭력'과 '근대의 한계'를 대화하면서, "정신의 투쟁이 없는 문명은 망합니다. 지금이야말로 정신의 투쟁을 합시다." "결국 제가 가장 요청하고 싶은 것은 인간혁명입니다. 저는 이 인간혁명의 새벽을 향해 한 사람의 '유럽 의용병'으로서 싸우겠습니다."라고 말하였다. 위그 씨의 강력한 지원과 신뢰로, 당시 출품작 목록에 프랑스 본국에서도 보기 힘든 명품들이 있었던 일은 지금도 회자되는 이야기일 정도이다.[73]

사실 도쿄후지미술관과 민주음악협회(민음)의 창립에는 이케다 회장의 "평화의 문화"에 대한 구상이 있었다. 민음으로 말하면 1963년 설립되었는데, 그 구상은 61년2월 아시아 지역으로의 평화여정

---

[73] 『화광신문』 2020년 7월 24일자 제1359호 제7면. 이를 통해서도 알 수 있는 바, 법화경의 지혜를 현대에 살린 인간혁명의 정신은, 그대로 평화·문화·교육 운동의 근간이 되어 인류를 결합시킨다.

에서였다. 회장은 인류가 비참한 전쟁과 결별하고 평화를 구축하려면 무엇이 필요한지에 대해 사색하고, 민중과 민중의 상호이해를 도모하는 일이 불가결하다는 확신 위에, 음악 등 예술, 문화 교류가 중요하다는 결론을 얻었다. 이에, 학회가 모체가 되어 문화교류를 목적으로 한 단체를 만들자고 결의한 것이다. 음악으로 세계 민중의 마음과 마음을 잇고 평화 사회를 건설하자는 원대한 목적을 가지고 탄생한 민음은, 그 동안 밀라노 스칼라극장, 함부르크 발레단, 모스크바 아동음악극장, 중국 상하이 가무단, 한국 서울 예술단 등 해외와 맺은 음악과 문화 교류가 150여 개국에 이르고 있다.

　민음이 지속해온 또 하나의 특별한 노력을 덧붙이자면, '민중이 최고의 예술을 접하는 기회를 제공하고 싶다."는 이케다 회장의 신념을 반영하여, 세계적 수준의 무대공연을 서민들이 친숙하게 관람할 수 있도록 최선을 다해온 점이다.[74] 대승불교도가 말하는 '민중'이라는 말의 울림 속에는, 불교 가르침의 진수라 할 '생명의 존엄성'이 함의되어 있는 것이다. 차별 없는 인간존경, 편견 없는 문화존중, 생명존엄을 근본으로 삼지 않고는 일관하여 철저하게 실천할 수 없는 것이다. 일본에서 '차별철폐의 투사'로 유명한 서용달 교수는 그러한 면에서 SGI의 상대의 문화를 존중하는 평화의 정신을 높이 평가했다.

---

74) 『화광신문』 2020년 7월 17일자 제1358호 제8면. 도쿄후지미술관의 문화교류면에서 보이는 평화와 문화의 관계성에 대해서는 다음 논문을 참고할 만하다. 손희정, 「이케다 다이사쿠와 도쿄후지미술관」, 『조영식과 이케다 다이사쿠의 평화사상과 계승』 255-287쪽.

1988년에 발표한 「SGI제언」(1・26기념제언을 말함)에서는 한국인에 대한 '창씨개명'강요, 한국어 사용을 탄압하고 일본어를 강제로 사용하게 한 사실들을 '문화파괴'라고 단정 짓고 반성을 요구했다. 이는 한일 간의 올바른 역사관에서 비롯된 용기있는 발언이라 아니할 수 없다. …SGI가 일본에서 문제시되고 있는 '마음의 벽'과 '국적(國籍)의 벽'을 뛰어넘어 인간존엄과 정의 속에서 구축된 평화를 함께 희구할 수 있는 새로운 '아시아시민'사회 실현을 목표로 오늘도 그리고 내일도 끊임없이 전진할 것이라고 기대한다, 국적을 초월한 '아시아시민'이 바로 21세기에 걸맞은 키워드라고 믿는다."75)

평화의 문화라 해도 현실의 행동을 떠나 멀리 있지 않다고 이케다 회장은 가르친다, 여기에 덧붙여야 할 것이 있다면, 인간혁명이란 어떤 도달점에 이르면 정지하는 그런 것이 아니란 사실이다.76) 즉 '타인의 불행 위에 자신의 행복을 쌓지 않는다'와 같은 기본적인 실천을 위해 매순간 스스로를 단련하고 노력하는 그 지속 위에 인류의 이상적인 미래사회가 건설될 수 있다는 것이다.

…평화는/멀리 있는 것이 아니다./한 사람을 소중히 하는 것이다./어머니를 울리지 않는 것이다./자신과 다른 사람과도/대화를 나누는 것이다./다툼이 있을지라도/현명하게 화해하는 것이다.//그리고/아름다운 자연을/지키는 것이다./풍요로운 문화를/육성하는 것이다./타인의 불행 위에/자신의 행복을 쌓지 않는 것이다./기쁨도 괴로움도/모두가 서로 나누는 것이다.77)—장편시「평화를!평화를! 거기에 행복이 생긴다」

---

75) 徐龍達. 「21世紀 韓・朝鮮人의 共生비젼」『中央아시아・러시아・日本의 韓・朝鮮人問題 (權蓉・서용달先生古稀記念論文集)』. 東京: 日本評論社. 2003. 641쪽. 韓譯文 인용 출처 이케다 다이사쿠・조문부.『인간과 문화의 무지개다리』. 서울: 연합뉴스동북아센터. 2017. 69-71쪽.

76) "더욱더 투쟁하는 신심이 니치렌불법(日蓮佛法)의 진수입니다. 끊임없이 발심과 도전을 반복해야 비로소 자기 생명이 영원히 빛나는 불계로 물들일 수 있습니다" (이케다 다이사쿠.「어서와 함께 나아간다」. 출처『법련』2020년 9월호 통권373호 13쪽). 이처럼, '인간혁명'의 모습은 일생 전진, 일생 성장이라는 생활태도로 나타난다. 신앙은 그 끊임없는 전진을 위한 엔진이다.

77) 『행복의 꽃다발』2. 165-166쪽.

## III. 맺음말

 이상으로 인류 회생(回生)의 선택으로서, 중도(中道) 문명으로 향하는 방안으로서, 동아시아 대승불교의 생명론에 기반한 '인간주의의 문화'에 대해서 간략히 살펴보았다. 이 과정에서, 동아시아 주요 3국인 한·중·일이 근대역사의 갈등을 벗고 새로운 문화교류를 열어가는 재출발에 있어 '생명존엄'의 원점에 설 필요를 다시금 확인하였다.
 생명존엄의 사상적 근원을 탐색하면서, 우리는 곧 이케다 다이사쿠란 평화행동가가 지닌 신념의 연원이 동아시아의 정신문화의 심층에 닿아있다는 사실을 발견하였고, 그가, "옛 문명에서 인류치유의 지혜를 찾고자 하는 의의 깊은 시도"[78]를 위해 "궁극에는 역사를 만드는 물밑의 완만한 움직임"에 귀를 기울였으며, 그 속에서 '생명존엄'(불법인간주의)[79]를 찾아내 인류와 함께 실천하고자 이제껏 대화의 노력을 경주해왔음을 엿볼 수 있었다. 이러한 이케다 다이사쿠를, 생명과 평화라는 인류의 유산을 지키며, 인류에게 "영원히 변치 않는 지표"를 제시하고 있는 "위대한 스승"[80]이라고 칭한 로케시

---

78) 『DAWN AFTER DARK』307쪽: "…that adds interest to your efforts to evoke a therapeutic wave from an old source."

79) '인간주의'란 이케다 회장의 사상과 행동에 일관적으로 보이는 특성을 통칭하는 말이다. 그는 공적, 사적 활동을 막론하여 어떤 상황에서도, 가장 먼저 그늘에 가려진 존재에 빛을 비추고자 하고, 고통을 겪고 있는 존재에게 다가가 힘이 되어 주고자 한다. 즉 "이케다는 개인이나 집단, 국가를 모두 인간이라는 관점에서 파악하는 것이다"(『이케다 다이사쿠 행동과 궤적』182쪽). 동아시아 역사전통 속에는, 국가도 정치도 백성(民本)을 위해서라는 사상이 깊다. 또, 모든 사람을 근본으로 존중할 대상으로 대하는 수행을 지속하여 성불한 불경보살이 등장하는 『법화경』 유포의 역사가 있다. 이케다 회장의 치열할 정도의 실천으로 보았을 때, 그가 가진 신념은 모든 생명이 부처가 될 가능성을 지녔다고 파악한 대승불교의 성불관에 직접 닿아 있다고 말해도 될 것이다.

80) 『동양철학을 말한다』. 14-15쪽. 옛 역사(문명)에서 지혜를 구해 가르침을 펼쳐서 만대사표(萬代(師表)로 존칭되는 공자는, 《논어(論語)》·「위정(爲政)」편에서 "溫故而知新,可以爲師矣"라고 했다. 열린 해석을 하자면, 옛 것(역사 경험, 옛 문명)을 익혀서 새것(새 학문 혹은 현재와 미래)에 적용할 수 있는 지혜로운 자라면, 가히 스승이라 할 만하다고 읽어도 될 듯하다.

찬드라 박사. 찬드라 박사의 찬탄은, 우리의 눈앞에 만인의 경전『법화경』 '화성유'(化城喩)에 등장하는, 지혜가 총달하여 일행 모두를 무사히 보처(寶處)로 인도하는 한 '도사(導師)'[81]와 회장의 모습이 중첩(overlap)되게 하는데,⋯⋯만물 공생의 신지구문명이 안정된 궤도로 진입될 때를 위해 미증잠폐(未曾暫廢)로 그 선도(先導)의 책임을 떠맡아 하고 있는 이케다 회장의 분투가 자꾸만 연상되기 때문이다.

끝으로 '생명존엄'이라는 보편적 가치를 시대를 여는 문화적 질료(質料)로 제시받은 우리로선, 지금 이 때 각자의 입장에서 이를 실천하고자 지속 노력하는 데에 세계 평화와 인류의 안녕을 위하여 근본적인 길이 있다는 것을 참으로 다행이라 여기며, 다음의 인용문으로 마지막 문장을 대신할까 한다.

> 이케다 선생님이 제시하신 방향이야말로 인류의 미래에 올바른 방향이고, 막다른 길로 들어가지 않는 길이라고 확신합니다.[82] ―전 모스크바대학교 총장, B. 로그노프 박사

---

81) 『妙法蓮華經·化城喩品』에서 도사의 등장 부분은 이렇다. "譬如五百由旬 險難惡道 曠絕無人 怖畏之處 若有多衆 欲過此道 至珍寶處. 有一導師 聰慧明達 善知險道 通塞之相 將導衆人 欲過此難"(비유하면 오백유순이나 되는 험난하고 사납고 인적도 없는 두려운 곳이 있는데, 많은 무리의 사람들이 이 길을 지나 진귀한 보물이 있는 곳으로 가려고 한다. 이 때 도사 하나가 있었는데 총명하고 밝게 통달하여 험난한 곳의 뚫리고 막힌 상황을 잘 알아, 아 많은 사람들을 인도하여 그 험난한 길을 통과시키고자 하였다). 화성유(化城喩)는 유명한 법화7유(法華七喩) 중의 하나로, 부처의 자비로써 중생을 불도에 이르게 한다는 비유이다.

82) 이케다 다이사쿠. 「73기념각부대표간부회」(1993.6.28). 출처 한국SGI 編.『(포교매뉴얼) 행복을 전하는 대화』186쪽.

# 참고문헌

고병익. 『동아시아사의 전통과 변용』. 서울: 문학과 지성사. 1996.

마에하라 마사유끼. 『이케다 다이사쿠 행동과 궤적』. 서울: 중앙일보사 시사미디어. 2007.

문영인. 『글로벌시대의 문화 간 커뮤니케이션』. 서울: 한국문화사. 2017.

새뮤얼 헌팅턴著. 전인초·김선자 譯. 『문명의 충돌』. 서울: 김영사. 2001.

아널드 J 토인비·이케다 다이사쿠. 『21세기를 여는 대화 I, II』. 서울: 화광신문사. 2008.

아우렐리오 펫체이·이케다 다이사쿠. 『21世紀에의 警鐘』. 서울: 一潮閣. 1991.

月刊中央編. 『(이케다 다이사쿠 칼럼집)내가 만난 세계 명사들-평화와 화해의 메신저』. 서울: 月刊中央.

요시노 마코토著. 한철호譯. 『동아시아 속의 한일 2천년사』. 서울: 책과함께. 2009.

이케다 다이사쿠·로케시 찬드라. 『동양철학을 말한다』. 서울: 중앙books. 2016.

이케다 다이사쿠·로트블랫. 『지구평화를 향한 탐구』. 서울: 중앙books. 2020.

이케다 다이사쿠·요한 갈퉁. 『평화를 위한 선택』. 서울: ㈜신영미디어. 1997.

이케다 다이사쿠·조문부. 『인간과 문화의 무지개다리』. 서울: 연합뉴스동북아센터. 2017.

_____. 『희망의 세기를 향한 도전』. 서울: 연합뉴스동북아센터. 2004.

이케다 다이사쿠. 『감사합니다 한국』. 서울: ㈜조선뉴스프레스. 2012.

_____. 『방편품·수량품 강의』. 서울: 화광신문사. 2013.

_____. 『법화경의 지혜』1. 서울: 화광신문사. 1999.

_____. 『어서(御書)와 청년』. 서울: 화광신문사. 2013.

_____. 『21세기 문명과 대승불교』. 서울: 화광신문사. 2011.

_____. 『청춘대화』1. 서울: 화광신문사. 1999.

_____. 『청춘대화』2. 서울: 화광신문사. 2002.

_____. 『청춘대화』(보급판 1, 2). 서울: 화광신문사. 2013.

_____.『행복의 꽃다발』. 서울: 화광신문사. 2020.

_____.『희망의 날개』. 서울: 화광신문사. 2011.

채지충作. 魚夫 編畵. 김낙진 譯.『孔子』. 서울: 눈출판사. 1990.

위엔커(袁珂) 著. 전인초・김선자 譯『중국신화전설 2』. 서울: 민음사. 2006.

최원식・백영서・신윤환・강태웅 엮음.『키워드로 읽는 동아시아』. 서울: 이매진. 2011.

최재천・장하준등 7인 공저.『코로나 사피엔스』. 서울: 인플루엔셜. 2020.

팡리톈著. 김승일・이경민譯『중국불교와 문화전통』. 파주: 경지출판사. 2018.

하영애 편저.『조영식과 이케다 다이사쿠의 평화사상과 계승』. 파주: 한국학술정보(주). 2018.

한영우.『다시 찾은 우리역사』. 파주: 경세원. 2006.

허먼 메이너드2세・수전E 머턴스共著. 한영환 譯.『제4물결』. 서울: 한국경제신문사. 1993.

Harvey Cox・池田大作.『21세기 평화와 종교를 말한다』. 서울: 조선뉴스프레스. 2019.

René Huyghe・Daisaku Ikeda.『DAWN AFTER DARK』. New York; I. B. Tauris. 2007.

池田大作.『我的天台觀』. 成都: 四川人民出版社. 2001.

『니치렌어서전집』. www.ksgi.or.kr.

이케다 다이사쿠 웹사이트. www.daisakuikeda.or.kr.

# 제8장

# "이케다 다이사쿠 사상에서 문화세계의 창조"*

미우라 히로키(서울대학교 사회혁신 교육연구센터 수석연구원)

문화세계를 창조하기 위해서는 보편적 인간성을 기반으로, 문화를 재구축해야 한다. 구체적 실천에 있어서는 지역사회 운동이 중요하며, 여기에 인간적 공감에서 우러나오는 의지의 힘이 결집할 때, 권력의 논리에 지배된 협소한 내셔널리즘의 벽을 무너뜨리는, 새롭고 위대한 조류가 나타날 것으로 생각합니다.

(이케다 다이사쿠. 1971)

## Ⅰ. 서론

이 소고는 이케다 다이사쿠(池田大作, 1926-)의 문화사상을 주제로 하여, 관련 문헌의 역사적, 포괄적 파악과 해석을 통해 사상의 특징과 시사점을 논의한다. 예술론, 문학론, 역사론과 같은 세부 주제들도 있으나 이 소고에서는 특히 종교지도자이자 평화운동가로서 그가 문화의 의미나 역할, 과제를 포괄적 차원에서 어떻게 이해·전개했는지에 초점을 둔다.

또한 이 소고는 조영식의 문화세계 사상과의 비교를 배경에 두고 있다. 그에 대해서 이케다는 "놀랄 정도로 나와 공통된 마음"으로 지적한 바 있다.[1] 문화사상의 배경이 되는 거시적 철학·신념을 보면 조영식의 전승화(全乘和)론이나 주의생성(主意生成)론, 이케다의 불교적 연기(緣起)론이나 인간혁명(人間革命)론 등은 모두 만물의 역동적 상호작용과 다원적 조화를 주장하며 궁극적으로 인간 개개인이 가지는 주체적 의지의 중요성을 가르치고 있다. 두 사람은 이러한 철학·신념을 바탕으로 세계평화론, 민주주의론, 교육론, 인간론, 우주론 등을 전개하고 있는데, 문화사상은 전체 사상체계 중 중요한 부분을 구성하는 점에서도 공통적이다. 조영식은 1951년에 『문화세계의 창조』를 출판한 후, 1975년 『인류사회의 재건』, 1979년 『오토피아』 등을 통해 21세기 인류사회의 문명적 재구축을 체계적으로 논의했으며, 인간주의를 바탕으로 한 제2 르네상스의 필요성을 호소했다. 이러한 관점과 역사를 이케다 사상에서도 유사하게 발견할 수 있다.

기존 연구를 보면 이케다의 국제관계 사상을 사회구성주의(social constructivism)로 해석한 연구나,[2] 조영식의 전승화 사상을 복잡계 이론(complex system theory)의 관점에서 해석한 연구가 있다.[3] 두 사람의 사상을 모두 연구한 구하(Amalendu Guha)는 결론적으로 인

---

*본 소고는 『사회사상과 문화』(동양사회사상학회) 제23권 제3호(2020년)에 게재된 논문을 바탕으로 내용을 추가·보완한 것임.

1) 1999. "조영식 박사." 『인간혁명의 세기로』. 서울: 중앙일보. 268.

2) 高村忠成. 2008. "世界に廣がる池田平和思想". 『創價通信教育學部論集』第11號. 20-47.

3) 홍기준. 2018. "조영식의 전승화론: 전일적 통찰력의 과학적 인식." 하영애 편저. 『조영식과 이케다 다이사쿠의 평화사상과 계승』. 66-87. 파주: 한국학술정보.

간의 존엄성과 주체적 의지를 바탕으로 인류사회를 재구축해 가는 신인류문화(new human culture)를 추구하는 것에 공통점을 찾고 있다.4) 손희정은 창조적 생명론, 연기론, 공명(共鳴)론 등을 키워드로 이케다의 문화관, 예술관, 평화관의 내용과 상호 연결성을 규명한 바 있다.5) 이 밖에도 다양한 영역에서 최근 연구가 증가하는 추세이다.6) 그러나 이케다 사상 연구 전체는 아직 출발단계이다. 영역별로 주목할 만한 내용이나 단편을 모아서 윤곽이나 맥락, 방향성을 밝혀가는 기초적 노력이 필요하다. 따라서 이 소고는 문화사상의 역사적 전개와 흐름을 충실하게 다루는 점에 특히 유의한다.

연구자료에 관해서는 1950년대 이후 이케다가 발표한 연설, 강연, 논문, 수필, 대담 등의 문헌을 활용한다.7) 모두 원문은 일본어이며 이 중 1980년대 이후 자료는 대부분 번역되어 있다. 인용을 다수 활용하는 방식을 취하며 본문과 각주에서 별도로 설명이 없는 경우 인용문이나 저작은 모두 이케다에 의한 것이다. 가능한 범위에서 날짜, 행사, 연설 제목 등 출처를 자세히 표기한다. 번역 출판된 문헌의 경우, 원문의 발표일을 기준으로 표기하되, 참고 문헌 리스트에서 번

---

4) Amalendu Guha. 2001. *Young Seek Choue's Peace Philosophy and Social Doctrine*. Oslo: Mahatma M. K. Gandhi Foundation for Non-violent Peace; Amalendu Guha. 2003. *Buddhist Cosmic Philosophy and Daisaku Ikeda's Concept of Peace Cosmology*. Oslo: Mahatma M. K. Gandhi Foundation for Non-violent Peace.

5) 손희정. 2018. "이케다 다이사쿠와 도쿄후지미술관." 하영애 편저. 『조영식과 이케다 다이사쿠의 평화사상과 계승』. 255-286. 파주: 한국학술정보.

6) 대표적으로. 하영애. 2016. 『조영식과 이케다 다이사쿠의 교육사상과 실천』. 파주: 한국학술정보; 박상필. 2017. "이케다 다이사쿠의 평화사상의 배경과 평화실현 방법." 『일본연구논총』 제45호. 55-90; 김용환. 2019. "이케다 다이사쿠의 세계시민성 함양연구." 『동아시아불교문화』 통권 38호. 203-228.

7) 주요 문헌은 『회장 강연집』(會長講演集. 총13권. 1946년-1965년 저작집); 『이케다회장 강연집(池田會長講演集)』(총7권. 1968년-1975년 저작집); 『광포 제2막의 지침』(廣布第2幕の指針. 총14권. 1973년-1978년 저작집); 『이케다 다이사쿠 전집』(池田大作全集. 총150권. 1980년대-2000년대 저작집) 그리고 이들에 수록되지 않은 2000년대 이후 출판물 등이다.

역 문헌을 정리한다.

서술의 편의상, 사상의 전개를 시점이나 강조점에 따라 세 가지 기둥으로 사전적으로 분류하고자 한다. 1) 인간의 존엄성 옹호를 지향하는 문화운동 사상(1950년대-70년대), 2) 제3문명을 이끄는 창조적 인간 사상(1970년대-80년대), 3) 지구 차원에서 전개되는 평화의 문화 사상(1980년대 이후)이다. 본론에서는 우선, 각 기둥별로 문화를 키워드로 한 이케다의 주장을 역사적 및 포괄적 관점에서 정리한다(제2절). 다음으로, 세부적 사상이나 개념을 포함하면서 이케다 문화사상의 전체적 윤곽과 특징에 대해서 고찰한다(제3절).

본론과 인용문에는 관련 인물이나 불교용어가 다수 등장한다. 필요한 경우에만 최소한의 보완 설명을 하고 특히 중요한 인물과 용어를 미리 정리하면 다음과 같다. 첫째, 불교의 개시자인 석존(釋尊, 석가모니, Gotama Siddhattha)과 그의 가르침인 법화경(묘법연화경, Lotus Sutra)이다. 다양한 명칭이 있으나 여기서는 석존, 법화경으로 통일한다. 둘째, 13세기 일본에서 불교를 재창조한 승려 니치렌(日蓮, 1222-1282)이다. 인용문에서 어서(御書)나 어문(御文)으로 소개된 것은 니치렌의 저작을 의미하며, 대성인(大聖人)도 니치렌을 가리킨다. 신앙 차원에서 이케다는 니치렌의 가르침에 귀의하고 있다. 셋째, 이케다의 스승인 마키구치(牧口常三郎, 1871-1944)와 도다(戸田城聖, 1900-1958)이다. 이들은 1930년에 창가교육학회(創價敎育學會. 현재의 창가학회. 국제적으로는 Soka Gakkai International, SGI)를 설립했다. 이케다는 1960년에 회장에 취임했으며, 학회, 학회원이란 이 조직을 의미한다. 이 조직은 니치렌 불교 신도단체의 성격이며, 중요한 목표로서 광선유포(廣宣流布)를 내걸고 있다. 이는 기본적으로 포교 활동을 의미하지만 후술하는 바와 같이 종교적, 사회적, 근본적 의미를 내포하면서 진화적 성격을 가진 개념이다.[8] 또한 포교를 절복(折伏), 귀의나 신앙생활을 신심(信心)으로 표현하기도 한다. 니치렌 불교나 창가학회 그리고 국내 조직인 한국SGI에 대한 연구도 최근 증가하고 있기 때문에 이 소고에서 자세한 설명은 생략한다.[9]

## II. 이케다 문화사상의 전개

### 1. 인간의 존엄성 옹호를 지향하는 문화운동 사상: 1950년대–1970년대

#### (1) 문화사상의 형성 초기와 문화 관련 기관의 설립

이케다에 따르면 19세였던 1947년 당시, 전쟁으로 황폐한 일본에서 진보적 학자나 청년들 사이에서 문화국가 사상이 유행하고 있었다. 다만, 그는 문화의 본질에 대한 기존 담론에는 만족스럽지 못했고, 이 때 도다를 만났다.[10] 이후, 1940년대 후반에서 50년대에 걸쳐 도다는 물론, 마키구치 그리고 니치렌과 석존의 사상을 본격적으로 접하기 시작했다. 특히 도다는 "문화란 지혜를 지식화한

---

8) 이토 다카오. 2019. "한국SGI 조직의 과거, 현재, 미래: 인간혁명의 종교, 광선유포(廣宣流布)를 위한 조직." 『신종교연구』 제41집. 41-68.

9) 박승길. 2008. 『현대 한국사회와 SGI: 한국SGI와 대승불교운동의 사회학』. 대구: 태일사; 조성윤. 2013. 『창가학회와 재일한국인』. 파주: 한울; 최지원. 2020. "일상언어를 통한 종교성의 획득: 한국SGI 사례를 중심으로." 『비교문화연구』 제26집 제1호. 225-270.

10) 1967. "지용." 『인간혁명』(제2권).

것" 그리고 이러한 의미에서 법화경의 생명관이나 인간관을 실천·
확산하는 광선유포를 "최고의 문화운동"으로 설명했다.11) 이 밖에
도 이케다는 철학자 Henri L. Bergson, 시인 Thomas S. Eriot나
Walt Whitman, 심리학자 Gustav Jung 그리고 훗날에는 역사학자
Arnold Toynbee 등의 사상을 자주 인용하게 된다. 공통적으로 문화
와 문명을 단순한 형식이 아니라 정신성의 '흐름'으로 보며, 근원적
차원에서 이를 규정·형성하는 종교, 철학, 학문 등의 중요성에 주
목하는 사상적 계보이다.

또한 도다는 1954년 10월에 국사훈(國士訓)이라는 인재 육성 비
전을 발표하여, 동시에 창가학회 내부에 문화부(文化部)를 설치했다.
예술, 교육, 사회, 경제, 정치, 언론 등 다양한 분야의 인재 육성과
이들의 활약을 종합적으로 문화활동 혹은 문화투쟁으로 불렀다.12)
같은 해 11월 7일에는 '세기의 제전(世紀の祭典)'이라는 체육대회를
개최했으며, 이는 이후 창가학회의 대규모 문화제로 정착했다. 이
과정에서 이케다는 "문화투쟁의 의의"(1956.4.8), "학회 청년부원들
에게" (1957.2.24), "국사훈의 정신"(1957.12.27) 등 연설이나 인사
문을 통해 니치렌, 석존의 철학을 기반으로 한 문화국가의 건설이나
문화활동의 중요성을 언급했다.

1960년대에는 조직 차원의 활동도 본격화되었으며, 이케다는
1962년에 동양학술연구소(현 동양철학연구소), 1963년에 민주음악
협회를 설립했다. 또한 60년대 후반에는 창가학회 회원들의 지역적
문화활동의 거점으로서 '문화회관'을 일본의 5대도시를 시작으로 각

---

11) 1952년에 도다가 시작한 수호회(水滸會)라는 청년 공부 모임의 기록. 1976. "수호의 맹세." 『
인간혁명』 제7권.

12) 1973. "명암."『인간혁명』(제8권).

지에 설치했으며,13) 1971년을 '문화의 해'로 지정하면서 다양한 문화활동을 전개했다. 강연이나 저작에 관해서도 1962년에 대학생 회원을 대상으로 니치렌의 『어의구전(御義口傳)』에 대한 교리적, 실천적 강의를 시작했으며, 이를 불교적 생명관, 우주관, 문화관, 사회관 등이 집약된 "모든 사상의 최고봉(最高峰)"으로 해석하면서 방대한 내용을 상세히 강의했다.14)

초기 형성과정에서는 특히 도다의 지도가 중요했으며 내용적으로는 근본적 철학(니치렌 불교)의 실천적 차원에서 문화운동, 문화제, 문화회관, 강의 등 형태로 전개되었다.

## (2) 문화에 대한 기본적 이해와 창가문화주의

1960년 5월의 회장 취임 이후 문화에 대한 이케다의 본격적인 해석이 시작한다. 특히 매년 개최되는 창가학회 총회의 회장 연설 중 1968년에서 1970년대 후반까지 약 10년 연속으로 문화의 의미나 종교와의 관계, 창가학회의 목표 등을 집중적으로 설명했다. 우선, 문화에 대한 기본적 이해를 제시한 1968년과 1971년 연설을 인용하면 아래와 같다. 인간의 정신성과 현실 사회를 연결하는 매개나 작용과 같이 문화를 이해한다.

> 문화란 인간 생명의 구체적 개화이자, 전(全) 사회적 축전이며, 마음속에서 솟아오르는 영지(英知), 열정, 감동을 구현한, 가치창조적 활동 자체입니다. 또한 이것이 기반이 되는 모든 자산을 의미합니다. 따라서 문화의 본질은 당연히 인간 생명이나 정신의 개발에 있

---

13) 1964.5.3. "제6의 종을 울리자" 제27회 본부총회 연설(문화회관 건립 배경에 관한 설명).
14) 1962년 8월에 시작한 강의이며, 1965년에 『어의구전 강의』(총 7권)로 출판되었다.

습니다. 문화의 영어인 culture는 경작(耕作)이라는 의미를 가집니다. 인간의 마음을 가꾸고 일구며, 성장한 마음은 이제 밖을 향해 움직이며, 미개척의 분야를 다시 가꾸고, 보다 고도의 가치를 만들어 갑니다. 여기에 문화의 전통과 의의가 있습니다. 문화의 주체자인 인간의 마음을 가꾸고 일구는 사상·철학이 종교입니다.

(1968.5.3. 제31회 본부간부회 연설.
"젊은 세대로 새로운 무대를 열어가자.")

(문화의) 내용은 의식주를 구성하는 가까운 물질적 요소로부터 다양한 사회의 조직구조, 나아가 언어나 윤리, 예술, 학문 등 무형의 정신문화 등도 포함합니다. 이것이 복잡하게 서로 맞물리면서 하나의 장대한 계(系)를 구성하며, 인간과 자연을 포용하면서 조화를 자아냅니다. 그러한 문화는 바로 인간에게 고유한 것입니다.

(1971.11.2. 제34회 본부총회 연설.
"종교를 흥륭하고 인간문화를 재건.")

　　주목해야 할 점은 활동·자산으로서의 문화와 이것이 반영된 사회의 성격 모두 배경으로서의 근본적 윤리관이나 도덕관에 따라 좌우된다는 이해이다. 즉, 인간성을 높이고 인간다운 사회 구축에 기여하는 '진정한 문화'가 있는 한편 그렇지 못한 역작용적 문화도 있는 것이다. 그는 전쟁이나 빈곤, 독재주의, 과도한 물질주의, 개인주의, 차별 의식과 같은 현대사회가 직면한 인간 소외, 인간성 상실의 연원(淵源)은 이 문제 즉, 문화의 양면성이나 이에 영향을 주는 정신 기반과 깊이 관련됨을 주장한다. 또한 이와 같은 역작용적 문화가 생기는 근본적 원인에 대해서는 "욕망이 명령하는 소리에 인간이 너무나도 안일하게 몸을 맡겨 욕망의 지배에 굴복한 것"을 지적한다. 인간이 문화의 양면성을 현명하게 이끌어가지 못한 정신적 문제를 현대사회의 핵심적 과제이자 문화사상 재구축이 필요하게 된 이유로 주장한다.15)

그는 이와 같은 현대사회의 정신적 위기에 대해서 전면적으로 대응하는 것을 창가학회의 사명으로 주장한다. 즉, 정신 기반을 재구축하는 장기적 변혁과 문화의 양면성을 지양(止揚)하여 진정한 문화, 인간 문화, 서민의 문화를 구현하는 현실적 변혁이다. 전자가 신앙의 지속적 확산 과제가 되며, 후자는 문화활동의 전개 과제가 된다. 이 기간의 연설에서 이케다는 전자를 근본적으로 중요시하면서 후자의 영역을 확대해가는 운동방향에 대해서 다각적으로 설명한다. 1970년 연설에서 그는 포교활동의 중심인 본존(本尊)의 수립과 유포를 의미하는 화법(化法)의 광선유포가 어느 정도 진전된 상황에서,16) 이제 신앙정신을 사회에 반영하는 화의(化儀)의 광선유포를 시작하자라는 메시지를 다음과 같이 발표했다.

> 종교는 문화의 토대이며 인간성의 토양입니다. 건전한 종교를 잃을 때 문화는 퇴폐하고 인간성 속에 커다란 구멍이 뚫린다고 할 수 있습니다. (중략) 학회원 한사람 한사람이 사회에서 인간적으로 성장하여 가치를 만드는 것이 본격적으로 광선유포를 전개하는 일이라는 의의를 부여하고자 합니다. 다시 말해 자각한 민중이 만인을 이끌어 새로운 사회, 새로운 문화를 건설하는 시대가 화의의 광선유포라 할 수 있습니다. 저는 이러한 의미에서 광선유포란 묘법(妙法)의 대지에 전개하는 대문화운동이라고 정의를 내리고자 합니다. (중략) 다시 말해 신심을 하든, 하지 않든 상관없이 모든 사람을 포용하고 모든 사람과 조화를 이루면서 민중의 행복과 승리를 위해 웅대한 문화건설을 이룩하는 사명을 실천하는 단체가 창가학회라는 점을 다시 확인하고자 합니다.
> (1970.5.3. 제33회 본부총회 연설.
> "인간승리의 대문화를 창조.")

---

15) 1971.11.2. 제34회 본부총회 연설. "종교를 흥륭하고 인간문화를 재건."

16) 회장 취임 후 10년이 된 1970년 시점에서 창가학회 회원 수가 130만 세대에서 750만 세대로 성장한 것을 이케다는 한 계기로 삼았다.

이 개념 정의에서 묘법은 석존·니치렌의 법화경 사상을 의미하며, 대지는 이 사상이 그리는 현실사회, 근원적 존재, 최종적 귀한점 등으로 이해할 수 있다. 또한 이는 인간의 대지, 민중의 대지, 생명의 대지 등으로 니치렌 그리고 도다도 자주 사용했으며 이를 이케다가 계승한 것이다. 위의 정의는 현실 사회에서 인간의 존엄성을 옹호하는 주체, 무대, 과정, 목적 등의 '총체'로서 신앙활동과 문화운동의 상호성을 주장한 것이다.

이어서 1972년과 1974년의 연설에서도 창가학회의 활동을 생명철학 운동, 인간혁명 운동으로 해석하고, 1975년 "창가문화운동의 현대적 역할"이라는 연설을 통해 정신기반-문화-현실사회의 관계를 재확인했으며,17) 1976년 연설에서 '창가학회의 기본노선'을 5가지로 확인하면서 이 중 하나를 "평화를 지키며, 인간문화를 홍륭하는 것"으로 정리했다.18)

> 광선유포라는 목표와 문화라는 목표는 일체 중생의 구제라는 불교 정신에 있어서 서로 이어 집니다. 오히려 본래 하나인 것이 상이한 모습으로 나타난 것이라고 생각됩니다. 왜냐하면 광선유포, 포교활동은 인간 개개인에게 내면적 변혁의 힘을 주면서 구제하는 것이며 한편 생명의 존엄성을 기조로 한 문화 홍륭은 문화적, 사회적 환경이라는 외부적 구제의 길을 여는 것입니다. (중략) 창가학회의 존재를 건, 이 대불법(大佛法)을 기조로 한 창가문화주의라고 할 수 있는 근본 궤도에 서서 평화, 문화 추진의 틀을 여러 겹, 여러 차원으로 넓혀가고 싶습니다.
> (1975.11.9. 제38회 본부총회 연설. "창가문화운동의 현대적 역할")

---

17) 당초 연설 제목은 "인간공화와 평화의 창출"이며, 출판과정에서 제목이 재구성된 것으로 보인다.
18) 5가지 노선이란 1) 창가학회는 영원히 민중 쪽에 선다. 2) 창가학회의 실천은 인간혁명 운동이다. 3) 창가학회는 불교적 중도의 대도(大道)를 걷는다. 4) 창가학회의 사회적 의의는 평화를 지키며 인간문화의 홍륭에 있다. 5) 창가학회는 인간의 정신적 자유, 특히 신교의 자유를 사수한다. 1976.10.24. 제39회 본부총회 연설. "영원히 불법 중도의 길을 나아가자."

인류 한사람, 한사람의 행복을 근본으로 한 문화야 말로 진정한 문화이며, 우리들이 기여하고자하는 광선유포라고 하는 문화 흥륭의 바람직한 모습입니다. 제2대 회장 도다 선생님도 마찬가지로 창가학회의 사명을 한 마디로 제시했습니다. 즉, 몇 천 년에 걸친 평화의 대계(大計)를 세움으로써 니치렌 대성인의 은혜에 보답함과 동시에 민중 만년의 행복을 확립하는 것입니다.

(1976.10.24. 제39회 본부총회 연설.
"영원히 불법 중도의 길을 나아가자.")

## (3) 문화운동 사상의 다각적 설명 1: 왕불명합(王佛冥合), 입정안국(立正安國)

이케다는 광선유포의 재해석 외에도 다양한 각도에서 문화운동의 방향이나 중요성을 설명하고 있다. 왕불명합, 입정안국, 문화투쟁, 민주주의, 인간성 사회주의 등이며, 각 사상이 부분적으로 상호 융합하면서 문화사상을 보완하고 있다고 할 수 있다.

왕불명합 사상은 니치렌이 1260년에 저술한 『입정안국론』에 유래된다.[19] 도다는 이 개념의 실질적 의미를 사회의 번영과 개인의 행복의 일치를 추구하는 정치적 기술이나 실천적 활동으로 언급했으며,[20] 이케다 또한 "왕불명합이란, 정치, 경제, 교육, 과학 등의 광범위한 대문화활동"으로 정의했다.[21] 과거 아소카왕 시절에 발전한 고대 인도문화, 카니시카왕 시절의 간다라문화, 천태대사(天臺大師)가 활약한 시절의 중국 당(唐) 문화 그리고 전교대사(伝教大師) 시절의 일본 헤이안(平安) 문화 등을 불교를 기반으로 국가와 문화가 발전

---

19) 『입정안국론』이란 역병이나 가난이 만연되며, 전쟁의 위기가 다가온 당시의 일본 사회에서 인간성과 정의관을 바탕으로 한 정치운영을 촉구하기 위해 최고 권력자인 호죠 도키요리(北條時賴)에게 니치렌이 1260년에 직접 제출한 지침서이다.

20) 도다 조세이. "왕불명합론." 『大白蓮華』 1956년 8월호에서 1957년 4월호에 연속으로 실은 논문.

21) 1969.12.8. 도쿄 제3 총 본부간부회 연설. "왕불명합은 대문화 활동."

한 왕불명합의 사례로 보고 있다.[22] 또한 왕불명합은 불교에 대한 국가의 형식적인 인정이나 국경화와 다르며, 국가·사회·국토 등을 구성하는 '실질적 주체'의 정신적 측면과 관련되는, 시대 상황을 반영한 용어이기도 하다.[23] 입정안국과 왕불명합 그리고 문화의 관계에 대해서 이케다는 다음과 같이 언급하고 있다.

> 입정안국의 입정이 왕불명합의 불이며, 안국이 왕을 의미합니다. 불교에서 말하는 왕이란 전 민중, 전 사회를 포함하는 내용이며, 이제 국왕이나 국가권력은 아닙니다. 현대적으로 말하면 정치, 교육, 문화 등 사회 전반을 의미한다고 할 수 있습니다. 주권재민의 현대에서는 민중이 왕이며 사회가 왕입니다. 따라서 현대에 있어서는 단순히 정치라는 일부 분야에 제한되는 것이 아니라 보다 넓게 민중과 사회에 관한 모든 분야에서 저류를 만들고, 그 기반 위에 광범위한 새로운 사회건설, 문화건설을 추진하는 시대라고 호소하고 싶습니다.
> (1970.5.3. 제33회 본부총회 연설. "인간승리의 대문화를 창조.")

### (4) 문화운동 사상의 다각적 설명 2: 문화투쟁, 중도주의, 인간존중주의

1954년 문화부를 창설한 도다는 1955년 창가학회 기간지인 『대백연화』(大百蓮華)의 3, 4, 5월호에 연속으로 "광선유포와 문화활동"이라는 글을 게재했다. 여기서 도다는 광선유포를 화법(신앙의 대상인 본존의 수립과 유포)과 화의(실질적인 신앙정신의 유포)로 구별함과 동시에 당시의 시대적 문제로서, 니치렌 불교를 지칭하는 유사한 '본존'이나 종파의 난립과 일반 대중의 무신앙(無信仰), 종교적

---

22) 1962.5.3. 제24회 본부총회 연설. "민중 번영의 대철학."
23) 1970.5.3. 제33회 본부총회 연설. "인간승리의 대문화를 창조."

지식에 관한 무이해(無理解)를 우려했다. 때문에 원점에 돌아가 화법·화의 광선유포의 철저한 실천과 함께 일반 대중의 이해를 제고하여 지지를 얻기 위해 문화활동의 필요성·중요성을 주장했다. 이에 따라 문화부의 활동을 사회의 각계, 각종 분야로 확산하는 것을 구상하면서 특히 정치 분야의 활동에 관해서는 '문화투쟁'이라는 표현을 자주 사용하게 되었다.

구체적으로 문화투쟁은 문화부 소속 회원이 지방 및 국회 선거에 출마하여, 이를 창가학회가 지원하여, 정치 영역에서 개혁을 추진하는 방식으로 이루어졌다. 1955년 지방선거에서 53명, 1956년 국회의원 선거에서 3명이 무소속으로 당선되었으며, 1961년 이들을 창가학회와 조직적으로 분리시키면서 공명정치연합(현재의 공명당)이 결성되었다.

문화투쟁을 펼친 이케다 본인도 당시 이 의의를 "정치, 경제, 사회, 문화의 근저에 인간성 존중, 생명 존중의 확고한 기반을 구축하는 것", "인간의, 인간에 의한, 인간을 위한 정치", "개인과 전체의 조화를 성립시켜 이상적인 복지국가 건설을 지향하는 정치" 그리고 과학기술의 지배나 국가의 논리를 벗어나 인간의 논리로 돌아오는 것으로 주장했다.[24] 문화투쟁의 배경에 관해서도 역시 "특정 시대에서, 특정 국가의 중심에 있는 종교가 그 나라의 모든 경제, 정치, 사회 혹은 문화 전체를 규정하는" 점을 강조했다.[25] 이와 같은 문화투쟁에 대해서 이케다는 보수 자본주의나 진보 공산주의와 달리 물질주의와 정신주의를 지양하면서 인간 본래의 본질적 가치를 지향하

---

24) 1968.5.3. 제31회 본부간부회 연설. "젊은 세대로 새로운 무대를 열어가자."
25) 1956.4.8. 간사이 연합대학총회 연설. "문화투쟁의 의의."

는 불교적 중도주의, 인간주의, 인간존중주의와 같이 표현했다. 도다와 이케다의 사상을 이어받아 공명정치연합은 '사회의 번영과 각 개인의 행복을 일치시키기 위한 각종 정책'을 발표 했으며, 청결한 민주정치의 확립, 대중복지와 풍요로운 사회의 구현, 전쟁 없는 세계 평화를 주요 목표로 출발했다.26)

## (5) 문화운동 사상의 다각적 설명 3: 불법(佛法) 민주주의, 인간성 사회주의

문화를 정신적 수준(인간 정신의 변화)과 형식적 수준(정치, 경제, 사회 등의 변화)으로 복합적으로 인식하는 사상은 결국 사회질서 구성·운영 원리에 관한 민주주의 사상과도 관련성을 가지게 된다. 특히 도다는 민주주의 사상과의 친화성을 이해하고 강조하는 것의 중요성을 일찍 인식하면서 1946년에 『민주주의 대강좌』 총 6권을 편집·출판했다. 이에 관해서 이케다가 정리한 도다 사상의 요점은 다음과 같다.

> 불교에 의해 대아(大我)의 생명을 개각(開覚)하여, 진정한 인간부흥을 가져다주는 인간혁명을 모든 사람들에게 제시해야 한다. 정치, 교육, 과학, 문화 등의 꽃은 그 위에 저절로 꽃필 것이다. 모든 기반을 인간에 두어, 인간성을 최대한 존중하여, 평화롭고 행복한 신사회 건설을 구현한다. 이것이 그(도다)의 신념이었다. 진정한 민주주의는 단순히 정치기구이자 사회체제의 변혁만으로 만들 수 없다. 무엇보다 개인의 생명 내부에서의 확립이 출발점이며, 토대가 된다. 그것이 다음 시대의 행복생활의 제일보가 되어야 한다는 것도 도다는 날카롭게 간파하고 있었다.
> (1965.『인간혁명』(제1권) "천리의 길")

---

26) 2006. "약진." 『신인간혁명』(제11권).

도다 사상을 배경으로 이케다는 1955년 8월 『대백연화』에 "종교혁명론"을 발표하며, 민주주의의 원리를 자유, 평등, 존엄으로 체계적으로 이해하되, 근본적 구현을 위해서는 인간성에 기반을 둔 종교혁명이 필요함을 호소했다.27) 이후 이 세 가지 관점은 민주주의, 종교, 문화를 연결하는 이케다 사상에서도 중요한 위치를 차지하게 된다.28) 칸트가 주장한 '인간성 존중의 가치 감정'으로서 모든 인간의 인격적 존엄성을 인용하면서 이를 인간 생명의 작용이나 원동력과 같은 불교 사상에서 재해석한다. 즉, 권리나 제도와 같은 표면적인 자유와 평등을 넘어, 개인의 정신적 차원 나아가서 인류사회를 지속시키기 위한 노력의 차원에서 모든 개인의 근본적 자유, 평등, 존엄을 중요시하는 점이다. 이와 같은 사상을 진정한 민주주의, 불법 민주주의, 인간성 사회주의와 같이 설명했다.29)

그의 민주주의 사상에 관해서는 도다의 영향도 물론 중요하지만, 니치준(日淳) 또한 의미 있는 영향을 주었다고 볼 수 있다.30) 그는 1931년 이후 마키구치와 도다에게 니치렌 불교를 전하면서 5년 동안 매주 이들과 함께 다양한 주제에 관한 공부 모임을 가졌다고 한다.31) 이케다는 민주주의와 문화운동의 설명에 관해서 1951년 창가학회 임시총회에 참여한 니치준의 연설을 인용한 바 있다. 즉, 현대 민주주의의 핵심적 가치를 자유, 평등, 존엄으로 보고, 정신적 차원

---

27) 1955.8. 논문. "종교혁명론." 『大白蓮華』 8월호.
28) 1958.11.13. 제6회 여자부총회 연설. "진정한 민주주의의 확립"; 1964.12. 대담. "교학에서 본 불법민주주의." 『大白蓮華』 12월호.
29) 1969.3.8. 야마구치대회 연설. "왕불명합은 역사적 필연."
30) 니치준(1898-1959)은 본명 호리고메 다이에이(堀米泰栄)로, 일련정종(日蓮正宗) 제65대(1956-1959) 법주이다.
31) 1967. "서곡." 『인간혁명』(제2권).

의 근본적인 자유와 존엄 그리고 지배와 피지배 관계를 초월한 만인의 공생과 리더십으로서의 평등에 대해서 니치렌이 이미 심도 있게 설명했으며, 이를 '가장 뛰어난 민주주의 사상', '일대 문화운동'으로 니치준이 주장한 것이다.32)

　종교, 문화, 사회를 연결하는 또 다른 키워드가 이른바 생활의 기반으로서의 '지역'이다. 1930년에 마키구치와 도다가 창가학회를 창립한 당시부터 운동의 현실적인 중심은 '좌담회'라고 불리는 회원들의 소규모 정규 모임이었다. 일반적인 가정집 등을 활용해 회원간의 교류와 대회의 장, 생활이나 삶과 관련된 경험 공유의 장, 그리고 지역사회와의 교류와 소통의 장이다. 도다는 이와 같은 마음과 마음의 교류가 이루어지는 풀뿌리 차원의 좌담회를 민주주의의 진정한 모습으로 보았다.33) 이케다 또한 이와 같은 '저류의 힘', '민중의 목소리', '주민의 힘'이 진정한 민주주의나 인간문화, 서민의 문화를 만드는 요인임을 인식하고,34) 좌담회를 주민의 힘에 의한 문화운동이라도 주장했다.35)

---

32) 1990.8.12. 제1회 나가노현 총회 연설.

33) 1967. "빛과 그림자." 『인간혁명』(제2권).

34) 1961.1.24. 조사이지부 결성대회 연설. "좌담회야 말로 법전장(法戰場)."

35) 1971.11.2. 제34회 본부총회 연설. "종교를 흥륭하고 인간문화를 재건."

## 2. 제3문명을 이끄는 창조적 인간 사상: 1970년대-1980년대

### (1) 제3문명 사상, 제2 르네상스 사상

문화를 키워드로 한 두 번째 기둥은 1960년대 후반에 시작해 1970년대와 80년대에 본격적으로 설명된 문명적 비전과 인재상이다. 우선 이케다는 1964년 창가학회 제7회 대학부 총회에서 창가대학교 또는 후지문화대학교의 설립 구상을 발표한 후,36) 1968년과 1969년의 창가학회 총회에서 대학 설립의 기본 구상과 3대 모토(기본지침)를 발표했다.37) 대학의 구상 또한 마키구치와 도다가 그린 미래 비전을 이케다가 구체화한 것이다. 3대 모토 중 '새로운 대문화 건설의 요새(要塞, fortress)이어라'라는 부분은 창가대학교에서 배우는 인재가 '제3문명' 구축에 기여한다는 내용이다.38)

여기서 제3문명이란 도다가 자주 주장한 최고의 문화, 왕불명합, 신사회주의 등에 상응하고, 도다의 뜻을 이어 받은 이케다가 자주 쓰게 되는 표현이다. 도다 서거(1958년 4월) 후 1959년 8월에 이케다는 도다 이후의 창가학회 발전을 위한 지침으로서 제3문명론을 제시한 바 있다.39) 이는 문질문명과 정신문명의 지양적 융합을 목표로 하는 개념으로 자주 등장하게 되며 창가학회의 이론적 기간지의 제목 그리고 부속 출판사의 이름으로서도 사용된다.

---

36) 1964.6.30. 제7회 학생부총회 연설. "5만 명의 학생과 함께 전진."

37) 3대 모토는 "인간교육의 최고 학부이어라", "새로운 대문화 건설의 요람이어라", "인류평화를 지키는 요새이어라."

38) 1969.5.3. 제32회 본부총회. 연설 "빛나는 미래사회의 건설."

39) 1959.8. 논문. "창가학회의 역사와 확신: 향후 7년의 투쟁." 『大白蓮華』 8월호.

문명관에 관한 그의 표현의 변화를 보면 1950년대에는 진정한 문예부흥이나 인간부흥, 1960년대의 제3문명, 1970년대 이후의 21세기의 르네상스, 제2 르네상스, 네오 르네상스, 불교 르네상스 등 그리고 21세기에 들어서 후술하는 지구문명이 등장한다. 르네상스 자체에 대해서는 일반적 이해대로, 14-16세기 서양에 등장한 문예부흥운동, 인간부흥운동으로 이해하되, 21세기에는 인간부흥은 물론, 물질주의, 문질문명에 대한 사회개혁을 수반하는 총체혁명으로서의 르네상스를 전망해 왔다.

## (2) 창가대학교를 통한 창조적 인간의 육성

인간 존엄성에 기반을 둔 문화 건설과 제3문명 및 네오 르네상스의 주동력이 될 인재를 육성하는 의도를 가지며 1971년 4월에 창가대학교는 개학했다. 개학 당초 이케다는 학생들에게 이와 같은 문화적 인재의 본질이나 역할 그리고 시대적 맥락을 다음과 같이 지도했다. 특히 창가대학교를 방문해서 이케다가 남긴 연설문인 '초창기 3부작'은 이케다의 주요 사상으로서 중요시되고 있으며, 모두 문화사상과도 밀접한 관련성을 가진다.

우선 1973년 4월 제3회 입학식 연설문 "창조적 인간이어라"에서는 문화적 인재의 기본 정신으로서 창조성 그리고 이를 개척하기 위한 필수 요소로서 인간학의 심화를 다음과 같이 주장했다. 인간이란 무엇인가라는 근본적 물음을 통해 학문, 철학, 사상을 혁신하여 현대적 물질중심 사회를 통제해 가는 탐구와 운동을 그는 네오 르네상스로 표현했다.

창가(創價)란 가치를 창조한다는 뜻입니다. 즉 사회에 필요한 가치를 창조하고, 건전한 가치를 제공하며 또는 환원시켜 가는 것이 창가대학교가 본래 지향하는 목표입니다. (중략) 창조성을 키우기 위해서는 정신적인 토양이 풍부하고 윤택해야 합니다. (중략) 자유로운 정신을 고양하고 확대시켜 갈 에너지는 어떻게 발견할까요? 이 의문에 도달하면 결국 다시 인간이란 무엇인가라는 문제, 인간학으로 회귀하게 됩니다. 인간이 지닌 잠재적 가능성을 어떻게 하면 끌어내서 개발하고 아우프헤벤(지양)시키는가라는 철학적인 과제에 직면하게 됩니다. (중략) 생명과 인간을 직시하고 그 개발을 지향하는 곳에 학문의 자유로운 발달이 있으며 나아가서는 문명의 찬란한 개화가 있었던 것입니다. (중략) 학문이 그 근원에서부터 심화되어 전개 되간다면 이윽고 위대한 문화의 본류가 된다는 것을 믿어주기 바랍니다.
(1973.4.9. 창가대학교 제3회 입학식 연설. "창조적 인간이 되라.")

이후 1973년 7월의 대학 축제 연설문 "스콜라 철학과 현대문명"에서 중세 유럽 르네상스가 가능했던 물밑 흐름으로서 대학과 신학의 발전을 중심으로 한 이른바 '12세기의 르네상스'가 있었다는 점을 주장하여, 사회변혁에 있어서 철학, 사상, 학문의 중요성을 역사적 관점에서 논했다. 또한 오르테가(Ortega y Gasset)의 사상을 인용하면서 대학 교육의 본질 그리고 르네상스의 본질을 '인간의 정신적 발전'이자 '세계와 인간에 대한 이념체계'로 이해되는 교양 즉 문화의 발전에 있다고 주장했다.[40]

## (3) 창조적 인간의 조건: 창조적 생명론

1974년 4월의 제4회 입학식 연설에서는 보다 깊은 측면에서 창조적 인간의 정신적 자세에 대해서 학생들에게 지도했다. 즉, 어떠한

---

40) 1973.7.13. 창가대학교 강연. "스콜라 철학과 현대문명."

역경에도 지지 않는 대아(大我)의 확립이다.

새로운 생을 창조하는 투쟁 속에서 비로소 이성을 인도하는 빛나는 영지도, 우주까지 관통하는 직관지(直觀知)의 빛도, 덮쳐오는 사악함에 도전하는 강인한 정의와 의지력도 번뇌하는 자의 고통을 포용하는 한없는 자비의 심정도 그리고 우주본원의 생명에서 솟구치는 자애의 에너지도 모두 융화되어 인류의 생명을 환희의 리듬으로 물들이며 끊임없이 고동치게 하기 때문입니다. 역경에 대한 도전을 통해서 열려진 모든 생명의 보석을 갈고 닦을 때 인간은 비로소 참된 인간이 되어 높은 이상의 길을 갈 수 있다고 확신합니다. 때문에 현대에서 미래에 걸쳐 '창조적 생명'의 주인이야말로 역사 진보의 선두에 설 것이라고 확신합니다. 이 창조적 생명의 개화를 저는 Human Revolution, 즉 인간혁명이라고 부르고 싶습니다.
(1974.4.18. 창가대학교 제4회 입학식 연설. "창조적 생명의 개화를")

창조적 생명에 대해서 이케다는 이후 해외 강연에서도 반복적으로 언급했으며, 문화사상의 핵으로 볼 수 있을 만큼 체계(불교사상과 사회운동사상의 연계)와 심도를 가지고 있다.

대승불교의 공(空)이 안고 있는 끊임없이 맥동하는 다이너미즘을 '창조적 생명'이라고 일컫고자 합니다. (중략) 법화경에서는 시간적으로나 공간적으로나 무한(無限), 무변(無邊)한 생명의 전개가 개시(開示)되고 게다가 그 전개는 한 생명의 '지금'의 일순(一瞬)에 포섭(包攝)되어간다는 생명의 자재성(自在性)을 설해 밝혔습니다. (중략) 과거도 미래도 현재의 일순에 응축(凝縮)됩니다. 법화경은 전체를 통해서 공간적인 '합일'과 시간적 '응축'이 무장애(無障碍)라고 하는 창조적 생명의 다이너미즘을 형성하고 있다고 설합니다.

창조적 생명을 우리의 삶의 태도로 말한다면, 자기완성을 향한 한없는 능동적 실천으로 나타난다고도 할 수 있습니다. 즉 법화경의 여러 경 중에서도 두드러진 특징은 그 보살도(菩薩道)를 실천하는 터전을 거칠고 사나운 냉엄한 인간사회 가운데서 감연히 구하고

그 곳에서만이 자신의 생명이 연마되어 소아(小我)를 초월한 대아
를 확립할 수 있다고 설한다는 점에서 발견할 수 있습니다.
(1989.6.14. 프랑스 학사원 강연. "동서의 예술과 정신성")

## (4) 창조적 인간·생명이 사회를 변혁시키는 문화적 메커니즘: 연기론, 보은(報恩) 사상

이케다 사상에서 창조적 인간·생명이란 결국 일부 엘리트의 자
질이 아니라 현실에 살아가는 다양한 성격이나 입장, 능력을 가진
모든 사람들이 제3문명의 구축에 다각적으로 기여하는 포괄적인 사
회 비전을 의미하기도 한다. 문화사상은 결국 이와 같은 사회관과
긴밀하게 연결되는데 두 영역을 이은 중요한 불교적 관점과 이에 대
한 이케다의 해석을 간략하게 정리하면 다음과 같다.

첫 번째는 중생세간(衆生世間)과 업(業, karma)이라는 관점이다.
중생세간이란 다양한 개성, 의식, 인종, 정신적 상태 등을 가진 사람
들의 집합이자 그 자체를 하나의 복합적인 생명체로 보는 불교적 관
점이다.[41] 이케다 또한 사회를 '각기 다른 인격들의 유기적 집합체'
로 간략하게 표현한 바 있다.[42] 보다 실천적인 설명으로서 이케다는
생명의 존엄성을 촉진하는 문화적 작용과 방해하는 작용이 사회 차
원에서 각각 경쟁하면서 공업(共業)이라는 형태로 축적되는 역동성
을 그리고 있다. 여기서 번뇌(煩惱)나 이기주의와 같은 문화가 사회
에 축적되는 원인에 대해서는 통제되지 않은 탐욕과 인간의 인식 노
력(보다 깊이 알려고 하는 노력)의 한계를 지적한다. 각인된 업의 극
복을 숙명전환(宿命轉換)이라고 하며, 각 개인의 자발적 소생 노력

---

41) 1973. 『생명을 말한다』; 1986. 『생명과 불법을 말한다』.
42) 1973.12.16. 제36회 본부총회 연설. "시류(時流)는 생명지상주의의 신앙으로."

(신앙)과 사회전체의 변혁 간에서 이루어지는 역동적 연쇄 작용을 이케다는 전망한다.

> 불교에서는 사회악의 근거를 그것을 구성하는 중생의 번뇌, 이기주의(egoism)의 축적으로 봅니다. 사회를 구성하는 사람들의 행위는 해당 사회 즉, 중생세간에 각인됩니다. (중략) 민족이나 국가 등에 있어서 공동의 업을 공업이라고 부릅니다. (중략) 불전(佛典)에서는 한 사람의 지자(智者)에 의한 자비로운 실천을 기점으로 중생·사회의 공업이 전환되는 과정을 설하고 있습니다. 여기에 우리는 중생에 의한 선(善)의 공업의 힘을 축적함에 따라 평화사회를 구축하는 하나의 과정(process)을 읽을 수 있습니다.
> (2010.『우주와 인간의 로망을 말한다』(G. 위클라마싱게와의 대담)

두 번째 관점은 보은이다. 석존과 니치렌에 의하면 인간이 받는 은혜의 대상·원천은 네 가지가 있으며(부모, 스승, 국토·사회, 일체중생), 은혜를 알고, 감사하고, 평생을 통해 보답해 가는 것이 인간으로서의 도덕적 길이자 인간다움의 증거라고 한다.[43] 특히 도다와 이케다는 은혜를 다음 세대에게 돌려주는 것 즉, 후계 세대를 육성하고 사상을 전하는 일이 네 가지 중 '일체중생의 은혜'에 보답하는 일이며, 인간의 존엄성을 만인에게 알리고, 만인의 존엄성을 지켜가는 최고의 보은으로 지도해 왔다.[44] 이와 같은 모든 사람들의 행복·구제를 서원해 가는 행동, 자비의 실천이 다시 광선유포의 실천으로 해석하게 된다.[45]

---

43) 2009.4.28. 5.3 기념 최고 대표자협의회 연설. 2004.『희망의세기를 향한 도전』(조문부와의 대담). 특히 이케다는 일관적으로 일본에게 한국은 문화대은의 나라라는 입장을 주장해 왔다. 청동기, 철기, 토목, 관개 기술, 한자, 회화, 조각, 음악, 무용, 건축, 기술 등을 비롯해 특히 사상문화인 불교가 한반도에서 전해 온 역사적 사실에 근거하는 주장이며, 이케다 사상의 특징인데, 이러한 자세나 인식도 보은사상의 실천 형태로 볼 수 있을 것이다.

44) 1963.6.12. 도쿄 제5 본부 간부회 연설. "절복이야 말로 말법 최고의 보은."

45) 2003.『어서의 세계』.

보은사상, 특히 '일체중생의 은혜'의 논리적 배경에는 연기론이라는 불교의 핵심적 사상이 관련된다. 즉, 인간은 모두 혼자 태어나서 살아가는 것이 아니며, 인간, 사물, 자연을 포함한 만물의 상호의존 관계 속에 존재한다. 이를 생동하는 코스모스(cosmos, 내적 조화) 또는 철학 용어로서의 의미연관(意味連関) 혹은 관계주의(relationalsim)라고 하며,[46] 한 사람의 존엄성은 결국 다른 사람의 존엄성과 불가분한 관계에 있다고 보는 것이다.[47] 이케다는 불교적 연기론에 대해서 현대적인 공생(共生) 개념과 본질적으로 동일하다고 주장한다.[48]

## 3. 지구 차원에서 전개되는 '평화의 문화' 사상: 1980년대 이후

### (1) 문화 관점의 새로운 전개: 문화교류 3원칙, 지구문명론, 소프트 파워(soft power)

이케다는 1960년에 세계 각국을 방문하기 시작하며, 역사학자 토인비를 비롯해 세계의 석학, 지도자들과의 대화와 대학 강연을 시작하며, 1975년에 SGI를 설립, 1980년대에는 UN에 대한 제언활동을 본격적으로 시작했다. 이러한 맥락에서, 본질적 의미는 그대로 하되, 문화를 설명하는 '표현 방식'이나 각도에 관해서 변화가 나타난다. 우선 국가 간 및 세계 차원의 교류라는 관점에서 문화의 기능을

---

46) 존재의 독자성, 자립성을 강조하는 실제주의(substantialism)와 대비되는 철학 용어로서, 인식이나 현상 파악에 있어서 상호의존성이나 주관성(intersubjectivity)을 강조하는 태도이다.

47) 1993.9.24. 하버드대학교 강연. "21세기 문명과 대승불교; 1999. "개도." 『신 인간혁명』(제5권).

48) 2001.1.26. 제26회 SGI 평화제언. "생명의 세기를 향해 크나 큰 조류."

다음과 같이 재조명하고 있다. 동시에 문화교류가 가지는 역기능 그리고 이른바 문화제국주의와 같은 침략적 요소에도 유의하면서 바람직한 문화교류의 원칙으로서 상호성, 대등성, 점진성을 제시했다.[49]

> 본디 문화의 골수는 가장 보편적인 인간 생명이 약동하는 숨결입니다. 그러므로 환희로 고동치는 선율이 마치 사람들 가슴속 현에 파동 쳐와 음률을 연주하며 공명(共鳴)하듯 문화는 인간 본래의 영위(營爲)로서 모든 차이를 초월해 어느 누구의 마음도 사로잡습니다. (중략) 민중과 민중의 의사가 자연적으로 고양되는데 따른 문화교류가 '불신'을 '신뢰'로 바꾸고 '반목'을 '이해'로 바꾸며 이 세계에서 전쟁이라는 이름의 괴물을 몰아내고 진실하고도 영속적인 평화를 달성할 수 있다고 생각하기 때문입니다. (중략) 문화교류는 사람과 사람의 마음을 연결하고 심금을 울리는 공감의 하모니를 연주하는 일입니다.
> (1975.5.27. 모스크바대학교 강연. "동서문화교류의 새로운 길.")

다음으로 지구문명이라는 관점에서 기존의 문명관이나 세계비전을 재해석하는 경향이 21세기를 앞둔 1990년대 후반부터 본격화되었다. 특히 1997년, 1998년, 2000년, 2002년의 논문(일명 SGI 평화제언) 그리고 이 시기의 세계적 식자들과의 대담집에서 명시적으로 등장했다. 지구문명이라는 표현 자체는 1970년에 이미 등장했으며,[50] 지구적 문명, 인류문명, 세계문명, 21세기 문명과 같은 용어를 유사한 맥락서 사용해 왔으나, 2000년을 전후하여 지구문명으로 통합되는 흐름을 볼 수 있다. 과거 약 40년의 논문을 편집한 논문집에서도 지구문명은 비핵화나 인간주의 등과 더불어 이케다 사상의 주요 꼭지로 선정되고 있다.[51]

---

49) 1988.1.26. 제13회 SGI 평화제언. "평화의 고동(鼓動), 문화의 무지개"
50) 1970.12.6. 장편시. "청년의 보(靑年の譜)"에 등장한다.

다만, 지구문명의 구체적 내용이나 현실적 성립에 대해서 그는 아직 시좌(視座, perspective) 단계로 인식하고 있다. 지구문명의 성격, 시스템, 위계질서 등에 대해서 담론과 실천에서 다양한 접근이 시도되고 있으나 아직 암중모색(暗中模索)의 단계임으로 1997년에 평가한 바 있다.52) 또한 2000년에 출판된 이슬람교 평화학자인 테헤라니안(Majid Tehranian)과의 대담집에서 문명 개념을 "다양한 문화를 포섭하면서, 의식적으로 조직된 법적, 과학기술적, 경제적, 정치적 구성 등의 요소들을 포함한 복잡한 사회시스템"으로 이해하여, 동서남북의 다양한 문화를 모두 포함한 보편적인 지구문명의 현실성이 나타나기 시작한 단계로 보았다.53) 그러나 이케다의 주장을 포괄적으로 볼 때 지구문명론은 1960년대와 70년대에 제시된 인류문화, 제3문명, 네오 르네상스 등의 개념과 유사하며 역시 마키구치와 도다 사상에 기반을 둔 것으로 보인다. 지구문명론의 배경으로서 마키구치의 인도주의적 경쟁을 통한 보편적 가치의 공창(共創, co-creation)이나 도다의 지구민족주의를 자주 인용하기 때문이다.

소프트 파워도 이케다가 1990년대 이후 자주 언급한 개념이다. 이는 미국 정치학자 나이(Joseph Nye)가 1990년에 발표한 이론에 직접 유래하며, 1991년 미국 하버드대학교 강연에서 이케다가 본격적으로 논의하기 시작했다. 군사력, 경제력, 권력 등 경쟁을 위해 발휘되는 힘을 하드 파워로, 문화, 정보, 지식, 이념, 시스템, 여론 등 결합이나 협조를 위해 발휘되는 힘을 소프트 파워로 이해하는 나이의 논의를 지지하면서 이케다는 특히 소프트 파워를 내재적 힘, 자비의

---

51) 戶田記念國際平和研究所編. 2013. 『新しき人類社會と國連の使命』. 東京: 潮出版社.
52) 1997.1.26. 제22회 SGI 평화제언. "지구문명을 향한 새로운 지평."
53) 2000. 『21세기로의 선택』 (마지드 테헤라니안과의 대담).

힘, 따뜻함의 힘 등으로 해석한다. 현 시대에서 영향력을 얻게 되는 진정한 소프트 파워 혹은 소프트 파워의 개화를 위해서는 근본적 차원에서 인간성의 규범이나 가치, 철학, 실천적 차원에서 평화, 문화, 교육을 위한 활동에 주목해야 함을 주장한다.[54]

## (2) 지구 차원의 문화 비전: 평화의 문화, 문화민제주의(文化民際主義)

지구문명론과 거의 동일한 시기에 등장한 것이 '평화의 문화'론이다. 이 개념 자체는 유엔이 사용하기 시작한 것이다. 유엔은 21세기의 평화구현 방법을 전망하는 맥락에서 1998년에 '평화의 문화'라는 비전, 선언문, 활동 방향을 채택했다. 이는 평화학자들의 주장과 유네스코 헌장을 바탕으로, 인간의 마음을 중요시하는 비전이다.[55] 이케다는 SGI의 노선과의 공통점을 확인하면서 유엔 주도의 평화의 문화 프로젝트를 지지하며, 이를 효과적으로 추진하기 위한 방안을 제시해 왔다.[56] 특히, 이 맥락에서는 전쟁의 문화를 평화의 문화로, 내부적 성격을 전환하는 점에 초점을 둔 것이 특징이다. 전쟁, 폭력, 제국주의 등도 문화의 한 부정적 측면임을 인식하면서 이를 긍정적 방향으로 전환하기 위한 비전과 방법을 제시한 것이다. 구체적으로 문화민제주의라는 패러다임을 다음과 같이 제시했다.

---

54) 1991.9.26. 하버드대학교 강연. "소프트 파워의 시대와 철학: 새로운 일미관계를 연다."; 1996. 『법화경의 지혜』.

55) 유엔은 2000년을 '평화의 문화의 해'로, 2001-2010년을 '세계 아동을 위한 평화의 문화와 비폭력의 10년'으로 지정했다. 평화의 문화란 "전쟁은 인간의 마음 속에서 생기는 것이므로 평화의 방벽을 세워야 할 곳도 인간의 마음 속이다"라는 유네스코 헌장을 바탕으로, 교육, 환경, 사회, 경제, 정치 등의 발전 그리고 인권, 젠더, 자유, 민주주의 등의 옹호에 있어서 인간 생명의 존중, 비폭력, 협력과 연대, 상호이해 등의 가치관, 태도, 행동 양식을 지향하는 것을 의미한다.

56) 1999.1.26. 제24회 SGI 평화제언. "평화의 개가: 우주관(cosmology)의 부흥."

'평화의 문화'는 이문화간(異文化間)의 적극적인 공존, 나아가 그
것들이 서로 촉발하면서 나아가는 세계문화와 지구문명에 대한
방향을 설정하지 않으면 안 됩니다. (중략) 그 때문이라도 저는 지
금까지 '문화국제주의(文化國際主義)'라는 이름으로 불려 왔던 것
이 거듭 쌓아온 귀중한 실적(實績)의 수맥(水脈)을 이어 가면서,
한 걸음 더 나아간 '문화민제주의'라고 할 접근이 불가결하다는
호소를 하고자 합니다.

문화민제주의의 주역은 민중이며, NGO나 NPO(민간비영리기구)
에 속하는 크고 작은 방대한 수의 다양한 민간 자원봉사단체입니
다. 다양성이 꽃피는 그 본무대에 등장하기 시작한 것은 획일적인
'국가의 얼굴'이 아니라 다채로운 '민중의 얼굴' '인간의 얼굴'인
것입니다. 따라서 국가 차원, 정치 차원으로 접근하면서 이러한
민제주의적 움직임이 몇 겹이고 교차하여 서로의 입장과 역할을
인정하면서 보완해 가야 합니다. (중략) 종국적(終局的)으로 문화
의 질(質)을 결정하는 것은 인간이고 인간의 인격이기 때문입니다.
(2000.1.26. 제25회 SGI 평화제언. "평화의 문화, 대화의 대륜(大輪)")

## (3) 다원적 공생 사상: 삼초이목(三草二木),
## 앵매도리(桜梅桃李), 자체현조(自体顕照)

평화의 문화의 비전과 실천도 역시 불교적 사회관과 깊이 관련된
다. 양자의 관련성에 대해서 이케다는 자주 언급하고 있는데, 특히
평화의 문화의 특징이나 본질을 불교의 삼초이목, 앵매도리라는 비
유(이미지)와 유사하고 다원적 공생을 지향하는 것으로 주장한다.

제가 생각하는 평화의 문화란 지구 구성원인 모든 생명체가 각각
의 독자성을 발휘하면서 대등하게 공생하는 문화입니다. 법화경에
는 평화의 문화를 시사하는 불교적 비유가 그려져 있습니다. '삼
초이목의 비유'라고 하며, 이름도 형태도 특징도 서로 다른 다양
한 나무나 약초가 함께 성장하는 모습을 그린 것입니다.

대지에 번모(繁茂)하는 다양한 나무나 약초가 하늘에서 내리는 빛의 은혜를 평등하게 받아들이며, 각자의 차이에 따라 특징, 개성을 발휘하며 꽃을 피우고, 열매를 맺는 모습입니다. 이 초목이 인간의 문화를, 대지와 비가 영원한 대우주, 대자연의 은혜를 상징하는 것으로 해석한다면, 삼초이목의 비유란 다양한 문화가 각각의 개성을 발휘하면서 지구상에서 풍요롭게 공생하여, 번모하는 평화의 문화의 이미지가 됩니다.

(2007. 『인간주의의 깃발: 관용, 자비, 대화』)

니치렌은 이러한 현상계(現象界)의 다양성을 법성(法性) 즉, 본원적 우주의 선(善)이 품어 키우는 초목에 비유하여 앵매도리 라고 표현하고 있다. 앵두나무는 앵두꽃을, 매화는 매화꽃을, 서로 다른 아름다움을 가지면서, 계절도 다르며, 인간이나 다른 생물과의 관계성도 다르지만, 모두가 대자연의 은혜를 받으면서 내포하는 가능성을 최대한 발휘해 가는 본래적 모습을 시사하고 있습니다. (중략) 니치렌은 이러한 본래적 모습을 자체현조로도 표현하고 있습니다.

(2004.8.18. 제37회 국제아시아·아프리카 연구회 발표 논문. "평화의 세기와 법화경")

## (4) 차이 극복을 위한 관점: 선악무기론(善惡無記論), 내발적 정신과 열린 대화

나아가서 평화의 문화나 다원적 공생을 위협하는 근본적 장애로서 '언어의 주문(呪文)에 휩싸인 외면적 차이에 대한 집착'을 주장하여, 이를 극복하기 위해서는 선·악 그리고 보편적 인간성에 관한 '내발적 정신에 기반을 둔 열린 대화'의 필요성을 주장한다.

인종, 민족, 풍속, 습관 등등 외적인 차이야말로 인간의 행·불행, 선악(善惡)을 결정하는 최대의 요인으로 그 차이를 제거해야 모든 사회악이나 모순을 해결하는 결정타가 된다는 착각, 이데올로기적 미망(迷妄)이 20세기의 하늘을 어둡게 덮었던 것입니다. (중략) 외면에만 눈을 돌려 분열하고 대립하는 한쪽을 선, 다른 쪽을 악으로 정해서는 안 된다. 인간이든 사회든 간에 외면적인 선악은 상대적, 가변적인 것으로 그것을 절대적, 고정적으로 간주하는 것은 사람의 마음이며, 마음이 말의 주문에 걸려 있는 것이다. 주문에 걸려들면 선은 내부에서 악을 포함하고 악도 내부에서 선을 포함한다는 선악의 상대성, 그러므로 악도 대응하기에 따라 선으로 바뀔 수 있다는 가변성이 보이지 않게 된다.

저의 독백은 불교에서 설하는 선악무기론을 뒷받침으로 하고 있습니다. 거기서의 생명의 실상(實相)은 선악무기로서 어느 때에는 선의 가치를, 어느 때에는 악의 가치를 낳는 작용을 한다고 생각합니다. 요컨대 선이라 하고 악이라 해도 어떤 개별적인 실체가 있는 것은 아닙니다. 예를 들어 노여움을 말한다면, 인간의 존엄을 위협하는 것에 대한 노여움은 선, 에고만으로 움직이는 노여움은 악이라 하듯이, 환경과 자신의 일념(一念)의 관계 속에서 모양으로 나타나는 것으로 자리매김하고 있습니다. 그것은 선과 악을 외면적으로 고정화시키는 '말에 의한 지배·주문'을 풀고, 생성 유동해 마지않는 현실과 맞설 것을 촉구하는 사상인 것입니다.
  (2000.1.26. 제25회 SGI 평화제언. "평화의 문화, 대화의 대륜")

이케다가 강조하는 부분은 선악무기론에서 '무기'는 결코 무나 공백을 의미하는 것이 아니며, 오히려 외부적 조건에 좌우되지 않은 확고한 자아 혹은 경애(境涯)의 확립을 의미하는 점이다. 이로서 외부적 차이에 '신경 쓰지 않게'되는 것이다. 이를 종교와 교육의 역할로 보고, 이러한 정신을 실천적으로 확산해 가는 것을 다시 "인간혁명 운동이라는 이름의 민중의, 민중에 의한, 민중을 위한 임파워먼트(empowerment) 운동"으로 재해석하고 있다.[57]

---

57) 2000.1.26. 제25회 SGI 평화제언. "평화의 문화, 대화의 대륜."

종교 본래의 사명이란, 생명의 존엄이라는 인류의 보편적 지평에
서서, 한사람, 한사람의 마음을 되돌아보게 하며, 평화의 문화를
구축하기 위한 에토스(ethos, 도덕적 기풍)의 원천으로서, 이를 확
립하는데 있다. (중략) 평화의 문화를 키우기 위한 교육의 기둥으
로서 중요시 해 온 것은 방관자가 아닌 평화의 창조자를 만드는
교육입니다. (중략) 다양성을 존중하여, 차이를 서로 찬찬히 배우
는 과정에서 각자의 독자성과 함께 인류 공통의 보편성을 찾아낸
다. 그러한 소통(communication)이야말로 이상적인 평화공존의 인
간문화, 인류문명을 만들어가는 것이 아닐까 합니다.

> (2007.3.27. 이태리 팔레르모대학교 강연.
> "문명의 십자로에서 인간문화의 흥륭을.")

## (5) 평화의 문화 촉진 과제의 재정리와 실천

세계적 식자들과의 대담 속에서 위에서 전개한 평화의 문화 사상
을 이케다가 체계적으로 재정리한 내용도 있다. 우선 2006년에는 유
엔 평화의 문화의 추진자인 평화학자 볼딩(Elise Boulding)과의 대
화를 통해 평화의 문화를 창출하는데 가장 중요한 요인으로서 '차이
에 대한 창조적 통제'로 의견을 교환했다. 구체적 실천 과제로서 평
화교육이나 시민교육의 중요성, 여성의 역할 확대의 필요성, 그리고
공동체관의 혁신으로서 '200년의 현재'에 대한 자각을 지적했다. 즉,
현재를 기준으로, 과거 100년과 미래 100년을 본인의 인생의 무대
로 파악하여, 자기 자신을 보다 큰 공동체의 일부로 이해하려고 하
는 세계관, 시간관의 확립이다.[58] 나아가서 2007년에는 유럽과학예
술 아카데미 창립자의 펠릭스 웅거(Felix Unger)와의 대담을 통해
평화의 문화를 창출하기 위한 다음 세 가지 조건을 제시했다. 첫째,
다양성의 존중: 열린 정신 및 적극적 관용의 정신을 바탕으로 자신

---

58) 2012.1.26. 제37회 SGI 평화제언. "생명존엄의 연대가 빛나는 세기를."

과 다른 타자를 인정·존중하여, 서로에게 배우는 자세를 취한다. 둘째, 대화의 실천: 열린 정신의 실천으로서 서로의 차이를 극복하기 위한 대화를 거듭한다. 셋째, 보편성에 대한 통찰: 대화를 통해 자신의 문화를 보다 심층적으로 바라보며, 정신적 원류를 되돌아본다. 개별성 속에 보편성을 찾아낸다.59)

이케다는 실천적 제안에 관해서도 적극적이다. 아시아 문화교류 촉진과 차이 극복을 위해 '아시아 태평양문화기구'의 설립, 전 세계 초중고를 대상으로 한 '인간안보와 평화의 문화 학교 거점 프로젝트' 등을 유엔의 목표로 제안해 왔다. 또한 그가 설립한 연구소나 기관에서는 지구시민 대화, 종교간 대화, 여성의 사회적 기여 등을 주제로 학술행사를 개최해 왔으며 평화의 문화에 관한 사진전이나 전시 등 행사도 전 세계에서 개최하고 있다.

# III. 이케다 문화사상의 전체적 윤곽과 특징, 시사점

## 1. 문화사상의 전체적 윤곽

이상 살펴본 바와 같이 이케다 문화사상은 내부적으로 광범위한 내용을 가지고 있으며, 외부적으로도 불교적 생명관과 사회관을 중심으로 교육, 국제관계, 정치경제 등의 사상과 깊이 관련된다. 또한 이 소고에서 제외했으나 예술, 문학, 언어, 역사 등 문화의 세부적 영역에 관해서 심도 있게 언급하고 있는 것도 사실이다. 이케다 사상을 본질적으로 이해하기 위해서는 역시 사상체계의 전체에 대한

---

59) 2007. 『인간주의의 깃발: 관용, 자비, 대화』(펠릭스 웅거와의 대담).

연구 노력이 필요할 것이고, 이를 위해서는 학문분야나 국가·언어, 시대를 초월한 연구자들의 협력이 필요할 것이다. 이하에서는 문화사상에 제한되는 논의로서, 위의 내용을 바탕으로 사상의 윤곽과 특징, 시사점에 대해서 고찰, 요약한다.

우선 세 가지 기둥에 따른 문화사상의 윤곽을 고찰하면 다음과 같다. 첫째, 각 기둥은 사상의 역사적 전개를 고려하여 개략적으로 설정한 관점이지만, 내용을 살펴보면 시대나 활동 범위의 전개에 따라 연설의 주제나 강조점에 변화가 있는 점과 동시에 세부적 내용의 중복성이나 유사성도 나타난다. 따라서 세 가지 기둥은 획일적인 분류가 아니라 상호보완적 성격으로 이해하는 것이 적절하다. 재정리하면 이케다는 1960-70년대는 신앙과 문화의 상호보완성, 정신의 개화, 선·악의 양면성, 제2 르네상스나 제3문명 등을 통해 문화에 관한 '기본적 이해'를 제시했다. 이어서 1970년대 이후 문화 비전을 이끄는 인재상으로서 창조적 인간론이나 문화운동을 심화시키기 위한 보편적 과제로서 창조적 생명론을 논의했다. 모두 문화를 재구축하는 '실천적 과제'를 논의한 것이며, 특히 이케다는 형식적 조건이나 제도, 방법론이 아니라 인간의 정신적 혹은 내면적 차원에서 이루어지는 창조성이나 소생에 주목하고 있다. 1980년대 이후에는 평화의 문화나 지구문명론을 통해 지구 차원의 다원적 공생·조화라는 문화 비전의 '방향성'을 심화시켰다. 2000년대의 사상 전개에서도 이와 같은 기본적 이해와 실천 과제, 방향성을 재차 확인하여 재해석하는 경향을 볼 수 있다.

다음으로 보다 중요한 구조적 특징으로서, 세 가지 기둥 혹은 기본적 이해와 실천 과제, 방향성에는 공통적인 기반 사상이 관철되는 모습이 분명히 나타나고 있다. 즉, 석존과 니치렌, 마키구치와 도다에 의한 인간과 사회에 관한 근본적 철학이다. 이케다는 명시적으로 그의 스승과 선구자들의 사상을 계승한 점을 강조하고 있다. 따라서 이와 같은 기반 사상 위에 세 가지 기둥이 구축된 것으로 보는 것이 적절하다. 또한 기반 사상의 성격에 관해서는 기존 연구가 유의미한 시사점을 주고 있다. 법화경 사상이 현대사회에 주는 메시지를 '법화경의 3대 사상'으로 정리한 연구가 있는데, 이는 1) 구원실성(久遠實成) 사상: 생명의 최고 존엄성과 본질적 영구성, 2) 만인성불(萬人成佛) 사상: 모든 인간 생명의 근원적 평등, 3) 보살도(菩薩道) 사상: 개성과 역할, 리더십을 살리면서 다원적 공생을 통한 사회정의 구현이다.[60] 이러한 분류를 이케다 사상의 특징으로 활용한 기존 연구도 있으며,[61] 문화사상에 대해서도 적용 가능할 것으로 보인다. 문화운동, 창조적 인간, 평화의 문화 등의 설명에서 나타난 인간의 존엄성, 다원적 공생, 그리고 자각한 시민의 역할 등의 사상적 근거로서 이케다는 이러한 법화경 사상을 자주 언급하고 있다. 요컨대, 이케다 문화사상은 법화경의 3대 사상 즉, 1) 근본적 가치관으로서의 인간의 존엄성, 2) 사회질서의 심층적 구조로서의 다원적 공생, 3) 사회구성 주체(개별적 인간)의 문화적 역할이나 실천적 과제로서의 능동적 자아실현에 기반을 두고 있는 것이다.

셋째로, 3대 사상 외에도 세 가지 기둥에서 공통적으로 등장하는 키워드가 있는데, 바로 '인간혁명'이다. 이케다의 언급을 보면, 문화 사상의 근거가 법화경 3대 사상이라면, 사상의 귀결이나 실천적 시

---

60) 管野博史. 1997. 『法華経の出現: 蘇る仏教の根本思想』. 東京: 大蔵出版社; 川田洋一. 2006. "法華経に見る平和思想." 『東洋学術研究』452(2). 64-86.

61) 栗原淑江. 2007 "法華経における平等思想: SGIの視点." 『東洋学術研究』48(2). 94-111.

사점은 인간혁명론으로 정리하고 있다. 즉, 자각한 민중이 만인을 이끄는 광선유포라는 문화운동, 현실사회 속에서 창조적 생명을 개화·연마해 가는 보살도의 실천 그리고 개인과 인류의 마음의 경애를 높이고 소생해 가는 민중의 민중에 의한, 민중을 위한 임파워먼트 운동 등 그가 제시한 문화사상의 실천 형태는 모두 한사람 한사람의 능동적 의지에서 출발하고 내재적 변화가 연쇄작용해 가는 인간혁명론으로 귀결된다. 또한 이 부분에 관해서는 석존과 니치렌, 마키구치와 도다의 철학을 계승하면서, '이케다의' 사상 혹은 표현방식이 특별히 드러나고 있다고 할 수 있다.

위의 재해석을 종합하여 이케다 문화사상의 전체적 윤곽을 정리하면 <그림 1>과 같다.

〈그림 1〉 이케다 문화사상의 세부 구조

## 인간의 존엄성 옹호를 지향하는 문화운동 사상

- 창가문화운동, 묘법의 대지에 전개하는 대문화운동
- 인간혁명운동(민중의, 민중에 의한, 민중의 임파워먼트 운동)
- 왕불명합 사상, 입정안국 사상, 불교적 중도주의
- 불법 민주주의론, 풀뿌리 민주주의, 인간성 사회주의
- 문화 활성화를 위한 다양한 실천(문화활동, 문화회관, 문화제 등)

### 인간혁명론

- 자각한 민중이 만인을 이끄는 광선유포라는 대문화 운동
- 현실사회 속에서 창조적 생명을 연마해 가는 보살도 의 실천
- 민중의, 민중에 의한, 민중을 위한 임파워먼트 운동

### 제3문명을 이끄는 창조적 인간 사상

- 정신성과 물질성을 통합한 제3문명 사상
- 제2 르네상스, 네오 르네상스 사상
- 대학을 거점으로 한 인간학의 심화
- 창조적 인간론, 창조적 생명론, 인간혁명론
- 연기사상과 공생 사상
- 중생세간과 공업의 승화, 보은 사상

### 지구 차원의 평화의 문화 사상

- 문화교류의 3원칙과 실천(상호성, 대등성, 점진성)
- 지구문명론, 인간문명론, 소프트 파워론,
- 평화의 문화 촉진의 3가지 원칙 (다양성 존중, 대화의 실천, 보편성에 대한 통찰)
- 문화민제주의, 세계시민교육의 활성화
- 민중, NGO 중심의 문화교류 확대
- 다원적 공생 사상, 차별 의식의 극복, 열린 대화

기반 사상

### - 법화경, 니치렌의 불교 사상

- 인간의 존엄성 사상(불교적 생명관, 구원실성 사상)
- 다원적 조화 사상(불교적 평등관·사회관, 앵매도리, 삼초이목, 공명 사상)
- 능동적 자아실현 사상(불교적 실천관, 보살도 사상, 선악무기론, 자체현조)

### - 마키구치, 도다, 니치준의 사상

- 가치론(인간 생명을 중심으로 한 가치창조 사상)
- 문화운동으로서의 광선유포 사상(인간과 사회의 내재적 변혁 사상)
- 불교적 민주주의 사상(근원적 자유, 다원적 평등, 생명적 존엄의 구현)

## 2. 특징과 시사점 1: 정신적 작용·활동의 다차원적 전개

전체적 윤곽에서 도출되는 중요한 세부적 특징과 시사점을 고찰, 요약하면 다음과 같다. 첫째, 이케다 문화사상이란 인간이 존엄성을 획득하기 위해 펼치는 활동을 중심으로, 이것이 사회에서 다차원적 으로 전개되는 동태에 관한 것이라고 할 수 있다. 그의 사상에서 문화의 주체와 목적은 명료하다. 즉, 인간이 주체이며 존엄성 혹은 보다 나은 삶이나 주체성, 행복을 모두가 확립하는 것을 장기적으로 추구한다. 한편, 문화적 행위가 이루어지는 방식이나 영역, 작용 과정에 대해서는 다차원적 관점에서 인식하고 있다. 문화란 마음을 가꾸어 일군다는 인간의 정신적이고, 내면적 행위나 작용을 기본으로 하면서 이러한 작용을 생활이나 예술, 습관 등은 물론, 사회, 교육, 경제, 정치 등의 활동이나 제도에 반영시키는 행위, 나아가서 이러한 행위나 작용, 자산이나 제도가 보다 많은 사람들의 마음이나 사회, 시스템을 변화시키는 2차, 3차적 동태까지 전망하고 있다. 다른 관점에서 보면, '협의'의 의미로서 현실화된 자산이나 창조물을 논의하여, '광의'의 의미로서 운동이나 활동, 노력, 변혁, 소생 등 동태적 측면을 논의하는데, 심층적인 해석에 관해서 후자를 중요시하고 있다.

이러한 이해는 기존 학설과 비교하면 사실 특별한 것은 아니다. 문화 개념에 관한 고전적 이해로서 테일러(Edward B. Tylor)는 '지식, 신앙, 예술, 도덕, 법, 관습 그리고 사회 구성원이 습득한 모든 능력과 습관들을 포함하는 복합적 전체'로 정의했다.[62] 그 후 문화 인류학에서는 이와 같은 다차원적 현상이나 행위 등의 '의미'를 결

---

62) Edward Burnett Tylor. 1871. *Primitive Culture.* London: John Murray & Co.

정하는 상징(symbols), 패턴(patterns), 코드(codes), 가치관(values) 등을 문화의 본질로 인식하면서 여러 학파들을 형성하고 있다.[63] 또한 실천적 차원에서도 유네스코는 2000년에 '특정한 사회와 사회 집단에게 고유한 정신적, 물질적, 지적, 감정적 특징을 가진 것'으로서 생활양식이나 공생 방법, 가치관, 전통, 신앙 등을 포함하며, 인간의 정체성(identity)이나 사회적 결속, 지식·지혜에 기반을 둔 경제발전 등으로 문화를 규정한 바 있다.[64] 이러한 기존 학설이나 실천적 이해와 비교하면 이케다 사상도 역시 인간과 사회를 이은 다차원적 작용이나 현상으로서 문화를 이해하는 점은 물론, 본질적 측면에서도 인간의 존엄성 옹호라는 코드 혹은 가치관을 내포하고 있다. 이것을 광선유포의 문화운동이나 인간학의 탐구, 점진적 문화교류 등의 형태로 승화하는 것은 이른바 창가문화주의의 상징이나 패턴이라고 할 수 있다. 나아가서, 사회를 구성·운영하는 주체가 모두 인간이며 존엄성 또한 인간의 자각에 의거한다는 이케다 사상은 유네스코와 동일하게 문화를 인간적 정체성의 연장에서 파악하고 있다고 할 수 있다.

그렇다면 문화의 다차원적 전개가 구체적으로 어떻게 진행되고, 각 세부 영역이나 작용이 어떠한 방식으로 시너지를 창출할 수 있으며, 이를 실천적으로 통제나 활용해 가는 근본적 원리나 요인, 방법이란 무엇인지 등에 관한 질문을 이케다에게 던질 수 있을 것이다. 이에 대한 이케다의 주장을 다음 특징으로 고찰하고자 한다.

---

63) Clyde Kluckhohn. 1949. *Mirror for Man*. New York: Fawcett; Clifford Geertz. 1973. *The Interpretation of Cultures*. New York: Basic Books; James L. Peacock. 1986. *The Anthropological Lens: Harsh Light, Soft Focus*. Cambridge: Cambridge University Pres.

64) UNESCO. 2001. "Universal Declaration on Cultural Diversity." Paris: UNESCO.

## 3. 특징과 시사점 2: 다원적 공생을 추구하는 열린 종교관

　세부적으로 보면 이케다 문화사상이 기존의 학설·이해와 차별화된 점도 물론 있다. 일반적 학설에서는 종교·신앙도 문화의 한 형태로 이해하는 한편, 이케다는 종교·신앙을 문화의 '원천'으로 보고 있다. 또한 문화적 행위의 다차원성과 가치 다양성을 인지하는 한편, 인간의 존엄성을 옹호하는 것을 최고의 가치나 보편적 가치혹은 진정한 문화로서 특별히 중요시 하는 점도 특징이다. 이러한 특수 복합적 이해를 이케다 문화사상의 두 번째 특징으로서, '다원적 공생을 추구하는 열린 종교관'으로 요약하고자 한다. 그는 법화경이나 니치렌 사상을 인간 존엄성이나 생명의 소중함을 가장 심도 있게 설명한 것으로 평가하는 한편, 인간의 심리에 내재되는 선·악의 양면성 사실과 초월적 구제를 추구하는 종교나 가치관의 다양성사실도 동시에 중요시하고 있다. 이러한 현실 상황에서 인간성을 회복하기 위해서는 '특정의 종교'가 아닌 인간의 심리에 역사적, 보편적으로 존재해 온 이른바 '종교적인 것(the religious)'의 중요성을법화경과 철학자 듀이(John Dewey)의 사상을 바탕으로 제시한 바있다.[65] 이러한 관점을 토대로 그는 인간 존엄성을 추구하는 '진정한 문화'란 인류 공통의 심리에서 도출되는 보편적 과제임을 강조하고, 이를 공생이라는 '사회적 비전'(개개인 차원의 존엄성과 사회·집단 차원의 상생의 구현)과 연결하고 있다. 이에 따라 의식의 변혁, 인간의 임파워먼트, 세계시민교육의 활성화, 종교·민족·국가 간의대화, 민중 연대와 NGO의 중요성 등을 문화 촉진을 위한 구체적인

---

65) 1993.9.24. 하버드대학교 강연. "21세기 문명과 대승불교."

실천 과제로 주장해왔으며, 핵심 문제를 '차별 의식의 극복'으로 보고 있다. 이 연장에서 지구문명이나 인간문명과 같이 종교적 다양성을 존중하는 보다 큰 인류 공동체의 비전을 모색하고 있다.

이와 같이 이케다 문화사상은 그의 열린 종교관과 깊이 관련되고 있으며 이러한 관점에서 보면 이 사상을 유의미하게 이해하기 위해서는 학술적인 문화 이론 보다는 다양한 고등 종교에 존재하는 심층적 문화관 혹은 보편적 규범성을 강조해서 사회변혁을 전망하는 사회운동 사상과의 비교가 유익할 것이다. 적극적으로 사회에 기여하려고 하는 자세는 기독교나 이슬람교의 전통에도 쉽게 찾을 수 있다. 이케다 본인도 13세기 유럽 기독교사회에서 신학을 창조하여 중세 르네상스의 길을 연 토마스 아퀴나스(Thomas Aquinas)의 종교관을 모범적인 것으로 보고 있다.66) 이케다의 관점에서 보면 문화란 결국 닫힌 마음이나 신앙이 아니라 열린 정신이나 종교와 함께 통제적으로 발전하는 것이며, 그러한 종교관을 인류가 함께 만들어가는 지속적이고 성찰적인 노력이라고 할 수 있다.

나아가서 이 논의는 공생을 둘러싼 사회적 과제로 이어진다. 다양한 가치관, 성격, 능력, 처우, 건강과 연령 상태 등을 가진 모든 인류의 사회적 공생을 지속적으로 촉진·보장하는 규범적 패러다임과 실천 방법이란 무엇인가? 이케다 문화사상은 이에 대한 한 답이라고 할 수 있으며, 관련된 학술적 이론이나 기타 종교적 설명들과 비교하는 것이 유익할 것이다.

---

66) 1973.7.13. 창가대학교 강연. "스콜라 철학과 현대문명."

## 4. 특징과 시사점 3: 인간·사회의 내재적인 변혁·소생 사상

세 번째 특징은 위에서 언급한 사회운동 사상 혹은 변혁·소생 사상이라는 특징이다. 이케다는 학술적 개념 정의를 목적으로 하는 것이 아니라, 종교지도자이자 평화운동가로서의 인간과 사회의 변혁과 소생이라는 목표를 추구하는 맥락에서 창가학회 회원이나 세계의 관계자, 민중들에게 문화를 키워드로 한 메시지를 보내왔다. 이케다 스스로도 문화사상의 실천 과제를 결국 인간혁명론으로 명시적으로 연결시키고 있다. 다만, 협의적 의미의 문화나 개별적 영역에 관해서도 다양한 사상을 전개하고 '변혁'만이 아닌 다른 관점이나 지혜를 제공한 점도 잊어서는 안 될 것이다. 음악이나 리듬, 시, 미술, 문학 등의 예술·표현·감성 등이 어떻게 사람의 마음이나 사회를 풍요롭게 하는지, 동아시아에서 생활 습관이나 전통문화, 정신문화 등이 어떻게 전파하여 발전해 왔는지, 인간의 사상이나 의지, 가치관은 어떻게 후세대에 전달되거나 소멸하는지 등의 주제도 이케다 사상의 중요한 측면이다.

변혁·소생 사상으로서의 문화사상은 한마디로 인간혁명을 설명한 다음 구절에 함축된다고 할 수 있다. 즉, '민중의 민중에 의한, 민중을 위한 임파워먼트 운동'이다. 이는 문화운동이 인간의 정신적 작용(생명의 개화)을 기반으로 하는 점, 문화운동이 점진적, 단계적, 다차원적으로 확산·전개되는 점, 그리고 문화운동의 궁극적 지향점이나 결과가 형식적인 국가건설이나 지배력의 강화 등이 아니라 만인의 공생이나 연대, 능동적 자아실현으로 귀결되는 점을 모두 압축적으로 설명하고 있다. 또한 사상적 성격에 주목한다면 인간혁명론이란 위에서 지적한 사회적 공생을 위한 규범적 패러다임과 실천적 방법에 대해서 인류의 장기적, 점진적 진화와 같은 관점에서 통합적으로 제시한 것이라고 할 수 있다. 이와 같은 장대한 프로젝트가 가진 다양한 측면에 대해서 여기서 쉽게 평가·분석할 수 없지만, 이는 물론 향후의 이케다 사상 연구나 논쟁에서 중요한 대상이 될 것이다.

이에 관해서 관련될 수 있는 학술적 이론·개념을 몇 가지 전망하면 다음과 같다. 첫째, 임파워먼트 개념자체이다. 이케다 본인은 이 개념을 1997년에 사용하기 시작했으나, 1973년에 『페다고지』의 저자이자 교육학자 프레이리(Paulo Freire)에 의해 세계적으로 확산한 것이다. 한국에서는 역량강화나 권한부여와 같이 제한적이고 전문적인 의미로 이해되는 경우가 있으나, 프레이리의 사상은 듀이의 실천(pragmatic) 철학 등에 원유를 가지면서 개개인의 근원적인 민주정신, 인간성의 함양 그리고 강한 시민·인간으로서의 성장 등을 교육이나 사회의 목표이자 사회발전의 심층적 동태로 본다.[67] 이케다가 문화사상과 인간혁명론에 임파워먼트 개념을 활용한 의도나 내용을 규명하는 것은 그의 사상의 독창성이나 깊이를 유의미하게 이해하는 데 도움이 될 것이다.

둘째, 리질리언스(resilience) 이론이다. 이것 또한 1970년대에 물리학, 생태학, 심리학 등에서 등장하고, 복원력, 회복력, 탄력성, 강인함 등으로 번역된다. 개인이나 조직 나아가서 사회나 시스템이 본래 가지고 있는 근원적 힘이 충격이나 위기, 경직화나 획일화의 문제가 발생했을 때 나타나는 적응적 작용 이른바 '소생력'과 관련된 개념이다.[68] 또한 이 이론은 개인의 마음 수준의 변화 사이클이 개

---

67) Paulo Freire. 1973. *Pedagogy of the Oppressed*. New York: Seabury Press.

인이 속하는 조직의 변화 나아가서 조직이 속하는 사회의 변화의 동조(synchronization)되면서 시스템의 공진화(co-evolution)가 이루어지는 다차원적 동태를 설명하기도 한다.69) 이케다는 2014년 이후 논문에서 연속적으로 리질리언스를 언급하면서 이를 역경에 지지 않는 강한 정신이나 미래를 열어가는 민중의 연대와 같이 의욕적으로 재해석하고 있다. 2012년 미국의 의학자 리커만(Alex Lickerman)은 니치렌과 이케다의 사상을 리질리언스 이론과 결합시켜『지지 않는 마음』이라는 책을 출판한 바 있다.70) 소생 개념과 소생의 과정이나 역동성에 대한 설명은 이케다 사상 또는 불교 사상 전반에서 매우 중요한 개념이자 철학이다. 인간 생명이나 창조적 생명의 개화나 경작, 가치의 창조나 행복의 실현 등에 대한 설명의 이면에는 근원적인 혹은 본질적인 상태의 소생 또는 이에 대한 자각이라는 철학적인 사고나 비전이 내포되고 있다. 현대 과학에서 널리 주목받고 있는 리질리언스적 현상이나 행동과 이케다의 소생 개념의 관련성을 규명하는 것은 그의 문화사상이나 인간론을 이해하는데 유익할 것이다.

셋째, 사회혁신(social innovation) 이론이나 현대적 가치론군이다. 2000년대 확산한 이론이며 다양한 학파가 있으나 한 사람의 창의적 아이디어나 노력이 시대적 과제를 해결하는 돌파구를 여는 동태에 주목하는 이론들이다. 예를 들어 본스타인(David Bornstein)은 2004년에 세계적 베스트셀러가 된 책『달라지는 세계: 사회적 기업가들과

---

68) Andrew Zolli and Ann Marie Healy. 2012. *Resilience: Why Things Bounce Back*. New York: Simon & Schuster.

69) Lance H. Gunderson and C.S. Holling. 2002. Panarchy: Understanding Transformations in Human and Natural Systems. Washington, DC: Island Press; Francis Westley, Brenda Zimmerman and Michael Quinn Patton. 2004. Getting to Maybe: How the World Is Changed. Toronto: Vintage Canada

70) Alex Lickerman. 2012. *The Undefeated Mind: On the Science of Constructing an Indestructible Self*. Deerfield Beach: Health Communications.

새로운 사상의 힘』을 출판해 현장의 문제를 해결하는 사회기업가들의 치열한 노력이나 열정, 창조력이 주변 사람들에게 전파되어 이윽고 각 사회를 변화시킨 사례를 소개했다.[71] SGI 또한 2002년에 '한 사람이 세상을 바꾼다'라는 주제로 "조용한 혁명"이란 다큐멘터리를 제작한 바 있다.[72] 여기에 등장하는 환경운동가 마타이(Wangari Muta Maathai)는 2004년에 노벨평화상을 수상했으며, 30년 이상 지속한 나무 심기 운동이 아프리카의 평화, 문화, 교육, 지속 발전에 기여했음을 보여주었다. 이밖에도 공공가치(public value), 공유가치(shared value), 사회적 가치(social value) 등 21세기에 들어 가치에 관한 혁신적 이론들이 나타나고 있다. 리질리언스 개념이나 소생 개념과도 관련되지만, 개인 차원의 가치 창조가 보다 큰 사회 차원의 가치 창조나 공동선(共同善) 구현에 이어지는 역동성을 주제로, 현대 이론들과 이케다 사상 사이에 연계적 발전을 기대할 수 있다.

상기한 세 가지 방향성 외에도 인간개발(human development) 이론이나 잠재력 접근이론(capability approach), 다차원적 접근이론(polycentric approach), 세계시민주의(cosmopolitanism) 등 다양한 이론·사상 계통과도 관련성을 찾을 수 있을 것이다. 인간과 사회의 변혁·소생을 추구하는 이케다 문화사상의 다차원적 동태는 이와 같은 이론적 맥락에서 보다 의미 있게 해석 가능할 것이다. 물론, 문화사상의 '협의' 측면 측, 예술활동, 전통문화, 대중문화, 생활습관 등에 고유한 기능·역할이나 동태, 발전 등에 관해서는

---

71) David Bornstein. *How to Change the World: Social Entrepreneurs and the Power of New Ideas.* New York Oxford University Press.

72) SGI. "A Quiet Revolution." https://www.sgi.org/resources/video-and-audio/educational-tools/a-quiet-revolution-full-length.

해당 영역의 개별적 이론·지식을 고려해야 할 것이고, 이케다 사상 연구의 보다 광범위한 과제로서 인식·접근하는 것이 필요하다.

## Ⅳ. 결론

본 소고는 문화를 키워드로 1950년대 이후 전개된 이케다의 주장을 살피며, 역사적, 포괄적 관점에서 사상의 전체적 윤곽과 특징을 논의했다. 도출된 특징을 재정리하면 다음과 같다. 이케다 문화사상이란 첫째, 형식적 차원에서는 정신적 작용·활동의 다차원적 전개에 관한 것이다. 이 특징은 문화에 관한 일반적 학설·이해와 유사하다. 둘째, 구체적 차원에서는 열린 종교관에서 표출된 것으로서 인간의 존엄성과 다원적 공생을 추구한다. 이케다에 있어서 문화적 행위나 활동이란 인간성과 깊이 관련되며, 궁극적으로 민중의 공존·공생·공진화를 추구하는 열린 정신을 바탕으로 한 규범적인 노력을 의미한다. 셋째, 본질적 차원에서는 인간과 사회의 내재적인 변혁·소생에 관한 것이다. 이케다는 문화사상을 통해 특히 현실사회에서 개개인의 존엄성이나 인간다운 삶, 보다 큰 자아의 구현을 위한 한 사람, 한사람의 정신적 노력이 한걸음, 한걸음씩 전파되고, 본인과 주변 사람들, 사회를 임파워먼트해 가는 중요성을 전하고 있다. 즉, 이케다 문화사상이란 본질적으로 우리들 모든 인간의 노력으로서의 인간혁명으로 귀결된다.

1960년대 이케다가 본격적으로 문화사상을 강조하게 된 배경에는 현대문명이나 정치경제 체제에서 나타난 인간 소외, 인간성 상실의 문제가 있었다. 이는 21세기 사분기가 마무리되는 현재에 있어도 많은 이들이 주목하는 중요한 문제이다. 경제와 복지의 사각지대나 소외 계층의 존재, 신뢰나 공동체 의식이 희박해 지는 도시화의 문제, 생활적 편의가 증대하는 한편에서 갈수록 고립되는 인간과 기술발전의 모순 문제, 아직도 심각한 생존의 위기에 노정되는 빈곤층과 난민의 문제, 인간의 논리가 통하지 않는 외교나 국제관계의 문제 등 인간성의 문제를 제기하면 끝이 없다. 이에 대해 학문과 실천을 불문하고 의식이 있는 사람들은 인간적 가치의 중요성에 대해 갈수록 주목하고 있다. 이케다 문화사상은 이와 같은 맥락에서 우리가 추구해야할 목표 가치나 시대적 변혁의 주체와 원리 등에 관해서 심도 있는 지혜를 제공해 준다. 바꿔 말하면 그는 문화의 양면성 속에 존재하는 차별의식에 인류적 위기의 근본 원인을 찾아내고, 이를 극복해 가는 힘 또한 인간의 의지나 용기, 연대 등으로 구성되는 인간 문화에 기대하고 있다. 물론, 그의 사상이 광범위한 내용을 담고 있는 만큼, 세부적 의의나 추상적 내용에 관해서는 종교적 문화론이나 임파워먼트 이론, 리질리언스 이론, 세계시민주의 등 학술적 이론·개념을 현명하게 활용하면서 발전시키는 과제는 남아 있다.

문화사상은 이케다 사상의 일부에 지나지 않기 때문에 논의나 평가에 한계가 있는 점도 부정할 수 없다. 이케다가 생애를 통해 본질적으로 어떠한 논리·사상으로, 무엇을 추구하고 있는지 등 전체적 사상에 관한 연구가 역시 필요하고, 이에 따라 문화사상의 의의나 주목해야 할 특징도 달라질 수도 있다. 이러한 거시적 연구를 위해서는 학문분야나 국가·언어, 시대를 초월한 우리들 후세대 연구자들의 협력과 노력의 축적이 필요할 것이다.

# 참고문헌

## · 이케다 다이사쿠 저작물(인용 문헌)

1955.8. 논문. "종교혁명론." [宗教革命論. 『會長講演集』 第4卷].

1956.4.8. 간사이 연합대학총회 연설. "문화투쟁의 의의." [文化鬪爭の意義. 『會長講演集』 第4卷].

1957.2.24. "학회 청년부원들에게." [學會靑年部員に与う. 『會長講演集』 第3卷].

1957.12.27. "국사훈의 정신." [國士訓の精神. 『會長講演集』 第3卷].

1958.11.13. 제6회 여자부총회 연설. "진정한 민주주의의 확립." [真の民主主義を確立. 『會長講演集』 第3卷].

1959.8. 논문. "창가학회의 역사와 확신: 향후 7년의 투쟁." [今後七年の戰い. 『會長講演集』 第4卷].

1961.1.24. 조사이지부 결성대회 연설. "좌담회야 말로 법전장(法戰場)." [座談會こそ法戰場. 『會長講演集』 第2卷.]

1962.5.3. 제24회 본부총회 연설. "민중 번영의 대철학." [民衆繁栄の大哲學. 『會長講演集』 第7卷].

1963.6.12. 도쿄 제5 본부 간부회 연설. "절복이야 말로 말법 최고의 보은." [折伏こそ末法最高の報恩. 『會長講演集』 第9卷].

1964.5.3. 제27회 본부 총회 연설. "제6의 종을 울리자" [第六の鐘を鳴らそう. 『會長講演集』 第11卷].

1964.6.30. 제7회 학생부총회 연설. "5만 명의 학생과 함께 전진." [五万の學生と共に進まん. 『會長講演集』 第11卷].

1964.12. 대담. "교학에서 본 불법민주주의. ["敎學からみた佛法民主主義." 『會長講演集』 第12卷].

1965[1993]. 『어의구전 강의』. 서울: 화광신문사.

1965[2014]. 『인간혁명』제1권(완결판). 서울: 화광신문사.

1967[2014]. 『인간혁명』제2권(완결판). 서울: 화광신문사.

1968.5.3. 제31회 본부간부회 연설. "젊은 세대로 새로운 무대를 열어가자." [若き世代で新しい舞台を開こう. 『池田大作講演集』 第1卷].

1969.3.8. 야마구치대회 연설. "왕불명합은 역사적 필연." [王佛冥合は歴史的 必然. 『池田大作講演集』 第1권].

1969.5.3. 제32회 본부총회 연설. "빛나는 미래사회의 건설." [輝ける未来社會 の建設. 『池田大作講演集』 第2권].

1969.12.8. 도쿄 제3 총 본부간부회 연설. "왕불명합은 대문화 운동." [王佛冥 合は大文化運動. 『池田大作講演集』 第2권].

1970.5.3. 제33회 본부총회 연설. "인간승리의 대문화를 창조." [人間勝利の大 文化を創造." 『池田大作講演集』 第3권].

1970.12.6. 시. "청년의 보." [青年の譜. 『池田大作全集』 第39권].

1971.11.2. 제34회 본부총회 연설. "종교를 흥륭하고 인간문화를 재건." [宗教 を興隆し人間文化を再建. 『池田大作講演集』 第4권].

1973[2014]. 『인간혁명』제8권(완결판). 서울: 화광신문사.

1973[1993] 『생명을 말한다』. 서울: 화광신문사.

1973.4.9. 창가대학교 제3회 입학식 연설. "창조적 인간이 되라." [2002.『창립 자는 말하다』. 서울: 창한회. 비매품].

1973.7.13. 창가대학교 강연. "스콜라 철학과 현대문명." [2002.『창립자는 말 하다』. 서울: 창한회. 비매품].

1973.12.16. 제36회 본부총회 연설. "시류는 생명지상주의의 신앙으로." [時 流は「生命至上主義」の信仰へ. 『池田大作講演集』 第6권].

1974.4.18. "창조적 생명의 개화를." [2002.『창립자는 말하다』. 서울: 창한회. 비매품.]

1975.5.27. 모스크바대학교 강연. "동서문화교류의 새로운 길." [2011. 『21세 기 문명과 대승불교: 해외 대학 강연집』. 서울: 화광신문사].

1975.11.9. 제38회 본부총회 연설. "창가문화운동의 현대적 역할" [創價文化 運動の現代的役割. 『廣布第二章の指針』 第7권].

1976.10.24. 제39회 본부총회 연설. "영원히 불법 중도의 길을 나아가자." [永 遠に佛法中道を進もう. 『廣布第二章の指針 』 第9권].

1984. 『불법과 우주』. 서울: 화광신문사.

1986. 『생명과 불법을 말한다』. [『生命と佛法を語る』. 東京: 潮出版社].

1988.1.26. 제13회 SGI 평화제언. "평화의 고동, 문화의 무지개."

1989.6.14. 프랑스 학사원 강연. "동서의 예술과 정신성." [2011.『21세기 문 명과 대승불교: 해외 대학 강연집』. 서울: 화광신문사].

1990.8.12. 제1회 나가노현 총회 연설. 『池田大作全集』 第74卷.

1991.4.12. 각부 대표자협의회 연설. 『池田大作全集』 第76卷.

1991.9.26. 하버드대학교 강연. "소프트 파워의 시대와 철학: 새로운 일미관계를 연다." [2011. 『21세기 문명과 대승불교: 해외 대학 강연집』. 서울: 화광신문사].

1993.9.24. 하버드대학교 강연. "21세기 문명과 대승불교." [2011. 『21세기 문명과 대승불교: 해외 대학 강연집』. 서울: 화광신문사].

1996[2015]. 『법화경의 지혜: 21세기 종교를 말한다』. 서울: 화광신문사.

1997.1.26. 제22회 SGI 평화제언. "지구문명을 향한 새로운 지평."

1998.6.17. "수필 신인간혁명 1: 민주주의와 불법." [民主主義と佛法. 『池田大作全集』 第129卷].

1999[2002]. 『신 인간혁명』제5권. 서울: 화광신문사.

1999. "조영식 박사." 『인간혁명의 세기로』. 서울: 중앙일보.

1999.1.26. 제24회 SGI 평화제언. "평화의 개가: 우주관(cosmology)의 부흥."

2000. 『21세기로의 선택』. [『21世紀への選択』. 東京: 潮出版社].

2000.1.26. 제25회 SGI 평화제언. "평화의 문화, 대화의 대륜."

2001.1.26. 제26회 SGI 평화제언. "생명의 세기를 향해 크나 큰 조류."

2003[2005]. 『어서의 세계』. 서울: 화광신문사].

2004. 『희망의 세기를 향한 도전』 서울: 연합뉴스.

2004. 『신 인간혁명』제11권. 서울: 화광신문사.

2004.8.18. 제37회 국제아시아·아프리카 연구회 발표 논문. "평화의 세기와 법화경" [平和の世紀と法華経. 『池田大作全集』 第150卷].

2007. 『인간주의의 깃발: 관용, 자비, 대화』. [『人間主義の旗を: 寛容·慈悲·対話 』. 東京: 潮出版社].

2007.3.27. 이태리 팔레르모대학교 강연. "문명의 십자로에서 인간문화의 흥륭을." [文明の十字路から人間文化の興隆を. 『池田大作全集』 第150卷].

2009.4.28. 5.3 기념 최고 대표자협의회 연설. 『聖教新聞』5月2日号.

2010. 『우주와 인간의 로망을 말한다』.[『「宇宙」と「人間」のロマンを語る: 天文學と佛教の対話』. 東京: 潮出版社].

2012.1.26. 제37회 SGI 평화제언. "생명존엄의 연대가 빛나는 세기를."

## · 일반 참고문헌

김용환. 2019. "이케다 다이사쿠의 세계시민성 함양연구." 『동아시아불교문화』. 통권 38호, 203-228.

박상필. 2017. "이케다 다이사쿠의 평화사상의 배경과 평화실현 방법." 『일본연구논총』, 제45호, 55-90.

박승길. 2008. 『현대 한국사회와 SGI: 한국SGI와 대승불교운동의 사회학』. 대구: 태일사.

손희정. 2018. "이케다 다이사쿠와 도쿄후지미술관." 하영애 편. 『조영식과 이케다 다이사쿠의 평화사상과 계승』. 255-286. 파주: 한국학술정보.

이토 다카오. 2019. "한국SGI 조직의 과거, 현재, 미래: 인간혁명의 종교, 광선유포(廣宣流布)를 위한 조직." 『신종교연구』 제41집, 41-68.

조성윤. 2013. 『창가학회와 재일한국인』. 파주: 한울

최지원. 2020. "일상언어를 통한 종교성의 획득: 한국SGI 사례를 중심으로." 『비교문화연구』 제26집 제1호, 225-270.

하영애. 2016. 『조영식과 이케다 다이사쿠의 교육사상과 실천』. 파주: 한국학술정보;

홍기준. 2018. "조영식의 전승화론: 전일적 통찰력의 과학적 인식." 하영애 편저. 『조영식과 이케다 다이사쿠의 평화사상과 계승』. 66-87. 파주: 한국학술정보.

Bornstein, David. 2004. *How to Change the World: Social Entrepreneurs and the Power of New Ideas.* New York Oxford University Press. [데이비드 본스타인 저. 박금자, 나경수, 박연진 옮김. 2008. 『달라지는 세계: 사회적 기업가들과 새로운 사상의 힘』 서울: 지식공작소].

Freire, Paulo. 1973. *Pedagogy of the Oppressed.* New York: Seabury Press. [파울루 프레이리 저. 남경태 옮김. 2002. 『페다고지』. 서울: 그린비].

Geertz, Clifford. 1973. *The Interpretation of Cultures.* New York: Basic Books. [클리퍼드 기어츠 저. 문옥표 옮김. 1998.

Guha, Amalendu. 2001. *Young Seek Choue's Peace Philosophy and Social Doctrine.* Oslo: Mahatma M. K. Gandhi Foundation for Non-violent Peace.

_____. 2003. *Buddhist Cosmic Philosophy and Daisaku Ikeda's Concept of Peace Cosmology.* Oslo: Mahatma M. K. Gandhi Foundation for Non-violent Peace.

Gunderson, Lance H. and C.S. Holling. 2002. Panarchy: Understanding Transformations in Human and Natural Systems. Washington, DC: Island Press.

Kluckhohn, Clyde. 1949. *Mirror for Man.* New York: Fawcett.

Lickerman, Alex 2012. *The Undefeated Mind: On the Science of Constructing an Indestructible Self.* Deerfield Beach: Health Communications. [알렉스 리커만. 김성훈 옮김. 2013. 『지지 않는 마음: 감정을 조절하여 시련을 이겨내는 자기 극복의 기술』. 서울: 책읽는 수요일.

Peacock, James L. 1986. The Anthropological Lens: Harsh Light, Soft Focus. Cambridge: Cambridge University Pres.

SGI. "A Quiet Revolution." https://www.sgi.org/resources/video-and-audio/educational-tools/a-quiet-revolution-full-length.

Tylor, Edward B. 1871. *Primitive Culture.* London: John Murray & Co. [에드워드 버넷 타일러 저. 유기쁨 옮김. 2018. 『원시문화: 신학, 철학, 종교, 언어, 기술, 그리고 관습의 발달에 관한 연구』. 파주: 아카넷].

UNESCO. 2001. "Universal Declaration on Cultural Diversity." Paris: UNESCO.

Westley, Francis, Brenda Zimmerman and Michael Quinn Patton. 2004. *Getting to Maybe: How the World Is Changed.* Toronto: Vintage Canada. [프랜시스 웨슬리, 브랜다 짐머맨, 마이클 패턴 저. 강성구 옮김. 2009. 『누가 세상을 바꾸는가: 1% 가능성을 향한 멈추지 않는 사회혁신가들의 도전』. 서울: 에이지이십일].

Zolli, Andrew and Ann Marie Healy. 2012. *Resilience: Why Things Bounce Back.* New York: Simon & Schuster. [앤드루 졸리, 앤 마리 힐리 저. 김현정 옮김. 2015. 『회복하는 힘: 누구나 쓰러지는 때가 있다』. 파주: 김영사].

管野博史. 1997. 『法華経の出現: 蘇る佛教の根本思想』. 東京: 大蔵出版社.

川田洋一. 2006. "法華経に見る平和思想" 『東洋學術研究』 45(2), 64-86.

栗原淑江. 2007 "法華経における平等思想 SGIの視点" 『東洋學術研究』. 48(2), 94-111.

坂本幹雄. 2006. "歷史における人間論." 創價大學通信教育部學會編. 『創立者 池田大作先生の思想と哲學』 第2巻, 141-164. 東京: 第三文明社.

高村忠成. 2008. "世界に廣がる池田平和思想". 『創價通信教育部論集』 11, 20-47.

戸田記念國際平和研究所編. 2013. 『新しき人類社會と國連の使命』. 東京: 潮出版社.

戸田城聖. 1955[1960]. "廣宣流布と文化活動" 『戸田城聖先生 卷頭言集』. 189-199. 東京: 創價學會.

_____. 1956[1960]. "王佛冥合論." 『戸田城聖先生 卷頭言集』. 204-259. 東京: 創價學會.

제3부

외국어 논문: Peace Philosophy
of Young Seek Choue and
Daisaku Ikeda

# 제9장

# 아시아의 미래를 위한 시민교육: 한·중 유학생을 중심으로

하영애(경희대학교 후마니타스칼리지 교수)

## 국문 요약문

대학이 길러내야 할 '더 나은 인간'은 다름 아닌 '책임감을 지닌 시민'이다. '책임감을 지닌 시민'은 합리적 비판적 민주시민, 봉사정신을 가진 공동체의 구성원이며 동시에 미래사회를 생각하는 세계시민의 요건을 갖추어야 한다.

경희대학교 후마니타스칼리지가 시행하고 있는 시민교육은 학생 스스로 문제를 설정하고, 문제와 관련하여 현장에서 다양한 활동을 펼치면서 해결책을 찾도록 하고 있다. 시민교육은 더 나은 세계에 대한 모색을 위해 대학 강의실은 물론 캠퍼스 밖 세상 속에서 함께 이뤄져야 한다는 문제의식에서 출발한다. 매학기 2,500명의 시민교육 수강생들은 500여 개의 팀(주제)을 구성한다. 예컨대, 독거노인 돌보기, 외국인과의 소통, 사회적 소수자 배려 등의 주제와 관련된 활동이 여기에 해당되며, 독립연구(교수와 학생 1대1 강의, 혹은 교수와 학생 4명까지 모둠 강의)교과목도 있다.

시민교육은 '실천'이다. 한국으로 유학 온 많은 외국 유학생들에게 어떻게 한국 사회를 이해시키고 한국의 문화를 배우게 하여 올바른 시민, 책임감을 지닌 시민으로 길러낼 것인가? 바렛(Richard A. Barrett)의 지적처럼, 문화를 '특정 사회의 구성원들이 공유하고 있는 형태에 대한 학습된(learned) 신념과 지침들의(guides) 총체'라고 이해한다면, 학생들이 다른 나라의 문화와 생활양식을 체험해보는 것은 매우 중요하다고 하겠다.

이러한 맥락에서 이 글은 한·중 대학생들의 상호 문화체험을 통한 실천의 중요성에 주목하고 있다. 중국 유학생들의 단오제 체험 실습, 경주 신라 문화 탐방, 음식 문화 체험(김치 담기 실습) 그리고 한국 대학생들의 중국 인민대학교 연수와 만리장성 탐방 등을 비교 고찰해 보고, 나아가 한·중 유학생들의 시민교육을 활성화하기 위한 방안을 모색하고 있다.

주제어 : 시민 교육, 책임 있는 시민, 문화, 실천, 경희대학교 후마니타스칼리지

(제주대학교 평화연구소 「평화연구」 제28권 제1호(2018.2) 게재 논문)

# Chapter 9

# "Civic Education for the Future of Asia: for Korean and Chinese Students Studying Abroad in Respective Countries"

Young-Ae HA(Humanitas College, Kyung Hee University)

## Abstract

People that colleges must nurture are responsible citizens. Responsible citizens, in turn, are those who are capable of reasonable, critical, and democratic thinking, while possessing a spirit service as a member of a community. Furthermore, they must also be global citizens who think about the future of the world.

Civic education provided by Humanitas College at Kyung Hee University pushes students to find questions by themselves, and conduct various activities in the field related to the question to find solutions to it. Civic education generates from the understanding of the principle that students must work in the world outside of the campus, as well as the lecture halls of the university, when seeking the way for a better world. Twenty-five hundred civic education students every semester form five hundred teams that each work on a topic such as caring for the elderly living alone, communication with foreigners in Korea, and assisting minority groups in the community. There are also individual and group independent research courses. Civic education is all about practicing the knowledge. The question we ask is on how we will teach the tenets of Korean society and culture to many foreign students studying abroad in Korea, and nurture them to become good and responsible citizens. As Richard A. Barret defines culture as the totality of learned convictions and guides about forms that are shared among members of a certain human society, it is important for the students to experience the culture and lifestyles of different countries.

The current study focuses on the practice of such civic education through cultural exchange between Korean and Chinese college students. This study will compare the experiences of Chinese and Korean students who set out to understand the culture of their counterparts: Chinese students studying abroad in Korea experiencing the Korean Danoje Festival, visiting Gyeongju to understand the culture of ancient Silla Kingdom, and making Kimchi to understand Korean culinary culture, and Korean students visiting the Renmin University of China and exploring the Great Wall. Furthermore, the study seeks to find ways to develop civic education for Korean and Chinese studying abroad in each other's countries.

Keywords: Civic education, responsible citizens, culture, practice, Humanitas College at Kyung Hee University

# I. Introduction

Korea and China established their diplomatic relationship on August 24th, 1992 and this year marks the 25th anniversary.

Currently, Kyung Hee university has a lot of incoming foreign students. Among them, Chinese students are the most in number. The topic of this panel is 'a task of civic education for the future of Asia.' According to media, among foreign students coming to Korea for studying, Asians account for 92 % and 70% out of them are Chinese. Therefore, this study focuses on how to teach global citizenship to Korean and incoming Chinese students and how to enable them to experience each other's culture.

Definition of culture varies depending on scholars and therefore, it is hard to define it by one. In a broad sense, culture means the whole of mental and material assets created by mankind and in a narrow sense, it means mental culture, namely a way of living and mental enlightenment of human beings which contains knowledge, sentiment, art, education, science and technology etc. of mankind.[1] Park I-moon states that culture means 'a style, character and color of one human group which is generically called as dispositions, customs, manners, traditions, values or a world view of one human group.[2] According to Richard A. Barrett, culture means the whole of 'faiths, cultures and guides learned about forms shared among members of a certain human society.'[3] He also defines culture as a life style of a society or a people.

This study looks into activities of civic education for the future of 21st Asia including practices as well as theories on-campus by focusing on Korean and Chinese students studying in the other country and looking into both students' experiences and various field explorations of the other country's culture. In addition, it explores problems and ways forward (of civic education) in university education. Accordingly, it also outlines the civic education of Humanitas College of Kyung Hee University.

---

1) 李思屈・李濤 編著, 文化産業概論 (浙江大學 出版社, 2007), p.2.

2) Park I-moon・Jang Mi-jin and others, *Culture and Tourism in the Era of Globalization* (Seoul: Kyungduk Publishing Co., 2007), pp.8-12.

3) Richard A. Barrett, *Building a Values-Driven Organization: A Whole System Approach to Cultural Transformation* (Butterworth Heinemann, 2005), pp.2-3.

# II. The Civic Education and Practice of Kyung Hee Humanitas College

## Outline of Civic Classes

Kyung Hee University offers civic education in its official culture education curriculum, which is alone among domestic universities. The civic education courses of Humanitas College set a global citizen as an independent subject area in terms of theory education. Civic education courses share worries and troubles in life of young people living in this era and look into issues of current society, fairness and justice, democratic citizens and social participation, communal life and sharing culture, understanding of a global citizen and various activity cases. Students can practice comprehensive social participation activities in which they set up a vision and a specific method to solve issues arising in their surroundings based on lectures on theory and field activities.

According to [Civic Education White Paper 2014], the number of global citizen areas is 9, accounting for 2.3% out of total 379 cases of civic activities. The number of relevant topics not belonging to global citizen areas is 19 in total and therefore, the total number of global citizen activities becomes 28 in total, accounting for 7.3% out of total activities. For example, there are courses such as 'change negative perceptions and prejudices through acquiring knowledge about multi-culture', 'ways to improve Korean students' perceptions from the perspective of Asian incoming students who experienced discrimination' and 'ways to expand participation in donation and culture of sharing in order to solve starvation in the international society' etc. Meanwhile, education & academic areas are specifically as follows.

- Guide to improve school life for international students at Kyung Hee University
- A few tips to help foreign exchange students conveniently adapt to school life
- Helper for international students
- Improvement in treatment of Chinese students etc.[4]

## Field Activities of Civic Education

Field activities of civic courses are carried out in a manner that 3-5 students form a team and explore social issues. Around 2,500 students at Kyung Hee Seoul Campus and Global Campus form around 500 teams and explore ways to solve social issues each semester.

Cases of field activities which received social attention.

Case 1> Perception and institutional improvement regarding sexual minority: focusing on language
reference article : University life which changed the definition of 'lover, love' in consideration of sexual minority (Kyunghyang Newspaper, December 6, 2012)

---

4) Kim Yoon-chul, "Global Citizen Education in Higher Education", *Humanitas Forum* 2015 September Vol.1 No.2 (Seoul: Humanitas Institute for Liberal Education, 2015), pp. 84-86.

Case 2> Restoring consumer rights and honest companies through improving the Act on Excessive Packaging Prohibition reference article: University students who sued excessive packaging of snacks... power of civic education (Joongang Daily, 2014. 12. 31.)

Case 3> Survey activities in Myeong-dong etc. by a 'Press Freedom Group' comprising Chinese students

The Press Freedom Group comprised 7 Chinese students. They selected this topic through experiencing directly or indirectly the 'Choi Soon-sil scandal' which drove Korea into turmoil at the end of 2016. China ranks 176$^{th}$ among 180 countries by the Press Freedom Index.

The Group members wrote impressions such as "There is press freedom as far as the press does not criticize Chinese government. The press which criticizes Chinese government has no freedom" and "Chinese young generation should have a true citizenship and should not live deprived of rights under the suppression of the government" in the analysis of the survey.

**Dr. Choue Young-seek who was instrumental in establishing the UN 'International Day of Peace' and practice of peace by Kyung Hee University**

1. Korean people's love for peace– Dr. Choue Young–seek who was instrumental in establishing the UN 'International Day of Peace'

What can not be missed in discussions on Korean culture by many foreign students is [Toward a New Civilization] which is the spirit of Kyung Hee University and scribed on the University Motte Tower. Through this, the unyielding will power of Dr. Choue Young-seek, founder of Kyung Hee University and author of [Toward a New Civilization]can be understood. He emphasized the importance of international peace and led university presidents around the world to recommend the UN to establish the International Month/Year of Peace as a president of IAUP(International Association for University Presidents) in 1981 in the urgent international situations where the $3^{rd}$ World War might occur. The UN established and announced the International Month/Year of Peace on November 30 that year and 147 countries commemorated it in 1982. In Korea, GCS International led by Choue Young-seek and Kyung Hee University and other organizations have hosted an 'International Peace Seminar in commemoration of International Day of Peace' on September 21 for 17 years. In 2016, the year of '$35^{th}$ anniversary of International Day of Peace' and '$30^{th}$ anniversary of International Year of Peace', Choue In-won, current president of Kyung Hee University invited internationally renowned scholars and held a comprehensive forum to discuss peace and future direction of higher education etc.

through colloquium, workshops and round tables. Such activities for peace are being promoted by students as well as by professors in various ways.

## 2. Peace Movement and University Students' Practical Participation

Peace is enshrined in the spirit of Kyung Hee University. Peace Boat Global University and Peace B.A.R. Festival represent this spirit.

### 1) Peace B.A.R. Festival

Humanitas College of Kyung Hee University has hosted 'International week of Peace' every year since 2015. It aims to remind the meaning of International Day of Peace and holds festivities to promote the Day in and out of campus. The event is jointly organized by Humanitas College and the student committee of Humanitas College. For example, let's take a look at 2016 International week of Peace (September 19 – 23, 2016) by Humanitas College in detail.

- The 4th Humanitas writing contest in commemoration of UN International Day of Peace(special lecture by Dobeop, Buddhist monk, granting awards to selected students)
- Peach theater I, II (movie screening), Peace exhibition
- Operation of UNESCO booth (presenting world citizen education and social participation programs for university students run by UNESCO )
- 2016 UNAI ASPIRE Kyung Hee Peace Forum (exchanging various ideas under the topic of "the role and practice plans for solving poverty by civic(university) society")
- Peace thermometer(Peace fund raising)

## 2) Participation in 'Peace Boat' Global University programs and activities

'Peace Boat' was established by Japanese youths in 1983. Peace Boat is an international non-profit organization which makes efforts for peace promotion, human right, equality and sustainable development and environmental protection. Peace Boat's main port of call is located in Japan and young people conduct discussions on various subjects onboard this 'Peace Boat' while sailing to several countries. Its programs can be largely divided into Exposure program and Global University program. Exposure program is a program in which students visit actual places in Japan, Taiwan and Singapore etc. and examine the spots of human security. Global University program means all programs carried out onboard the Peace Boat. Kyung Hee University let 5 students and 1 professor participate for 15 days from August 15, 2016. and received significantly good responses. In particular, 1 out of these 5 students took off the 1<sup>st</sup> semester of 2017 and is working as an intern at 'Peace Boat.' Encouraged by this, the university increased the number of people who would participate in this program in 2017 and is now recruiting 20 students. The participation expenses of 3.3 million won are borne by the university in whole in support of students' practical activities of civic education.

## III. Korean and Chinese Students' Local Culture Explorations and Practices

As we found in the study of culture, what we learned and acquired through experiences don't easily disappear from our minds. It is like the greeting 'Aloha(Hello)' I learned when I went to Hawaii a long time ago still naturally comes out of my mouth. Therefore, foreign students at Kyung Hee University, especially students taking the course – understanding of Korean society – had a chance to explore and experience cultures of many regions like Gyeongju, Andong, Pohang and Gangwon-do almost every semester. In one semester, they had a chance to experience of the life of Korean buddhist monks at 4 o'clock in the morning while staying one night in Gyeongju. They could recall the time alone or the time of meditating when they face difficulties after finishing their school lives in Korea.

### Chinese students' local culture explorations and field studies

According to the statistics of foreign students by the Ministry of Education, as of April 1st of 2009, the number of foreign students enrolled at domestic universities is 75,850 in total, a 18.6% increase compared to the previous year(63,952). 70,133, 92.4% of total foreign students came from Asian countries and among them, the number of Chinese students was 53,461, accounting for 70.5%.[5] Regarding Chinese students coming to Korea for studying, a person in charge at the Ministry of Education told "It seems like many Chinese students choose to come to Korea since Korea is geographically closer and costs less expenses than Britain and the US" and "In order to attract various students, it takes universities more efforts to take into account cultural differences of different countries." The number of foreign students by universities shows that Kyung Hee University comes first with 4,677 and is followed in order by Ewha Women's University, Yonsei University, Hanyang University, Korea University, Konkuk University, Sungkyunkwan University.[6] Regarding local culture explorations, this study looks into cases of Kyung Hee University. The reason it takes Kyung Hee University as a representative case is that Kyung Hee University made efforts to internationalize the university for the first time among domestic

---

5) Segye Daily June 20, 2010.
6) Segye Daily June 20, 2010

universities[7] and that as a result, it became the university with the biggest number of foreign students nationwide and that in particular, it is a very rare phenomenon to initiate and continue to conduct cultural explorations and field studies on a course level not by the university authority.[8]

<Chart-1> Case of Chinese students' Local culture tour
(Example of Chinese students in Kyunghee University)

| Date | Location | Attendance | Contents |
|---|---|---|---|
| 2009.5. 10-11. | Gyeongju Bulguksa Temple, Gyeongju City Council, Pohang City Hall, Postech, Posco | 42 | −Experience and explore Gyeongju Silla culture<br>−Meeting with city council chairperson / Visit the Pohang City Hall |
| 2009.11. 26-27. | Ojukheon House, Gangneung City Hall, Place of Gangneung Danoje Festival, Seoraksan Mountain | 53 | −Follow the Shin Saimdang / Visit the Gangneung City Hall.<br>−Watching videos related to Danoje and visiting the place of Gangneung Danoje Festival /−Seoraksan Mountain tourism experiences |
| 2010.5. 7-8. | Andong, Mungyeongsaejae Pass, Yeongju, Gumi | 76 | −Seonbichon Village / Yeongju Buseoksa Temple<br>−Andong Hahoe Village / Mungyeong Pottery making experience<br>−Visit the Gumi industrial complex |

Source: Author provided (2010. 11. 25).

---

7) Refer to the report by TFT to establish an education support team for foreign students of Kyung Hee University

8) 'Understanding Korean society' a class by Prof. Young-ae Ha

According to 'Chinese students' local culture exploration cases' in <Table-1>, 42 Chinese students visited Bulguksa, Seokguram and Gyeongju City Council in Gyeongju on October 10th, 2009 and deepened their understanding of Silla culture, and directly and indirectly experienced Korean local council through questions and answers with chairperson and members of Gyeongju City Council at a round-table meeting. It can become a good experience for Chinese students to learn the parliamentary system in practice as well as in theory in circumstances where Chinese democracy has not yet got on the track even though China experimented the parliamentary system 100 years ago and received good evaluation.[9] Next day, they visited Pohang City, POSTECH and POSCO and learned the industry and culture of Pohang. In December of the same year, they went to Gangwon-do and watched the film of Gangneung Danoje Festival and visited the site for Danoje Festival. Some of foreign students also had a practice to experience Korean food culture. 'Gimchi making practice' for foreign students who came to Korean for studying is one of important 'learning processes' to learn and experience Koreans' minds and spirits as well as tastes. Let's take a look at the current status of Chinese students' Korean Gimchi making practice in <Table-2>.

---

9) Young-ae Ha "A Study on 諮議局 of 湖北省 of China", Academic Journal by the Korean Association of North East Srudies, Vol.13 No.1 (2008), pp.233-235.

<Chart-2> Status of Chinese students' experience of making Korea kimchi

(Example of Chinese students in Kyunghee University)

| Date | Attendance | Practical Contents | Note |
|---|---|---|---|
| 2007. May / Oct.<br>2008. May / Oct.<br>2009. May / Oct.<br>2010.5.7.-8<br>2010.11.10 | 41/43<br>38/40<br>42/35<br>62<br>60 | 1. History of Kimchi<br>(audiovisual)<br>2. Process of making<br>kimchi<br>3. The Change of<br>Kimchi's Name<br>4. Types of Kimchi<br>5. Making Korean<br>Kimchi | −2007~2010 Until<br>the first half year.<br>Go on a field trip to<br>Hoengseong,<br>Gangwon Province<br>(Participate in exchange of<br>professors in each country)<br><br>−2010. 11. Insadong, Seoul.<br>· Opening of Kimchi<br>Museum |
| Total | 361 | | |

Source: Visit the Korea Jonggajjip Kimchi (manufacturing plant in Hoengseong, Gangwondo), Author provided (2010. 11. 20).

As shown in <Table-2>, some foreign students have participated in the practice to experience 'Gimchi making' which represents Korean food culture every semester sine 2007. Until 2010, 360 foreign students experienced 'Korean Gimchi making.' Moreover, exchange professors from the US, Britain and China in addition to foreign students had a chance to learn and experience Korea through living culture by participating in cultural explorations together and experiencing Gimchi making. Foreign students and professors expressed that such experiences allowed them to understand Korean culture more deeply.[10] As US newspapers

---

10) Prof. Helena Meyer-Knapp and Jacquelin Pak from US Ever Green University and Prof. 朱平 from China etc. participated. They sent e-mails saying Gimchi making was a very useful opportunity to experience Korean life. Foreign students told that they could newly understand

carried pictures in which former first lady Michelle Obama made various kinds of Gimchi for herself and put them in jars, the status of Gimchi in Korean food culture is becoming gradually established worldwide.

## Chinese Local Culture Explorations and Field Studies by Korean Students and Professors

### 1. Korea–China Academic Conference in Shenzhen : 'Forum for the Development of Economy, Culture and Society of Korea and China'

Scholars and business people of Korea and China agreed on the establishment of an institutional body for active exchange activities between local communities in January 2010 and opened the 'Korea-China Cultural Exchange Institute' through various discussions and decided to hold the 1$^{st}$ Inaugural Academic Seminar in Shenzhe n.[11] In July of the same year, the institute held a 'Forum for the Development of Economy, Culture and Society of Korea and China' where scholars and experts in economic, social and cultural areas from both countries made presentations on various issues.[12] In the

---

scientific and hygienic Korean Gimchi, refer to "Gyeongbuk culture travel journal by Chinese students at Kyung Hee University(book released on May 30, 2010)

11) Prof. 徐凱, 王春梅, 李繼興 of Beijing University, Prof. 徐文吉 of Jilin University, Prof. Ha Young-ae and Kim Joo-chang of Kyung Hee University and lawyer 冬剛 etc. discussed the establishment of the institute for the continuous development of both countries and opened it on February 23, 2010.

12) Co-organized by The Korean Association of Area Studies Korea, Beijing University, Korea-China

social area, Chinese scholars led presentations under the topics such as "建交18周年 中韓兩國交流与發展", "大平衡核心價值觀前提" and "Korea-China relationship in the global era." As for the economic area, topics such as "success cases in the Chinese domestic market", "analysis and management plans of corporate risks" were discussed and in the cultural area, topics such as "rediscovery of major cultural heritages in Gyeongbuk region" and "women and social development" were discussed. The forum provided an arena in which participants like scholars, business people and Korean expatriates could have discussions on local societies of both countries. As for the seminar on "women and social development", professors and business people along with others participated.

---

Cultural Exchange Institute, "A Forum for the Development of Economy, Culture and Society of Korea and China", held in Shenzhen, China (July 29, 2010), document, pp.7-180.

## 2. Chines culture explorations and short term studies by Korean students

Recently, universities are pushing forward various international exchange programs and students can choose many countries and continue to study what they want to study depending on their own resolutions ad efforts. Exchange student system and long term and short term study programs with various overseas universities are among them. One year, Kyung Hee University planned a 'short term study program to Renmin University of China' and sent its students to Renmin University of China with part of expenses borne by itself. At that time, 12 students taking the course, [understanding the modern Chinese society] participated in the short term study program and afterwards those students got a job in China related companies after graduation. The program lasted for 2 months in Renmin University and consisted of special classes on economy, politics, society and culture etc, by professors. It also included fruitful programs such as visits to Hyundai Motors in Beijing, the Great Wall and Beijing University. Flag raising ceremony in the plaza in front of Tiananmen at 6 o'clock in the morning, visit to People's Congress Hall and Wangfujing market of fake products will remain in the memory of Korean students for a long time.

# IV. Conclusion: Tasks and Development Plans for Civic Education in Asia

This study mainly looked into the practices of civic education by Humanitas College of Kyung Hee University and what professors in charge of courses such as [understanding modern Chinese society] and [understanding Korean society] put into practice along with theories centering around Korean and Chinese students.

As for practice cases by students, such case as "improvement of perception and system regarding sexual minority", "consumer rights through improvement of the Act on Excessive Packaging Prohibition" and "restoring honest companies" began from interests by university students and produced good results leading to improvement through discussions. In addition, activities of the 'Press Freedom Group' by Chinese students and their understanding of unfairness of Chinese press coming from learning democracy and their experiences carry significant implications. In particular, the Peace Week hosted by Humanitas College recalls the meaning of International Day of Peace(September 21 every year) proposed and established by Choue young-seek and holds various events. In Peace B.A.R Festival, local residents can renew their perception on peace by participating in the festival and watching peace movies and students' participation and ideas are becoming more and more fresh. Meanwhile, Peace Boat Exposure program and Global

University must have provided Korean students in situations where the South and North confront each other with an opportunity to experience the importance of peace and to take special interests in peace issues in Northeast Asia through discussions on various topics such as peace, human security, unemployment and poverty and in-depth study activities regarding social and peace issues outside classroom.

Nevertheless, multi-culture related issues occupy the majority of civic education activities. They are also issues faced by international students within Kyung Hee University and show that students understand global society and global citizen mainly through issues they are exposed to in their daily lives. Therefore, it is needed to expand the scope of global citizen activities focusing on the intention, objective and effect of such activities.

2017 marks 25<sup>th</sup> anniversary of diplomatic relationship between Korea and China. Korean and Chinese students studying in the other country have rapidly increased up to 60,000 and 80,000 respectively and now are both 60,000. These students equip themselves with qualities helpful for partnership in diplomatics, politics, economy and society as well as vitalization of exchanges between both countries in the future by understanding the other country's culture and citizen's life and customs through school life. Moreover, since cultural experiences learned and acquired remain for a long time in subconscious as well as in memory and affect value formation, cultural and educational exchanges need to be further improved. In such sense, I argue that exchanging students between Korea and China in the future should continue to enhance *Hallyu* (韓流) and *Hanfeung* (漢風) even if there might be a few side effects[13] and suggest a [Korea/China/Japan University Student Bus]project in which a bus tours Korea/China/Japan and gathers voices for development of the Northeast Asia mainly from university students.

In addition, I suggest that the Jeju Forum host 'Peace Forum among University/Graduate Students from Korea/China/Japan.'

(This paper was published in *the Journal of Peace Studies* Vol. 28. No.1. Institute for Peace Studies, Jeju National University, 2018. 2.)

---

13) Lim Seok-jun, "Foreign workers or students", refer to *21ˢᵗ Century Politics Journal,* Vol.20 No.3 (21ˢᵗ Century Politics Academy, 2010), pp.56-74.

# 다시, 평화로운 세계공동체를 위한 조영식의 '팩스 유엔' 비전의 횃불을

오영달(충남대학교 정치외교학과 교수)

## 국문 요약문

한 평생 평화의 비전가이자 활동가였던 조영식은 20세기 후반에 유엔의 강화된 지도력, 즉 'Pax UN'에 기초하여 평화로운 세계공동체 실현의 필요성을 주장했다. 그는 세계공동체를 위한 이러한 비전을 인류의 대표적 지성인 단체라고 할 수 있는 세계대학총장회에서 제시하고 추구하였다. 당시 세계대학총장회의 회장이었던 조영식은 유엔 총회를 통해 그 결의 채택 형식으로 세계평화의 날과 세계평화의 해를 지정할 수 있었다. 오늘날 세계평화를 위한 유엔의 역할은 그 성공과 실패의 부침을 경험하고 있는 상황에서 조영식이 '팩스 유엔'이라는 이름 하에 논의하였던 보다 강한 유엔을 통한 세계평화의 비전을 재검토, 천착하는 것은 의미있는 작업이라고 할 수 있다.

따라서 이 논문은 조영식의 '팩스 유엔' 비전의 배경을 그의 개인적 성장과정 그리고 국제정치적 맥락에서 살펴보고 강화된 유엔을 위한 그의 구체적인 구상과 제안들에 대하여 분석하였다. 그렇게 함으로써 세계평화를 위한 조영식의 통찰력이 시리아 내전, 강대국 간 군비경쟁 그리고 미국과 러시아 간의 중거리핵전력(INF) 조약 폐기라는 후퇴를 겪고 있는 오늘날 인류에게 주는 의미를 논의한 것이다. 결론적으로, 이 논문은 오늘날 좀 더 평화로운 세계공동체를 위해서 조영식이 제창했던 좀 더 강화된 역할의 유엔 중심 평화론, 즉 'Pax UN'을 다시 검토하여 그 비전의 횃불을 다시 들 때임을 강조한다.

주제어: 조영식, 팩스 유엔, 민주주의, 유엔개혁, 평화

Chapter 10

# "The Beacon of Young Seek Choue's Vision of a 'Pax UN,' Again"*

Young-Dahl OH

## Abstract

Young Seek Choue, a life-long peace visionary and an activist, argued for a peaceful world community under the strengthened leadership of the United Nations in the latter period of the 20th century. He put forward his vision of a 'Pax UN' for the global community through the International Association of University

---

\* This paper was presented to the 2019 GCS International Convention in commemoration of the 40th Anniversary of GCS International & 2019 U.N. International Peace, 20-22 September 2019, Gwangju, Korea. It is a slightly revised version of the author's original article entitled "Young Seek Choue's Vision of a 'Pax UN' for a Peaceful World Community" which had appeared in Oughtopia: Journal of New Visions for Human Society, Vol. 33, No. 1 (Spring 2018). The Korean language version of the original paper was included in 「조영식과 이케다 다이사쿠의 평화사상과 계승 (Developing the Peace Philosophy of Young-Seek Choue and Daisaku Ikeda)」 edited by Ha, Young Ae (경기 파주: 한국학술정보, 2018), as chapter four.

Presidents (IAUP), a gathering of leading intellectuals from around the world. Young Seek Choue, as the previous president of the IAUP, ultimately succeeded in designating the International Day of Peace through a UN General Assembly resolution. As the United Nations continues to experience ups and downs in maintaining world peace in the contemporary world, it is worthwhile to revisit Young Seek Choue's vision for world peace under what he termed 'Pax UN.' This paper explores the background of his vision for a 'Pax UN' and delves into the main approaches to building a strengthened United Nations. In this way, this article will introduce and evaluate his insights of world peace. In conclusion, this article emphasizes that it is urgent to raise the beacon of Dr. Choue's Pax UN vision for a peaceful global community high again.

Key Words: Young Seek Choue, Pax UN, Democracy, UN Reform, Peace

# I. Introduction

Miwon Young Seek Choue introduced and promoted his vision of a 'Pax UN' for a peaceful world community throughout his lifetime. He was a deep thinker on human society and its peaceful life. He also launched the 'Brighter Society Movement' as a way of putting his vision of peace into practice. In 1984, he put forward the vision of a 'Pax UN' to the annual plenary session of the International Association of University Presidents (IAUP) held in Bangkok. He had played a pivotal role in the establishment of the IAUP as early as the 1960s. Relations between East and West were seriously strained following the Soviet Union's invasion of Afghanistan in 1979. People were deeply concerned about the possibility of nuclear war between the two great powers. Against this backdrop, Young Seek Choue appealed in the IAUP meetings that human beings needed to prevent the threat of nuclear war and to bring peace to the international community by way of strengthening the United Nations.

The United Nations was established to prevent another international war in the aftermath of World War II. However, the UN was limited in its effectiveness due to the rapid emergence of the Cold War confrontation. Thus, many people began to harbor a skeptical view of the role of the UN. Notwithstanding, Young Seek Choue emphatically argued that humankind could restore peace in the world through a reinvigorated United Nations. If not a direct outcome of Young Seek Choue's appeal, the confrontational relations between the two ideological blocs were lessened and the Berlin Wall, as a symbol of the ideological division and confrontation of the world, was soon torn down. People felt a sense of euphoria that a new international order had emerged. In the 1990s, the possibility of major armed conflict between the great powers markedly decreased, and the UN played an active role in the maintenance of peace and security in the international community.

Yet, despite this remarkable turnaround, international society rarely stands still, and the very tensions, that Young Seek Choue sought to alleviate, are reemerging in certain corners of the world, including Northeast Asia. For example, the Trump Administration of the United States formally withdrew from the 1987 Intermediate-Range Nuclear Forces (INF) Treaty which had been the first agreement to destroy nuclear weapons between the two nuclear powers, the US and then the Soviet Union. Above all, today, the Korean Peninsula is at the heart of armed threats which involve major powers including the United States, China, the Russian Federation, and Japan. Thus, it is imperative for all peoples to do their utmost to bring peace to the region as well as the world as a whole. It is therefore worthwhile to revisit Miwon Young Seek Choue's vision of a 'Pax UN' as a guiding beacon for establishing peace on the Korean Peninsula and throughout the world.

This paper explores Choue's vision of a Pax UN, focusing on its periodical context, philosophical basis, major theoretical elements, and implications for the contemporary world. This article will emphasize that Young Seek Choue's vision of a 'Pax UN' should be raised as a beacon of peace again in the worsening confrontations among nations today.

## II. Historical Background of 'Pax UN'

### 1. Personal Experiences in his Youth

From his childhood, Young Seek Choue studied Chinese classics and was a voracious reader and deep thinker, poring over countless volumes related to Eastern and Western philosophers. Interestingly enough, he accumulated a variety of unique experiences in his youth. As a young man, he was forcefully drafted into Japanese army as a student soldier in the period of Japanese colonial rule of the Korean peninsula and Japan was engaged in World War II. During his service, he was imprisoned for being involved in a secret group opposing Japanese imperialism. He also experienced a communist political system for two years in the North of the 38th parallel immediately following the liberation of the Korean peninsula from Japanese colonial rule. He later left Pyongyang and moved to South Korea. Here in the South, he witnessed the chaos resulting from the newly introduced infant democratic system. His life was thrown into further turmoil with the onset of the Korean War in the early 1950s, as countless Koreans, including members of the government, took refuge in the makeshift capital of Busan. The Cold War confrontation between the Eastern and Western blocs was a formative experience for him. Indeed, Young Seek Choue later disclosed that the tremendous trials of the period strengthened his determination to fight for peace (Editing Committee of the 30 Years of History of the Brighter Society Movement 2007, 77-78).

As he was a passionate reader and thinker, he published many works throughout his lifetime. He published a book entitled *Minjujueui Jayuron (Discourse on the Democratic Liberty)* in 1948 when he was just 27 years old, putting forward his view on the contemporary and future role of democracy (Choue 1948). In this book, he reviewed the strengths and weaknesses of both liberal democracy and social democracy, the two major subsets of democracy found in the new-born state of South Korea, fresh from its period of Japanese colonial rule and subsequent three-year period of US military rule. It is noteworthy in this context that he, a life-long visionary, already put forward what he called 'universal democracy' as a synthetic alternative to both liberal democracy and social democracy. He understood that the liberal democracy of the Western bloc tended to put prior emphasis on liberty and, in turn, to overlook considerations of equality. Social democracy, on the other hand, was superior in achieving economic equality but often resulted in the suppression of individual freedoms. Thus, he put forward his proposal for an alternative, the aforementioned universal democracy. He believed that universal democracy could bring liberty, equality, and co-prosperity for all by synthesizing the strengths of both liberal and social democracies (Choue 1948, 153-158). In the 1990s, Young Seek Choue again emphasized the importance of the realization of universal democracy through what he called the 'third democratic revolution,' at a time when the world was ushering in a post-Cold War international order. Choue regarded liberal democracy as the outcome of the first democratic revolution led by citizens in modern Europe, whereas social democracy emerged as the outcome of the Marxist class revolution, which he called the second democratic revolution (Choue 2001, 450-453). Choue put forward his view on universal democracy as an outcome of the third democratic revolution in a seminar hosted in Moscow by the Committee of Soviet Scientists of the former Soviet Union in July 1990.

After Young Seek Choue had published his first book on democratic liberty, he then concentrated his efforts on writing another magisterial book entitled *Munwhasegyeeui Changjo: Minjujueuiui Naagalgil* (*The Creation of A Cultural World* (Choue, 1951). However, the Korean War broke out just two months after he began to write the book. Thus, he had to write the book in an isolated rural village in Chonan, Chungnam Province while he was living the life of a war refugee. In 1951, he completed his writing and published the book through a publishing company, Munseongdang, in the southern city of Daegu, as the Korean War still raged on. The motto of 'the Creation of A Cultural World' remains inscribed on the University Motto Tower at the entrance of Kyung Hee University today.

Choue subtitled the book,*The Creation of A Cultural World* 'the democratic path forward,' showing his passionate interest in the theme of democracy. In a similar vein, in August 1951, he designated the mottos of Kyung Hee University, which he founded, as 'democratization of the university system, democratization of thought, and democratization of life.' These mottos were inscribed in the stone wall by the main hall of Kyung Hee University, remaining to this day.

Choue's deep interest in the idea of democracy is particularly significant in understanding his vision of a 'Pax UN' because the United Nations itself was founded on democratic principles, including the respect of human rights and sovereign equality of nations. It is clear enough that Choue had high expectations for the role of the United Nations in relation to world peace. Choue emphasized that the United Nations was not a simple conference body but a parliament of all humankind in his book, *The Creation of A Cultural World*, in which he discussed the question of international democracy. Above all, he was aware of the fact that the United Nations was imposing sanctions on North Korea in dealing with the Korean War as a way of maintaining international peace and security (Choue 1951, 276). In this book, Choue already contended that the United Nations should be strengthened and the world should be more integrated. In this process, he further argued that the United Nations should play the leading role in establishing the code of conduct for the integrated world (Choue 2014, 301). It seems clear that Young Seek Choue formed a sense of trust in the role of the United Nations for world peace. He witnessed the UN's successful intervention in the Korean War, expelling the North Korean invaders. This period set Young Seek Choue on his life-long journey into world peace, granting him the strong will necessary to put this vision into practice. Indeed, Jong Yil Ra, a long-time associate of Choue, commented that "Young Seek Choue was always young of mind when he was physically getting old because he had a vision of world peace" (Ra 2014, 17).

## 2. International Political Setting

The Cold War, which emerged immediately after the end of World War II, bore the Korean War in 1950. In addition, as a symbol of East-West confrontation, the Berlin Wall was erected in 1961 dividing the city into East and West Berlin. Soon after this confrontation, the so-called Cuban Missile Crisis broke out in 1962 when then Soviet Union attempted to deploy its ballistic missiles in Cuba and sparked an immediate backlash from the US. With these and other political developments, the level of overall tension in international society continued to escalate.

Against the backdrop of rising international tensions, Young Seek Choue came forward to address the issue of international peace. Above all, he proposed and co-founded the International Association of University Presidents (IAUP) as a key conference body of world-class intellectuals in 1964. As a result, the first inaugurating conference of the IAUP was held at Oxford University in June 1965 with close to 150 university presidents from 21 countries in attendance. In this conference, world-renowned figures, including English historian Arnold J. Toynbee, delivered keynote speeches and Young Seek Choue also made a thematic presentation on the future of better living human community (Ha 2015, 31-32). In this connection, the case of the IAUP brings to mind Immanuel Kant's advice in his famous treatise, *Perpetual Peace*, at the end of the 18th century. Kant suggested that state leaders should listen to philosophers' wisdom (Kant, 1996, 114-115). The second Triennial Conference of the IAUP was held at Kyung Hee University in 1968. In the Conference of the IAUP held in Manila, the Philippines, Choue delivered a keynote speech under the title of "World Peace Through Education." The fourth Triennial Conference of the IAUP was held in Boston, USA on November 11, 1975. In this Conference, Young Seek Choue succeeded in persuading the IAUP to adopt the 'Boston Declaration.' This Declaration approved the Brighter Society Movement which had just been launched at Kyung Hee University in Seoul. In addition, the fifth Triennial Conference of the IAUP held in Teheran, Iran, adopted the 'Teheran Declaration' which formalized the IAUP's support for and participation in the Brighter Society Movement in 1978. This means that the birth of the Brighter Society Movement had to do with the support of the IAUP.

Around the end of the 1970s, the rivalry between the great powers, the US and then the Soviet Union, was intensified. The political instability within Afghanistan set the stage for a major political competition among dominant actors inside and outside the country. Nur Mohammad Taraki, who had seized political power through coup d'état in April 1978 and subsequently pushed modernization reforms, was facing violent resistance from Islamic groups. In the political situation, the Taraki regime asked for the Soviet Union's intervention, and then Soviet Union's General Secretary Leonid Brezhnev mobilized the 40th Army and invaded Afghanistan on the Christmas Eve in 1979. US President Jimmy Carter condemned the invasion and demanded the immediate withdrawal of the Soviet troops. President Ronald Reagan, the successor to President Carter, took a much stronger position and declared that the Soviet Union belonged to the Axis of Evil. In addition, President Reagan accelerated the arms race with the Soviet Union by introducing the Strategic Defense Initiative (SDI) or Star Wars to produce a missile defense system. In Britain, Margaret Thatcher was running the government as the Conservative Party leader and teamed up with President Reagan against the Soviet Union. These two leaders were critical of the United Nations because the General Assembly at the time was dominated by many small states of predominantly anti-Western propensity. The United States took steps to fight back against this perceived opposition, delaying the payment of its assessed contribution to the United Nations budget, compromising the UN's capacity to carry out its work.

In the midst of the worsening international atmosphere, the sixth IAUP Triennial Conference was held in San Jose, Costa Rica on July 3, 1981. At this Conference the participating university presidents decided to ask the United Nations to designate an International Day of Peace to counter the confrontational atmosphere of international society at that time and to guard against the looming threat of a catastrophic Third World War. Fortunately, the United Nations General Assembly unanimously adopted this draft resolution (Ha 2015, 42-43).

In the meantime, tensions among the great powers were worsening in the late 1970s and early 1980s. Young Seek Chou, as a peace-oriented educator, could not but be concerned about the worsening confrontations between great powers. Above all, the two great powers possessed significant levels of nuclear arsenals and there was a deep concern about the possibility of nuclear clashes if the Cold War ever turned hot. Young Seek Choue had memories of the atomic bombs that were dropped on Hiroshima and Nagasaki in Japan at the end of World War II, and he was well aware of the unimaginable destructive power and prospective tragedy of the newly developed nuclear weapons (Choue 1951, 312).[1] In a similar vein, Young Seek Choue pointed out in a keynote speech delivered at the seventh IAUP Triennial Conference in Bangkok in 1984 that the total number of nuclear weapons that humankind was stockpiling then was numerous enough to kill all of humanity more than thirty times over (Choue 2003, 297). Thus, he further emphasized that if the Third World War broke out in the future with nuclear weapons employed, it would mean doomsday for all of humankind. It was in this global context that Young Seek Choue put forward the vision of a 'Pax UN' at the IAUP Conferences as a fundamental approach to the nuclear threat facing contemporary humankind.

---

1) Young Seek Choue seemed to be already well aware of the danger of the nuclear weapons when he mentioned the destructive power of the atomic bomb dropped to Hiroshima in terms of the explosive capacity of TNT in his work, *The Creation of A Cultural World*, even if he was not a scientist himself (Choue 1951, 312).

# III. Outline of Choue's Pax UN

## 1. Diagnosing the UN

Young Seek Choue pointed out that humankind established the League of Nations after close to 20 million people were killed in the First World War. However, when the League of Nations failed to properly function as a collective security body over its initial 20 years of existence, the Second World War broke out. In this war, about 50 million people died, with the survivors facing the destruction left behind in its wake. As a result, humankind established another international organization with the title of the United Nations, which was more advanced in terms of institutionalization. The United Nations Charter, a constitutional document for international organization, embraces, he recognized, the most fundamental norms for humankind. For example, the Preamble and Article 1 of the United Nations Charter make it clear that the UN was established for the purpose of maintaining international peace and security, promoting friendly relations among states, achieving international cooperation, being a center for harmonizing the actions of nations, and guaranteeing collective security and peaceful resolution to conflicts. Thus, Choue emphasized that international society had high expectations for the United Nations (Choue 2003, 276-277).

Choue was also aware of critics who decried the United Nations's ineffectiveness, with some even calling for its abolishment in the early 1980s. However, there also existed some people who advocated a strengthened UN. Young Seek Choue, as an advocate of a stronger UN, sought to confront its reality, reviewing the merits and demerits of the organization. In addition, he analyzed the general international atmosphere and state of international relations at that time and diagnosed the obstacles to peace. On the basis of this review, he explored the vision of a 'Pax UN' which, he believed, would establish perpetual world peace. Young Seek Choue was aware that there existed three broad viewpoints toward the *raison d'étre* of the United Nations, namely that the UN was ineffective, the UN needed to be strengthened, and the UN was useless enough to be abolished. Regarding the viewpoint of the UN's ineffectiveness, he was rather sympathetic to this common critique of UN ineffectiveness. With regard to the viewpoint of its total abolishment, he understood that it emerged because the reality of the UN was so far from the founding spirit of the UN, which championed the sublime goal of establishing a peaceful global community. In other words, many member states of the United Nations were using the UN not for world peace and cooperation, but as an arena of competition for national interests. The outcome of this approach resulted in confrontations among the states of different blocs and, in addition, a cesspit of corruption as member states jockeyed to secure their own national interests. This viewpoint is similar to the one that sees the United Nations as nothing but a forum for negotiation between great powers seeking to secure their own hegemony and national interests rather than an independent body with its own proper identity (Seo 2004, 22). Nevertheless, today, more people tend to see the United Nations as a more autonomous organization with its own normative principles and independent Secretary-Generals who are not answerable to any specific member states (Weiss, *et al* 2001, 12-15).

However, Young Seek Choue pointed out that focusing solely on the limitations of the UN would prejudice and compromise any benefits the UN could provide for the future of humankind. He emphasized that the UN was merely an instrument that could be either competent or incompetent according to its users. He meant that the UN would be either competent if the member states cooperated in running it or incompetent if the member states did not (Choue 1993. 7-8). In retrospect, he pointed out, the United Nations already boasted a long list of achievements through promoting the spirit of good-neighbors, human love, and co-prosperity, looking beyond each national border. In addition, the UN made it possible for newly-born states to participate and allowed the international community to cooperate in the fields of economies, culture, society, and human rights. He continued to point out that the UN also made great contributions to combating the common problems of humankind, including the regulation and prevention of regional conflicts and the Cold War, the condemnation of wars of aggression, the maintenance of an international order, addressing the North-South problem, the development of outer space, the development of the Arctic and Antarctic regions, ocean resources, population problems, food problems, health problems, and environmental preservation.

He understood that the primary factors behind the views that the UN was ineffective or useless were twofold. First, the external factors of the UN itself were crucial, including jingoism, East-West ideological confrontation, and the excessive emphasis on national security. Second, the UN faced questions over its division and distribution of functions and power among the Charter organs, neo-nationalism among the newly-born states, the weakness of the Secretary-General, and great powers' propensity to negotiate outside the UN (Choue 2003, 281-286). Choue surmised that contemporary international society was in the throes of a new international trend where the independent and cooperative orientations of states coexisted around the national interests. Therefore, he emphasized that it was necessary to revive the spirit of peaceful humanitarianism and democracy today. This meant a return to the sublime founding spirit of the UN Charter (Choue 2003, 296). He pointed out that the main reason for the lack of peace in the world lay not in any faults in the UN Charter itself but in the lack of will to uphold the UN Charter and in the skeptical international atmosphere.

## 2. Argument for a Stronger UN and the Pax UN

### 1) Argument for a Stronger UN

During the Cold War period, the United Nations was not able to properly function due to the severe East-West ideological confrontation. Thus, there existed the need for the UN to be strengthened. Perez de Cuellar put forward the argument for a strengthened UN as he began his term as the UN Secretary-General in January 1982. As then newly-inaugurated Secretary-General Cuellar formalized the argument for a strengthened UN, Young Seek Choue strongly supported it because Choue himself had recently played a central role in making the UN General Assembly adopt a resolution to designate both an International Day of Peace and an International Year of Peace.

In the seventh Triennial Conference of the IAUP in Bangkok, Young Seek Choue introduced the recommendation of then Secretary-General Cuellar for a strengthened UN in detail that was included in the Secretary-General's Annual Report on the work of the UN.

①  it is a prerequisite for all the member states of the United Nations to honor all the provisions of the Charter as a reflection of the common goal of mankind; ② all the parties involved in international disputes must recognize the United Nations as the most important peace-keeping organization and abide by its decisions; ③ they should set a goal "to reconstruct the Charter concept of collective action for peace and security so as to render the United Nations more capable of carrying out its primary function" and they should not take independent and arbitrary actions outside the United Nations; ④ the Security Council should "keep an active watch on dangerous situation and, if necessary, initiate discussions with the parties concerned before they reach the point of crisis."; ⑤ "a tendency to avoid bringing critical problems to the Security Council, or to do so too late for the Council to have any serious influence on their development" must be discouraged; ⑥ "adequate working relations between the Permanent members of the Security Council are a *sine qua non* of the Council's effectiveness" and, therefore, the permanent members of the Council should "share a sacred trust that should not go by default owing to their bilateral difficulties;" ⑦ the resolutions of the Security Council should be obeyed by the member states; ⑧ "the Secretary-General should play a more forthright role in bringing potentially dangerous situations to the attention of the Security Council;" ⑨ an increase of United Nations peace-keeping operations through strengthening of their military capacity or authority must be made, and in an inverse ratio, the power of other multi-national forces operating in some parts of the critical areas must be weakened; and ⑩ in the debate of the Security Council, the heads of the states involved in the dispute should be encouraged to attend and express their views (Choue 2001, 736-737).

On the other hand, Young Seek Choue discussed the outcome of a survey conducted by a special commission to find ways to end the then-ongoing deadlock in the activities of the United Nations. Choue summarized the responses of the member states to the questionnaires as follows: first, Japan, one of the nations belonging to the conservative bloc, desired to preserve the existing structure of the United Nations while strengthening its peace-keeping role by obliging the Security Council to report to the General Assembly. Japan proposed the revitalization of the fact-finding mission by creating the post of special envoy, to be dispatched to areas of crisis. Great Britain favored limiting the power of the Security Council and the strengthening of UN peace-keeping forces and the Office of the Secretary-General. The United States, in the meantime, wished to establish a permanent UN peace-keeping forces and to delimit the right of self-defense whereby a nation exercising such a right, should be reported to the General Assembly (Choue 2001, 738). Second, many nations of the Third World took a radical stand on the question of the admission of new members, of national liberation, of UN peace-keeping forces, and of the double veto power of the Security Council's permanent members. Third, the Soviet Union favored the installation of three Secretaries-General, known as the "troika" plan, in reaction to the pro-Western tendency of the then Secretary-General. There were many minor proposals, but generally there was no comprehensive, universally acceptable plan for the future of the United Nations (Choue 2001, 738).

## 2) Choue's Vision of a Pax UN

Choue understood that Secretary-General Cuellar might be constrained in his capacity to push forward with his vision of strengthening the UN as an incumbent. In the meantime, Choue thought himself to be comparatively free in putting forward his vision of a stronger UN in the capacity of a scholar. Thus, he recognized the reality of the important roles of the big powers. In the meantime, he also emphasized that they should be great nations rather than strong nations. By 'strong nations' he meant those countries that tried to dominate other countries through force, while great nations tried to exert positive influence on other countries in both a physical and spiritual sense (Choue 2003, 306-307). In addition, it was necessary for a 'peace atmosphere' to be formed. Here, the formation of a 'peace atmosphere' meant that humankind should make greater collective efforts to maintain the great commodity of peace, superseding a 'war atmosphere.' In other words, a precondition for eliminating war and establishing the peace was the forming of a universal consensus on the necessity of peace (Song 1999, 15). Choue understood that the universal desire for peace could never tolerate the killing of fellow humans. He saw this aspect of human nature as a potential driving force for social development properly harnessed. He believed that the lives of human beings were more precious than anything in the universe and educators should make efforts to promote shared consciousness of peace among all of humankind.

Young Seek Choue contended that humankind in the modern era was tasked with harmonizing the imperatives of internationalism and collaborationism of humankind with traditional nationalism, ideology, hegemony and new statism. This could be achieved when humankind developed international norms based on the common will of human society. Thus, he criticized the positions of

UN abolitionists in 1980 and contended that it was necessary to restructure the UN taking into consideration the reality of the contemporary world. In the meantime, as he saw only a slim possibility of gathering broad support for a world federation or world government, he wanted to concentrate on the strengthening of the UN (Choue 2003, 311-313). In order to build a strong UN, it was necessary for international society to give the UN a legally absolute binding force rather than a relatively binding force. The new UN possessing this new authority could be called the 'Pax UN' (Choue 2003, 314).

The Pax UN meant a UN that secured peace as humanity pursued co-prosperity based on humanitarianism and democracy within global cooperation society. This UN was required to fulfill not only the function of peace-keeping politically, diplomatically and militarily, but also the function of peace-making in the fields of the economies, culture, society, and friendship. In this context, the UN should pursue even greater achievements in the fields of outer space development, the maritime law, and environmental preservation. In addition, when international cooperation in the fields of the economies and culture is actively pursued, the UN would be also revitalized. Thus, when all the member states feel that the UN is playing valuable roles, international peace would naturally become achievable. In a nutshell, the UN would be strengthened in terms of its authority and focus more on peace-making rather than mere peace-keeping.

After all, this will eventually lead to a Global Cooperation Society or a Global Common Society (GCS), one of the ultimate stages of human society that Young Seek Choue continued to put forward throughout his lifetime passionately. In addition, he advocated for humankind to take one step further to pursue a Global Integration Society (GIS) which could be characterized as a true global confederation of states unified under the Pax UN (Choue 2001, 159). Thus, the Pax UN could fulfill its original purposes and functions, including the maintenance of peace, security and welfare on the basis of its binding decisions. Under the Pax UN, member states would still deal with their own internal affairs as before whereas some issues such as international peace and security should be assigned to the UN with binding authority over the member states (Choue 2003, 317-318).

On the basis of the discussion above, Choue put forward a variety of developmental stages for the organs and characteristics of the UN as follows: first, an amendment of the UN Charter should be gradually introduced in order to strengthen the UN. In this process, it would be necessary to review the powers and responsibilities of the Security Council, Economic and Social Council, and the Secretary-General, while rectifying any irrational aspects of the Charter and starting the immediate implementation of the proposals put forward by Secretary-General Cuellar. Second, the organization of the UN forces and its monitoring roles should be strengthened so as to be sufficient to maintain the security of the world. In addition, it is recommendable to widen exchanges among peoples in the fields of economies, culture, and society. It is also important to assist developing countries with their education, economy, and technology. The establishment of regional organizations and their further integration should be encouraged as we see in the example of the European Community (today's European Union). In this process, the roles of NGOs should be more utilized and their cooperation with the UN should be further encouraged. The UN needs to rejuvenate its functions in the field of human rights protection on the basis of strengthened organizational structure. The status and power of the international judicial body should be also strengthened. The financial contributions of the member states to the UN budget should be levied progressively according to each state's scale of GNP. A variety of projects should be implemented for promoting international friendly relations and peace. In this sense, organizations and projects for the cause of Pax UN should be strengthened. Third, the UN should be the main initiator in transforming a Regional Common Society (RCS) into a truly Global Common Society (GCS) while implementing all related works (Choue 2003, 318-319).

Thus, within the proposal of the Pax UN, the existing General Assembly would play the role of parliament within the member states and the Security Council would take charge of administrative roles as the executive body including diplomacy, defense, and other major responsibilities. The Economic and Social Council would assume the remaining administrative roles, including the fields of the economies, society, and culture. The International Court of Justice would play a greater role to take charge of all international disputes. In this way, the UN would become a stronger international organization of peace, welfare, and security. Nevertheless, Choue made it clear that the Pax UN should not be understood as a world government and should not be allowed to interfere in the fundamentally internal affairs of the member states where the exercise of sovereignty should be respected, except for the issues of international peace and security. (Choue 2003, 319-320). In order to pursue the ideal of the Pax UN, he suggests, it is necessary to promote peace-loving and peace-keeping thought while maintaining a balance of power on reduced military expenditure and making efforts to form regional communities as well as a global community as preliminary measures. Above all, the Pax UN should aim for a regional common society to develop into a global common society, and it should play an initiating role in this process (Choue 2003, 320-328). On the basis of his vision of a 'Pax UN,' Choue proposed a draft resolution in the sixth IAUP Triennial Conference in San Jose, Costa Rica of 1981 and recommended that Secretary-General Cuellar's vision of a strengthened UN should be actively pursued (Choue 2003, 333). The draft resolution was unanimously adopted and was delivered to Secretary-General Cuellar through his special envoy, Mr. Kibria, via the IAUP meeting (De Cuellar 1996, 4).

## 3) The Aftermath of the Proposal of the Pax UN Vision

After the vision of a Pax UN was proposed by Young Seek Choue, there emerged some positive responses from international society. The UN delved into the methods of strengthening itself. When the multinational forces succeeded in expelling Iraqi forces from Kuwait in 1991 under the UN authorization, about thirty European political leaders proclaimed in Stockholm that the vision of Pax UN is the only way to world peace. It seems quite clear that Choue's proposed vision had significant impacts on these changes in international society including the UN itself because Choue was closely communicating with UN Secretary-Generals, including Cuellar, Boutros Boutros Ghali, and Kofi Annan. First, Choue pointed out the necessity to amend the outdated provisions of the UN Charter. In fact, people continued to raise the necessity of reform in relation to the issues of democratic representation, efficacy and specialty, and efficiency in the UN (Cho 2013, 266-268). For example, Boutros Boutros-Ghali, who had been inaugurated as UN Secretary-General in 1992, actively pushed a fundamental reform movement of the United Nations. For example, Boutros-Ghali proposed a partial revision of the Charter and the General Assembly accepted his proposal and decided to establish five Open-ended Working Group in order to restructure the Security

Council and to revitalize the security function of the United Nations (A/RES/48/26 (1993). In particular, following an absence of progress in the reform of the Security Council ever since 1993, a Report by the High-Level Panel of Eminent Persons entitled "A More Secure World: Our Shared Responsibility" emerged in 2004. On the basis of this Report, Secretary-General Kofi Annan, submitted a subsequent Report entitled "In Larger Freedom: Towards Development, Security, and Human Rights for All" to the General Assembly. In this Report, Secretary-General Annan put forward proposals to strengthen the representations of the Security Council including the enlargement of the number of members of the Council (Cho 2013, 286). Second, today, it is not an exaggeration to say that the key works of the United Nations are concentrated on wide-ranging exchanges in the fields of economies, culture, society, and technological assistance, including developing nations as Choue emphasized. As Richard Jolly, a former Under-Secretary General of the UN, pointed out, 4/5 of the activities of the UN including international assistance are being conducted in the fields of health, agriculture, employment, population, and statistics (Jolly 2014, 881). Third, in terms of strengthening the Organization of the UN, it is worthwhile to consider the field of UN peace-keeping operations. The UN conducted and is presently conducting a total of 71 missions worldwide ever since it organized the Truce Monitoring Mission in the Middle East in 1948 for the first time. As of March 31, 2018, the UN is engaged in 15 peace-keeping missions in which a total number of 104,657 personnel are participating.[2] For a more efficient operation of the UN peace-keeping activities through seedy deployment, the establishment of the UN Rapid Reaction Force was seriously considered. In particular, the Panel on United Nations Peace Operations submitted its final Report on August 17, 2000 and recommended the development of the United Nations Standby Arrangements System (UNSAS) to include "several coherent, multinational, brigade-size forces and the necessary enabling forces, created by Member States working in partnership, in order to better meet the need for the robust peace-keeping forces that the Panel has advocated."[3] Thus, some member states including South Korea are training military personnel and are prepared in peacetime to meet such requests of the United Nations speedily. Nevertheless, there is no permanent armed forces maintained under the name of the United Nations in today's world, and this remains an urgent task for the contemporary international community. Fourth, as Young Seek Choue strongly recommended above, the UN strengthened its human rights institutions. The UN established the Human Rights Council in 2006, replacing the existing Commission on Human Rights. The Human Rights Council is equipped with a stronger human rights protection mechanism than its predecessor by introducing a new

---

2) http://www.un.org/en/peacekeeping/resources/statistics/factsheet.shtml (search date: May 13, 2018).

3) http://www.un.org/en/ga/search/view_doc.asp?symbol=A/55/305 (search date: May 13, 2018).

system of the Universal Periodic Review (UPR). Thus, the human rights records of all the UN member states are required to be periodically put under the review of the Human Rights Council. Before the Human Rights Council was introduced, the UN General Assembly had established the Office of the High Commissioner for Human Rights in 1993 which was prior effort in the field of the UN activities (Ramcharan 2011, 46-65). Fifth, above all, Young Seek Choue placed a strong emphasis on the necessity to establish common norms for all of humanity, and devoted a tremendous amount of his time and energy to it through numerous conferences he hosted for commemorating the UN International Day of Peace. The International Commission on Intervention and State Sovereignty (ICISS) issued its final report, "Responsibility to Protect," on state sovereignty and intervention in 2001, and it is a good example of the fruits of attempting to formulate common norms for global society. This Report suggests that when state actors do not fulfill their responsibility to protect their citizens in one way or another, the role of protecting the people from human rights abuses, whether it is genocide, war crimes, ethnic cleansing, or crimes against humanity, can shift to the international community (Amnéus 2013, 3-5).

# IV. Conclusion

This article has looked into Young Seek Choue's life-long vision of a 'Pax UN' which is passionately aimed at world peace on the basis of a strengthened United Nations Organization. While the term 'Pax UN' contains a word of Latin origin 'Pax' as in the cases of Pax Romana or Pax Britannica signifying a specific empire's power, Choue understood that peace in the contemporary world should be sought through the United Nations as a universal peace organization of humankind.

It is true that Young Seek Choue formally proposed his vision of a 'Pax UN' in the seventh IAUP Triennial Conference in Bangkok in 1984. At the same time, it is also important to recognize that the vision actually germinated in the works he had published in his late 20s and early 30s. His deep concern with the roles of the United Nations for world peace was expedited by the tense relations among the great powers armed with nuclear weapons in the late 1970s and in the early 1980s when he felt a sense of serious crisis looming before humanity. He put forward his vision of world peace based on the Pax UN through the IAUP, addressing some of the foremost intellectuals group from around the world. He played a leading role and succeeded first in making the UN General Assembly proclaim an International Day of Peace and an International Year of Peace through the sixth IAUP Triennial Conference in San Jose,

Costa Rica in 1981. Then, he put forward his vision of the Pax UN in the seventh IAUP Triennial Conference in Bangkok, Thailand in 1984.

As he was a pragmatist as much as he was a visionary, he did not agree with those who held pessimistic views of the United Nations roles for world peace, including, in particular, the abolitionists. Instead, he pursued a better-functioning UN through appropriate reforms. At the same time, he emphasized that the big powers should become great powers rather than strong powers, serving as role models for the small states. This was critical for the proper role of the UN because the UN is simply an institutional mechanism with its success depending on its constructive use by the state actors.

In retrospect, the United Nations today has accomplished a number of reforms as pointed out by Choue in the late 20th century. Notwithstanding, the debates surrounding the necessity to reform the Security Council is ongoing. The UN peace-keeping forces remain in active service throughout the world's conflict zones. In particular, the field of human rights shows remarkable progress in terms of institutional reform as mentioned above. In addition, the UN is playing a central role in assisting developing countries with their economic and social developments so that the quality of life of the people can be improved.

The United Nations holds democratic ideals as its underlying principles, and Young Seek Choue cherished those principles based on what he called 'universal democracy,' seeking liberty, equality, and co-prosperity in running political communities. However, the United Nations is more a forum of member states rather than an independent body in itself. Thus, the member states interpret the Charter and other international norms and act on the basis of their such interpretations. In this process, member states tend to consider their individual national interests first rather than common norms of peace for the world community. Thus, the UN often fails to meet the common expectations of the international community.

As Choue pointed out, the United Nations stood tall at the end of the Cold War. However, to the serious disappointment of peace-loving world citizens, the political leaders of the big member states tend to show that they return to the state-centrism of the old age, while the founding fathers of the United Nations longed for a lasting world peace that would avert a repetition of the tragedies of World War I and World War II. As the Syrian crisis reveals, the confrontational attitude among the strong powers continues as a serious source of concern for world peace today. As the rise of arms race and the repudiation of the INF treaty reveal, the confrontational attitude among the strong powers cannot but be a threat to world peace as well as the source of humanitarian tragedy. Therefore, it goes without saying that it is high time to raise the beacon of Young Seek Choue's life-long vision of a Pax UN and to recover the spirit of peace, security, and welfare of humankind as the founding fathers of the Charter envisaged.

# 〈References〉

Amnéus, Diana. 2013. "The Coining and Evolution of Responsibility to Protect: the Protection Responsibility of the State," in Gentian Zyberi, ed., *An Institutional Approach to the Responsibility to Protect*. Cambridge: Cambridge University Press.

Cho, Han Seung. 2013. "UN Gaihyukeui Juyo Jengjeomkwa Dojeonkwaji." in Park, Heung Soon, Chon Han Seung, Chung Woo Tak, eds. *The UNkwa Seggyepyunghwa*. Seoul: Oreum Publishing. /조한승. 2013. "유엔 개혁의 주요 쟁점과 도전고제," 박흥순·조한승·정우탁 엮음. 『유엔과 세계평화』. 서울: 도서출판 오름.

Choue, Young Seek. 1993. "21sekieui minjujueuiwa Pax UNeultonhan sinkukjejilseo" *Balgeulsahuiyeonku* Vol.15, No.1. /조영식. 1993. "21세기의 민주주의와 PAX UN을 통한 신국제질서," 『밝은사회연구』, Vol.15, No.1.

Choue, Young Seek. 2003. *Areumdapko pungyohago Boramitneunsahui* vol. 1. Seoul: Kyung Hee University Printing Center. /조영식. 2003. 『아름답고 풍요하고 보람있는 사회』 제1권. 서울: 경희대학교 출판국.

Choue, Young Seek. 2014. Editing Committee of Miwon Writings Collection. 2014. *The Creation of A Cultural World*. Seoul: Kyung Hee University Publishing Center. 2014. /조영식. 미원전집편집위원회 편저. 2014. 『문화세계의 창조』. 서울: 경희대학교 출판문화원.

Choue, Young Seek. 1948. *Minjujueui Jayuron: Jayuchungchaieui Tamku.* (Discourse on Democratic Liberty: Exploration of Liberty) /조영식. 1948. 『민주주의자유론: 자유정체의 추구』. 서울: 한일공인사. /조영식. 1948. 『민주주의자유론: 자유정체의 추구』. 서울: 한일공인사.

Choue, Young Seek. 1951. *Munwhasegyeeui Changjo: Minjujueuiui Naagalgil (The Creation of A Cultural World: Democratic Path Forward)*. Daegu: Moonsungdang. /조영식. 1951. 『문화세계의 창조: 민주주의의 나아갈 길』. 대구: 문성당.

Choue, Young Seek. 2001. *Toward the Global Common Society*, Vol. II. Seoul: Kyung Hee University Press.

De Cuellar, Javier Perez. 1996. "Dr. Young Seek Choue, Peace Pilgrim," in The

Publication Committee of Global Leader with Great Vision, *Global Leader with Great Vision: 100 Essays on Dr. Young Seek Choue*. Seoul: Kyohaksa.

Editing Committee of the 30 Years of History of the Brighter Society Movement. 2007. *30 Years of History of the Brighter Society Movement.* Seoul: Handa Publishing Company. /밝은사회운동 30년사 편찬위원회. 2007. 『밝은사회운동 30년사』. 서울: 한다문화사.

Ha, Young Ae. 2015. *Young Seek Choue and Peace Movement: In Search of the Original Stream of the UN International Day of Peace.* Paju, Kyonggi: Hankukchulpan Jeongbo. /하영애. 2015. 『조영식과 평화운동: 유엔세계평화의 날 제정의 원류를 찾아서』. 파주: 한국출판정보.

Jolly, Richard. 2014. "Underestimated Influence: UN Contributions to Development Ideas, Leadership, Influence, and Impact," in Bruce Curri-Alder, Ravi Kanbur, David M. Malone, & Rohinton Medhora, eds., 2014. *International Development: Ideas, Experience & Prospects.* Oxford: Oxford University Press.

Kant, Immanuel. 1996. "Perpetual Peace: A Philosophical Sketch," in Hans Reiss, ed., *Kant: Political Writings*, Cambridge: Cambridge University Press.

Ra, Jong Yil. 2014. "Teutkwa Euiji Keurigo silchoneui segye – Miwon Choue Young Seek eui Sasangkwa Saengai," Miwon Choue Young Seek Baksa Kiyeom Saeuphui ed., 2014. *Munwhasegyeeui Changjo: Sairowun Miraereul Hyanghae.* Seoul: Kyung Hee University Publishing Center. /라종일. 2014. "뜻과 의지 그리고 실천의 세계 – 미원 조영식의 사상과 생애." 미원조영식박사기념사업회 편. 『문화세계의 창조: 새로운 미래를 향해』. 서울: 경희대학교 출판문화원.

Ramcharan, Bertrand G.. 2011. *The UN Human Rights Council*, New York: Routledge.

Seo, Changrok. 2004. *Kukjekikuron.* Seoul: Dasan Publishing. /서창록. 2004. 『국제기구론』. 서울: 다산출판사.

Song, Byeong Rok. 1999. "Pax UNron," *Oughophia* Vol. 14, No. 1 (Winter). /송병록. 1999. "PAX UN론." 『오토피아』 제14권 1호 (겨울).

Weiss, Thomas G., David P. Forsythe, and Roger A. Coate. 2001. *The United Nations and Changing World Politics.* Boulder, CO: Westview Press.

UN Peace-Keeping Operations,
http://www.un.org/en/ga/search/view_doc.asp?symbol=A/55/305 (search date: May 13, 2018).

UN Peace-Keeping,
http://www.un.org/en/peacekeeping/resources/statistics/factsheet.shtml (search date: May 13, 2018).

# 제11장

# 池田大作のコスモポリタニズム
# とその歴史的・現在的意義

伊藤貴雄

(제2장 "이케다 다이사쿠의 코즈모폴리터니즘과 그 역사적,
현재적 의의" 일본어 원문)

　本日は慶煕大学創立者趙永植先生と創価大学創立者池田大作先生を記念する意義深きシンポジウムにお招き頂き、心より感謝申し上げます。1998年5月15日、池田先生は慶煕大学名誉哲学博士号の受賞謝辞で「まさしく貴大学こそ、わが創価大学が『偉大なる兄』と仰ぐ存在であります。どうか今後とも、若き弟の創価大学を、何とぞ、よろしくお願い申し上げます」と述べました(『聖教新聞』1998年5月17日付)。この度、「弟の創価大学」に勤める者として、「偉大なる兄」の慶煕大学のキャンパスに来ることができ、大変嬉しく、また誇りに思っております。「世界市民」をテーマにした今回のシンポジウムが、韓半島の、そしてまた世界

の平和構築に向けて寄与することを願いつつ、私からは、池田先生の世界市民主義とその歴史的・現在的意義について考察したいと思います。

## I. はじめに

近年、政治学を中心にコスモポリタニズム(世界市民主義)[1]をめぐる議論が活発化している。きっかけの一つは、1994年にアメリカの『ボストン・レヴュー』で特集された「愛国心かコスモポリタニズムか」という論争であった[2]。それから四半世紀を経た今日、急速に進む経済的なグローバリゼーションに対する反動として、世界各地でナショナリズムへの回帰が見られるなかで、このテーマの持つアクチュアリティはますます高まっているといえる。

池田研究においても近年コスモポリタニズムを主題にするものが増えている。その際に参照される主要なテクストの一つが、池田が1996年にコロンビア大学ティーチャーズ・カレッジで行った講演「『地球市民』教育への一考察」である。ダイヴァーシティ(多様性)を重視するアメリカの教育界では以前から「コスモポリタン(世界市民)教育」に関する議論が活況を呈していたが、その文脈のなかで改めて池田の言説が取り上げられ

---

1) 一般的には古代ギリシアに起源を持つ思想とされ、「コスモス(世界)」と「ポリテース(市民)」との合成語である. Thomas Pogge, "Cosmopolitanism", in: A Companion to Contemporary Political Philosophy, Second Edition, ed. by Robert E. Goodin, Philip Pettit and Thomas Pogge, Oxford: Wiley-Blackwell, 2012, p. 312. コスモポリタニズムの最初の提唱者として、プルタルコスはソクラテスを挙げ(『モラリア』田中龍山訳, 京都大学学術出版会, 2008年, 288頁), ラエルティオスはディオゲネスを挙げている(『ギリシア哲学者列伝』中巻, 加来彰俊訳, 岩波文庫, 1989年, 162頁). その他, アナクサゴラスを挙げるものとして, 古舘喜代治『世界主義思想の研究』弘文堂, 1972年, 9頁, および伊藤貴雄「コスモポリタニズムとは何か」『ヒューマニティーズの復興をめざして』山岡政紀・伊藤貴雄・蝶名林亮編 勁草書房 2017年, 75-92頁がある.

2) マーサ・C・ヌスバウム他編『国を愛するということ——愛国主義(パトリオティズム)の限界をめぐる論争』辰巳伸知・能川元一訳, 人文書院, 2000年.

ているのである[3]。

　しかし、ここで注意したいことがある。池田はこの講演に20年以上先立つ1975年頃から「世界市民」という言葉を積極的に使用していたし、そのアイディアの原型と呼ぶべきものは、さらに四半世紀早い1950年頃に抱いていた。しかも、池田はそれを創価教育の先達である牧口常三郎(1871-1944)や戸田城聖(1900-1958)の思想や行動を継承するものとして位置づけてきた。池田のコスモポリタニズムを理解するには、そうした思想的系譜を含めて総合的に捉える努力が必要である。

　限られた時間で池田におけるコスモポリタニズムの形成過程の全貌や、その時代的・現代的意義をまとめることは難しく、本発表はごく部分的な論究にとどまらざるを得ないが、今後の議論に資する若干の話題や視点を提供できれば幸いである。

## II. 地球民族主義

　第二次世界大戦が終わって4年後の1949年9月、池田は戸田城聖が発行していた少年雑誌『少年日本』に「大教育家 ペスタロッチ」というエッセイを寄せている。これは池田が公に発表した最初の文章である。同エッセイは、「平和な国スイス。[...]今から約百五十年前、このスイスがあの有名な大教育家ペスタロッチを生んだのであります」[4]という一文で始まり、「人類の進歩には最も教育が大切であります。立派な教育がなくして何の人類の発展がありえましょうか」[5]という一文で結

---

3) Goulah, J. (Ed.). (2015). *Daisaku Ikeda, language and education.*
　New York, NY: Routledge [Winner, 2015 American Educational Studies Association Critics Choice Book Award].
4)『少年日本』1949(昭和24)年10月号，85ページ.

300　문화세계의 창조와 세계시민

ばれる。池田がその著述活動の最初期から、「平和」と「教育」という言葉をセットで用いていた事実は興味深い。池田は当時この雑誌の編集長を務めており、編集後記には「これから新しい世界を築き上げる少年に、力強く豊かな気持を抱かせる様、希望して居ります」6)と記している。この「新しい世界」という言葉の含意するものが、単に日本という一国家に収まるものではないことは、エッセイ本文で池田が「人類の進歩」「人類の発展」を強調していることからも窺える。「新しい世界」とは、国家主義という名のムラ意識から脱却し、全人類の進歩と発展を願う人間の前に広々と開けている空間のことをいう。この大志を以て学ぶ子どもが住むところ、すべての土地が「新しい世界」にほかならない。

　このエッセイが書かれた翌年、1950年6月に朝鮮戦争が勃発する。戦争が泥濘化を辿っていた1952年2月17日、戸田は弟子たちによる研究発表会の席で「私自身の思想を述べますならば、私は共産主義やアメリカ主義では絶対ありません。東洋民族、結局は地球民族主義であります」7)と表明し、自分の目標は「日本の現状を、朝鮮、中国を救う」ところにあると述べている8)。戸田のこの発言について池田は後年、次のような所感を記している。「近代の戦争はことごとく国家と国家との抗争といえる。戦争は、きまってその所属する国家への忠誠のために行なわれたものである。『国のため』という、倫理的な正義感を、国家の至上命令として、国民は戦場に赴いた。つま

5)『少年日本』1949(昭和24)年10月号, 87ページ.

6)『少年日本』1949(昭和24)年10月号, 130ページ.

7)『戸田城聖全集 第3巻』聖教新聞社, 1983年, 460頁.

8) 同上, 461頁.

り、国家というものは、人間倫理の最高のよりどころであった。この倫理観のために、第二次世界大戦では、地球上の一千万の若人を、むざむざと戦場で失わねばならなかった。[…]さらに加えて、核兵器による大量殺戮は、破滅的な大惨事を予告している。その核兵器の所有者は、一握りの国家でしかない。[…]戸田城聖の地球民族主義は、この意味においてきわめて深刻な意義をもつ」9)。地球民族主義の表明から5年後の1957年9月8日、戸田は「原水爆禁止宣言」を発表し、これはのちに池田の核廃絶運動の原点になる。

　その後池田は折にふれて「地球民族主義」に言及することになるが、とくに社会的な影響力があったのは、日中関係が途絶していた1968年9月8日に発表された「日中国交正常化提言」である。「日本の置かれている立場から言っても、遅かれ早かれ、中国問題を避けることは絶対にできなくなるのであります。また我々の地球民族主義の理念のうえからも、どうしても触れなければならない第一の根本理念なのであります」10)。当時の世界情勢やアジア情勢をふまえて地球民族主義を再発信したものが、この提言であった。翌1969年8月に池田は「地球人の自覚」というエッセイを発表する。「あらゆる相違や対立にかかわらず、同じ人間であるという事実は、厳として存在する。地球上のすべての国民が、この共通の意識に立っていく以外に真実の平和と安全とを保障できる道は開けない。これを私は"世界民族主義"と呼ぶ。一つの国民、民族の中においては、常にあらゆる利害の対立や考え方の違いも、話し合いによって解決されるルールが

---

9)　池田大作『人間革命　第5巻』聖教文庫，1975年(初版1969年)，245-248頁.

10)　池田大作「世界平和実現の鍵」『中国の人間革命』毎日新聞社，1974年，211-212頁.

確立されている。それは、根底にナショナリズムという運命共同体の意識があるからである。同じく全人類を包含する運命共同体意識の確立こそ、この世界を対立抗争の修羅場から信頼と調和の平和世界に変える大前提であると訴えたい」[11]。

## III. 民間外交・国連支援・核廃絶運動

　日中国交正常化提言とも関連するが、この時期池田は著作『人間革命』の中で、日本の安全保障政策について「日本は、みずから地球上のあらゆる国々と平和友好条約を結ぶこと」を提案している[12]。「第一に、中華人民共和国と万難を排しても結ぶことである。[…]人はアメリカの牢固とした牽制を恐れるかもしれぬ。だが、数千年来の隣国との誼を結ぶのに、なんの遠慮がいるものか」[13]。「日本の真の平和を保ちきるには、国際的環境を着々と変えることである。中国とも、北朝鮮とも、北ベトナムとも、地球上のあらゆる国々と平和友好条約を結んでみたまえ。駐留陸海空軍も、また軍事基地も、たちまち無用の長物と化すだろう。まして、永世中立の宣言をして、各国がそれを承認したとしたら、私たちの戦争の悪夢は消え去るにちがいない。これ以上の世界平和への寄与はないだろう」[14]。こうした見解に対してあまりにも理想主義的であるとの批判があるかもしれない、と前置きしてから池田はいう。「しかしながら、誰かが率先し

---

11）池田大作「地球人の自覚」『潮』1969年8月号.

12）池田大作『人間革命 第5巻』, 175頁.

13）同上, 176頁.

14）同上, 178頁.

て平和と友好の絆を結ぶ努力をはじめなければ、このアジアの民衆の安泰はありえないのだ」15)。事実、池田はこれ以後、ソ連と中国という二大共産主義国の指導者との会談に力を注ぎ、上記の提案をみずからの民間外交という形で実現させようとする。

　1974年9月17日、池田はソ連首相コスイギンと会談した折、コスイギンに「中国の首脳は、自分たちから他国を攻めることは絶対にないと言明しておりました。[…]中国はソ連の出方を見ています。率直にお伺いしますが、ソ連は中国を攻めますか」と尋ね、コスイギンから「いいえ、ソ連は中国を攻撃するつもりはありません」との言葉を引き出している。池田が「中国の首脳部に伝えてもいいですか」と問うと、コスイギンは「ソ連は中国を攻めないと、伝えてくださって結構です」と答えたという。また、1974年12月5日には中国首相の周恩来と会見するが、このとき周は「20世紀の最後の25年間は、世界にとって最も大事な時期です」、「中日友好平和条約の早期締結を希望します」と語ったと池田は回想している。なお、これらの会見と同時期、1974年夏に池田は歴史家トインビーとの対談集を発刊するが、そこでもコスモポリタニズムへの支持を表明している。「かつての本来的な愛国心の理念にあたるものを現代に求めるとするならば、それは世界全体を『わが祖国』とする人類愛であり、世界愛でなくてはならないと思います。そのとき、国家的規模における国土愛は、いまでいう郷土愛のようなものになっていくのではないでしょうか」16)。

---

15) 同上、179頁.

16) A・J・トインビー/池田大作『二十一世紀への対話(三)』講談社学術文庫、1978年、69頁. トインビーとの対談自体は、1972年4月、1973年5月に行われた. 池田の発言に対するトインビーの応答はこうである.「これまで人類の居住地域のうち、局地のみに、そしてその住民と政府のみに捧げられてきた政治的献身は、いまや全人類と全世界、いなむしろ全宇宙へと向けられなければなりません. ギリシア哲学のスト

以上のような理念的・実践的背景をもとに、1975年から池田は自分の思想を表現するキーワードとして「世界市民」という言葉を採用しはじめる。その最初の機会の一つが、1975年1月10日の国連事務総長ワルトハイムとの会談である[17]。会談は、核廃絶の問題に始まり、中東情勢、キプロス問題、食糧問題、インドシナ情勢、国連の役割に及んだ。その際池田はワルトハイムに、「国連を守る世界市民の会」を作る時が来ているのではないかと提案する。「21世紀を担う重要な使命をもつ国連が、形骸化するようなことはあってはならないし、大国のエゴによって私物化されるようなこともあってはならない。微力ながら、私は市民の盛り上がりによって国連を守る必要があると提唱したい」[18]。また、「世界平和を妨げているガンは何か」と問い、ワルトハイムは「不信感である」と答えたという。会談の最後に池田は「核廃絶一千万人の署名」を提出している[19]。この会談は、池田の「世界市民」という言葉が、国連支援および核廃絶運動をも包含することを示している。3年後の1978年7月、池田は、国連軍縮総会に向けて「核軍縮及び核廃絶への提唱」を発表するが、そこでは「国連を守る世界市民の会」は、国連大学を実効的に機能させるための提案であったと述べている。[20]

---

ア学派では、人間は宇宙の一市民であると唱えました」

17) 『聖教新聞』1975年1月12日付、1面。会見は国連側の判断から実現した。ワルトハイムは会見の冒頭、池田に「[池田]会長がこれまで書いた物はよく読んでおり、この平和への努力を知っている。今後も国連として会長の著作を慎重に読み、その構想、思想から今後の国連の行方を考えたい」と語っている。

18) 『聖教新聞』1975年1月12日付、1面。ワルトハイムは池田にこう回答している。「一人ひとりの民衆の力を結集して、国連を守る必要があります。私が深刻に考えているのは、最近の現象として、国連にあっても、国家エゴが優先し、人類全体の利益、平和が考えられていないことです。池田会長をはじめ、市民の寄与に期待するしかありません」

19) 『聖教新聞』1975年1月12日付、1面。

20) 池田大作「核軍縮および核廃絶への提唱」『潮』1978年7月、102頁。

## Ⅳ. 平和提言

　1975年は池田が「世界市民」という言葉を教育・文化活動のキーワードとしても採用し始めた年である。5月2日、創価大学での学生の集い（「二期生大会」）で池田は「諸君が立派に巣立ってこの大学を守りつつ、何十年、何百年、何千年先を志向していく未来精神をもちグローバルな視野に立った世界市民として、世界の平和の為に進んでいっていただきたい。それ以外に日本のゆく道もないし、また世界の平和につながる直道もない」、「明治以降においては、日本は一つの世界観として武力を表にしながら世界に対処してきました。戦後は経済を表にして、全てをその後ろにつける形で来た。どうしても鎖国根性、島国根性で世界人、世界市民というものが出来えなかった」[21]と述べている。5月27日、モスクワ大学での講演「東西文化交流の新しい道」では、「民族、体制、イデオロギーの壁を超えて、文化の全領域にわたる民衆という底流からの交わり、つまり人間と人間との心をつなぐ『精神のシルクロード』が、今ほど要請されている時代はない」[22]、「世界市民の心と心に燦然と輝く『精神のシルクロード』を確立するために、私は明日のソビエト連邦を担う皆さん方に期待します。[...]私はその交流のために生涯、先頭に立って、誠意を尽くして、世界を駆けるでありましょう」[23]と語っている。

　1979年、ソ連のアフガニスタン侵攻を機に、ふたたび東西陣営間

---

21) 『創立者の語らいⅠ』創価大学学生自治会編、1995年、121-122頁.

22) 『池田大作全集1』聖教新聞社、1988年、310頁.

23) 同上、316頁.

の緊張が高まる。この「新冷戦」と呼ばれた時期の最中である1983年1月26日、池田は「米ソの最高首脳会談の早期実現」を訴える提言を発表する。その具体的な会談テーマには、「核兵器の現状凍結」の合意、「核戦争防止センター」の設置、「軍事費凍結の国際会議」の開催などを挙げている[24]。これ以降、池田は毎年1月26日に、世界情勢に関する認識を踏まえた「平和提言」を発表していくが、とくに1985年以降、アジアにおける冷戦の象徴ともいうべき韓半島情勢について多くの提言をしていることは注目に値する。池田は、もとより韓国・北朝鮮両国の自主的な判断に基づいて進めるべきテーマであると前置きした上で、それでも自分がこの問題に言及するのは、「世界市民の立場から、世界の恒久平和を希求してやまないから」[25]であると述べている。「韓国・北朝鮮の分断問題というものは、恒久平和実現にとって、それほど重いからであります。[…]かの地の平和と繁栄なくしてアジア・太平洋地域の平和はありえず、ひいては世界平和さえ望みうべくもない、と私は思っております。逆に、かの地に平和の灯が点じられるならば、世界を覆う暗雲を切り拓く突破口になるでありましょう」[26]。

　韓半島の平和について池田は、1985年に「南北首脳会談」の開催[27]、1986年に「相互不可侵・不戦の誓約」[28]と「非武装地帯の平和

---

24) 同上、116-122頁.

25) 同上、184頁.

26) 同上、184頁.

27) 同上、149頁. 「特にここで私が強調したいのは、米ソの首脳の場合と同じように、南北の最高指導者がともかくも会い、話し合うことの必要性であります。南北首脳会談が緊張緩和にもたらす意義は計り知れませんし、何よりも両国の民衆がそれを望んでいると思うからであります。」

28) 同上、187頁. 「北朝鮮も『南進はしない』と言い、韓国も北へ侵攻する意図を否定しています。最高責任者が、改めてその意図を明確にし内外に宣言することが、一切の出発点であろうと考えます。」

利用」29)を提案している。実際1989年に冷戦が終結すると、1990年9月に初の南北首脳会談が実現し、1991年に韓国と北朝鮮は①国連への同時加盟、②「南北間の和解と不可侵および交流・協力に関する合意書」の採択、③南北の「非核化共同宣言」の合意を果たす。この一連の出来事について池田は、「戦争と国家抗争により最も大きな犠牲を払ってきたこの地域の宿命ともいうべき対立の構造が、大きく変わる時を迎えていることを痛感する」とし、「この好機を逃すことなく、今世紀の大半を戦火と外国の侵略、支配、民族の分断に苦しみ抜いてきた両国の民衆が、真実の平和を享受し、繁栄のなかに晴れやかに新世紀を迎えることこそ、二十世紀をともに生きた私たちの心からの願望」30)であると述べている。池田はまた、1994年に韓半島の非核化に向けた「北東アジア平和会議」31)、板門店およびその他の非武装地帯における「南北離散家族再会のためのセンター」開設32)、「在日韓国人・朝鮮人の人権」への配慮33)、1995年に「鉄道や道路の開設など事

29) 同上, 189頁.「『相互不可侵・不戦』の誓約が南北の最高責任者によって行われると, 現在の非武装地帯はその平和維持作用に加えて新しい創造的な作業の場へと変えていくことができる。 南北の軍事的な衝突を避けるという言わば消極的な休戦維持機能の側面に対し, 積極的に平和を作り上げていくために活用していくという方向性であります. […]その突破口, 足がかりとしては, 既に国交のない韓国と中国, ソ連などの間でも行われている学術・スポーツなど非政治的分野の交流から始めるのが一番現実的と思われます.」

30) 『池田大作全集2』, 161頁.

31) 同上, 220頁.「緊急な課題は核問題であり, 同時に, 長期的な視点からも, 北東アジアの平和安定を実現するために, 韓国, 北朝鮮, 米国, ロシア, 中国, 日本による『北東アジア平和会議』の開催が必要でありましょう. 会議では, まず, 南北が合意した半島の『非核化共同宣言』に盛り込まれた合意事項を実現しやすい環境作りへ向かって協議していくことを目指すとともに, この半島の非核化のために『核兵器不使用協定』などの実現を図るべきであります」

32) 同上, 221-222頁.「これは南北の話し合い, 合意に基づいて人道的な見地から開設されるべきものですが, 国連もしくは国際赤十字等の国際機関の管轄のもとに置くことも一案だと思います. 現状では, 南の離散家族が北に行き, 北の離散家族が南に行くことに障害があるとするならば, 過渡的な手段として, まず, 北でも南でもない非武装地帯のなかに再会, 交流の場を新たに開くことを考えることが現実的な選択と思うからであります.」

33) 同上, 223頁.「日本には多くの在日韓国・朝鮮人が生活しております. 戦後になってから日本に移り住

業推進による信頼関係の構築」34)を提唱している。

## V. 世界市民教育

　1987年1月26日、池田はこの年の「平和提言」のなかで、国連に対して「世界市民教育の十年」を提案する。核兵器の出現によって、国権の発動がそのまま人類の絶滅につながりかねない状況にある今日、人類は否応なく国家の枠を超え「国益」から「人類益」へ、「国家主権」から「人類主権」へと発想の転換を迫られている35)。それゆえ、「ソクラテスが国名を問われて『アテナイ人』と答えずに『世界市民』と答えたように、国家、民族、地域というこれまでの狭い思考形式を超えて、地球全体を"我が祖国"とするような人類愛こそが、『世界市民』教育の根幹をなす」36)と池田は述べ、その具体的な内容として以下のものを挙げる。①戦争の残酷さ、核兵器の脅威、軍縮の必要性を学ぶ「平和教育」、②世界の約三分の一の貧困国、約五億人の栄養不良者といった飢餓や貧困の問題に目を向けさせ、人類の経済福祉をどう確立

むようになった人もおりますが、多くは、一九一〇年の日本の韓国併合後に、先祖伝来の土地を取り上げられたりして、生きるために故郷を離れた人、戦争のために強制的に連れてこられた人と、その子孫であります。私が深く胸を痛める問題の一つは、基本的人権の骨格である『参政権』が、日本での永住権を認められたこれらの人々に、与えられていないことであります。日本人と全く同じように税金を払いながら、権利は与えられていないのであります。」

34) 同上、267頁。「韓国側からは、学者・業界間交流の拡大とともに、非武装地帯生態系調査、黄海共同調査、科学技術用語標準化、南北大陸棚共同開発、精製石炭活用技術等関連技術共同開発などの具体的な提案もされています。これらは、南北双方の利益に合致するものです。こうした協力可能な分野での交流を推進するとともに、南北合意事項のなかで速やかに実施しなければならない南北離散家族の再会事業、また、鉄道、道路、海路、航路の開設など将来的に必ず必要となる事業から着手していくことによって、新しい展望も開かれてくるでありましょう。『民族融和』への道は、信頼関係、協力関係を着手可能なところから地道に築いていくなかにあると私は確信しております。」

35) 『池田大作全集1』、208頁.

36) 同上、216頁.

すべきかを考える「開発教育」、③核爆発が生態系にいかに深刻な影響を及ぼすかを考えさせる「環境教育」、人格の尊厳について学ぶ「人権教育」[37]である。また、1988年の「平和提言」では「世界市民憲章」の制定を提案する。自らの民族的、文化的アイデンティティーを深めつつ、広く地球に目を向け、人類共同体を志向させることは十分可能である[38]、と池田はいう。

　1990年代に入ると、冷戦終結の安堵感も束の間、旧ユーゴスラビアや旧ソ連では各地で民族紛争が勃発する。池田は1991年の「平和提言」で、「民族意識」というものは、近代の民族国家が形成されていく過程において、国民を一つにまとめ上げていくための手段・精神的紐帯として意識的・意図的に作られたものであると指摘する。「日本においても、民族意識が高揚してくるのは、明治の近代国家成立ののち、しばらく経ってからであり、それ以前はもっぱら"藩"意識であります。更に古代にまで視線を転じてみれば、大陸、特に韓・朝鮮半島とのひんぱんな人的交流がなされていたことは、周知の事実であります」[39]。日本民族という実体より前に「日本民族」という言葉が先行していないか、重々注意すべきである。「実体の吟味なしに言葉を信じてしまうことは『軽信』であり、『軽信』は容易に『狂信』へと転じていってしまうからであります」[40]。ここでも池田は、古代ギリシアの世界市民ソクラテスに言及しつつ、対立打開の視座を探っている[41]。また、「国際寛容年」の1995年には、寛容を内実化するため

---

37) 同上, 216頁.
38) 同上, 270-273頁.
39) 『池田大作全集2』, 172頁.
40) 同上, 172頁.

には、ソクラテス的な世界市民を輩出させていく以外になく、そこで不可欠になるのは、自らを律する「屹立した人格」と、他者を重んじる「開かれた対話」であると述べている[42]。

　1996年6月13日、池田はコロンビア大学ティーチャーズ・カレッジで『『地球市民』教育への一考察』と題して講演する。自身の若き日の戦争経験に触れつつ、排他的・破壊的な民族中心主義や国家中心主義を超えゆく「地球市民」の育成に、また「地球市民」の概念と倫理の確立にすべての人が携わり責任を持たねばならないと訴えている。その際、「地球市民」を「地球規模で価値創造のできる人間」のことであるとし、「価値創造」を「いかなる環境にあっても、そこに意味を見出し、自分自身を強め、そして他者の幸福へ貢献しゆく力」のことであると説明している[43]。そして「地球市民」の要件とは何かと問いかけた上で、それは決して外国語力や海外経験だけで決まるものではなく、例えば「生命の相関性を深く認識しゆく『智慧の人』」、「人種や民族や文化の"差異"を恐れたり、拒否するのではなく、尊重し、理解し、成長の糧としゆく『勇気の人』」、「身近に限らず、遠いところで苦しんでいる人々にも同苦し、連帯しゆく『慈悲の人』」と考えられると述べる[44]。また、9年前(1987年)の「平和提言」を踏まえつ

---

41) 同上，212-218頁.「「モンテーニュは述べております。「ソクラテスは，おまえはどこの人かとたずねられて，『アテナイの人だ』と答えずに，『世界の人だ』と答えました. 彼は普通以上に充実した広い思想の持主でしたから，全世界を自分の町と考え，自分の知人や，交際や，愛情を全人類に向かって拡げていたのです。」(『エセー』原二郎訳，『世界文学全集』11所収，筑摩書房）ＳＧＩの運動が目指すのも，そうした世界市民のエートス以外の何ものでもありません。ソクラテスにあってそうであったように，そこでは，勇気や克己，献身，正義，愛，友情等の徳目も，現代の色あせた姿を一新して，人々の胸に生き生きと脈動していくことでしょう」

42) 同上，250頁.

43) 池田大作『『地球市民』教育への一考察』『池田大作全集101』，聖教新聞社，2011年，420頁.

44) 同上，420-421頁，および425頁.

つ、地球的課題を学ぶ①平和教育、②環境教育、③開発教育、④人権教育の四項目が、国連との連係のもと、各教育機関のカリキュラムに盛り込まれることを念願している[45]。

## VI. むすびに

　以上、池田のコスモポリタニズムの形成過程を略述した。第二次世界大戦終結後まもない1950年頃に池田は平和教育の理想を抱いて戸田の「地球民族主義」に共鳴し、それが1960年代以降の中・ソ間の民間外交や、国連支援・核廃絶運動の原点となっている。また、それら多岐にわたる活動経験が1970年代以降の「世界市民教育」や1980年代以降の「平和提言」に結晶化している。したがって、池田のコスモポリタニズムは、戦後の世界情勢に対する多角的・重層的な民間運動の思想として貴重な記録であるとともに、核兵器問題から地域紛争・経済格差にいたる冷戦の「負の遺産」を克服するための理念として今後も貴重な指標であるといえる[46]。1988年の「平和提言」で池田は、「国際政治に揺り動かされ、かつては戦場として血に染まった

---

45) 同上、428-429頁.

46) アンワルル・K・チョウドリ「発刊に寄せて」、池田大作『新しき人類社会と国連の使命(上)』戸田記念国際平和研究所編、潮出版社、2013年、10-13頁. チョウドリは池田とその平和提言について以下のように述べている.「これほど長い間, 首尾一貫して国連に期待し, その役割と責任について光を当ててきた人物は他にはおりません. 確かに, 同様の問題意識をもった国連職員や研究者もおりますが, これだけ長期にわたり, 継続して努力を積み重ねてきた人物は稀有です. しかも池田会長は, 多国間主義を中核とする国連システムの理念を訴え, 支持し続けてこられました.」「世界が今, 不確実で不安定な状況に直面する中で, 核兵器の廃絶という課題に再び注目が集まるようになってきました. そうした中で, 長年にわたる池田会長の軍縮への取り組み, 特に核廃絶への呼びかけは, 傑出した光を放っています.」「私はまた, 国連の活動に市民社会の参画を呼びかける池田会長の提言を, 非常に価値あるものと考えます.『人類の議会』というビジョンや,『地球民衆評議会』の創設といった構想は, 国際社会において積極的に考慮されるべき提案です.」

半島が、二度と崩れざる平和の地となってもらいたい。戦禍に泣き、分断に苦しんできた民衆こそ、最高に幸せになる権利をもっているというのが、私の変わらぬ思いであります」[47]と述べている。韓半島の分断状況が続く限り、冷戦が終わったとはいえない。北東アジアの非核化や、在日韓国人・朝鮮人の人権に関する提案など、今日の文脈において改めて受け止めるべきテーマが、池田の「平和提言」の中には数多くあると言える。

1997年11月1日、池田は、慶熙大学創立者趙永植博士への創価大学名誉博士号授与式で「21世紀の韓日の友好、日韓の友好にとって、はたまた新世紀の若き世界市民の連帯にとって、歴史的な第一歩が本格的に踏み出された」[48]と述べている。本日のシンポジウムが、韓半島とアジアの平和構築に向けてその第二歩、第三歩を確実に踏み出す機会となることを願い、結びとしたい。

---

47)『池田大作全集2』、241頁.

48)『創立者の語らいⅥ』創価大学学生自治会編、1995年. このときのスピーチには、「世界市民」を考える上で示唆的と思われる一節がある.「若き牧口[常三郎]会長の大著『人生地理学』でも、古代の日本の文明は、ほとんど韓・朝鮮半島から学んだものであることが強調されております. 一例を挙げれば、いにしえの『武蔵野』の大地に、尊き開拓の汗を流したのも、貴国[韓国]からの先人でありました. 創価大学・学園のある、この大地であります.『武蔵』という言葉それ自体、韓国語に由来すると言われております. その文化の大恩ある『静かな朝の国』に対して、傲り高ぶった畜生道の日本は、あまりにも恩知らずな、あまりにも恥知らずな蛮行を重ねてしまった」. この発言には、池田がコロンビア大学ティーチャーズ・カレッジでの講演「『地球市民』教育に関する一考察」で提示した、「生命の相関性を深く認識しゆく『智慧の人』」、「人種や民族や文化の『差異』を恐れたり、拒否するのではなく、尊重し、理解し、成長の糧としゆく『勇気の人』」、「身近に限らず、遠いところで苦しんでいる人々にも同苦し、連帯しゆく『慈悲の人』」という三つの理念が反映されていると言える.

제3부 외국어 논문: Peace Philosophy of Young Seek Choue and Daisaku Ikeda　313

# 문화세계의 창조와
# 세계시민

*The Creation of Cultural World and Global Citizenship*

초판인쇄  2020년 12월 31일
초판발행  2020년 12월 31일

지은이  하영애 편저
펴낸이  채종준
펴낸곳  한국학술정보㈜
주소  경기도 파주시 회동길 230(문발동)
전화  031) 908-3181(대표)
팩스  031) 908-3189
홈페이지  http://ebook.kstudy.com
전자우편  출판사업부  publish@kstudy.com
등록  제일산-115호(2000. 6. 19)

ISBN  979-11-6603-265-3  93370